AUFRISSE-Buch
Band 14

Karl S. Althaler/Sabine Stadler (Hg.)

GELD UND LEBEN
DISKUSSION UM SOZIALE MINDESTSTANDARDS

Herausgegeben vom Verein Kritische Sozialwissenschaft
und Politische Bildung

Druck gefördert durch das Bundesministerium für Wissenschaft und Forschung in Wien.

CIP-Titelaufnahme der Deutschen Bibliothek

Geld und Leben: Diskussion um soziale Mindeststandards /
Karl S. Althaler; Sabine Stadler (Hg.) - Wien: Verl. für
Gesellschaftskritik, 1990
(Aufrisse-Buch; 14)
ISBN 3-85115-120-8
NE: Althaler, Karl S. [Hrsg.]; GT

ISBN 3-85115-120-8

Umschlagentwurf: Andrea Zeitlhuber
Druck: rema print, Neulerchenfelder Straße 35, 1160 Wien.

Karl S. Althaler, Sabine Stadler (Hg.)

GELD UND LEBEN

DISKUSSION UM SOZIALE MINDESTSTANDARDS

Verlag für Gesellschaftskritik

INHALT

Karl S. Althaler / Sabine Stadler

ZUR REZEPTION SOZIALPOLITISCHER PROBLEMLAGEN UND BEDARFE IN DER ZWEIDRITTELGESELLSCHAFT

Obwohl die wirtschaftliche Situation seit zwei Jahren äußerst günstig ist und die Krisenperiode der frühen 80er Jahre mit abnehmenden Wachstumsraten, stagnierenden Einkommen und steigender Arbeitslosigkeit überwunden scheint, vermag zumindest hinsichtlich der sozialen Perspektiven, die dieser "Boom" verspricht, keine richtige Hoffnung aufzukommen. Am Arbeitsmarkt sind anhaltend hohe Arbeitslosenraten und eine Strukturierung der Arbeitslosigkeit (Langzeit- und Mehrfacharbeitslosigkeit) festzustellen. Im Bereich der sozialen Versorgung werden bestehende Versorgungslücken drastischer sichtbar: Zunehmend geraten Arbeitslose, Pensionisten, Sozialhilfebezieher in die sogenannte "Armutsfalle". Es wird auch deutlich, daß das Beschäftigungssystem in einer Situation des "Wachstums ohne Beschäftigungspolitik" höchst ungleiche Partizipationschancen in bezug auf Arbeit und Einkommen für die verschiedenen Gruppen eröffnet. Belege dafür finden sich sowohl in der steigenden Arbeitslosigkeit von Frauen, deren Erwerbsbeteiligung in den letzten Jahren zugenommen hat, ebenso aber in der Beschäftigungszunahme selbst - die jedoch eher in unsicheren Beschäftigungsverhältnissen in Dienstleistungsbranchen stattfindet -, weiters in der zunehmenden Ungleichverteilung des Arbeitslosigkeitsrisikos, in der Beibehaltung von strukturschwachen Leichtlohnbranchen trotz des im Durchschnitt der Wirtschaft vollzogenen Strukturwandels usw.

Gleichzeitig ist durch die lange anhaltende Arbeitslosigkeit und die ungleichere Einkommensverteilung ein Klima geschaffen, welches sich gegen den Sozialstaat und eine breitere Beteiligung benachteiligter Schichten an den Genüssen des "postmodernen Wohlstands" richtet und Solidarität mit den Schwachen der Gesellschaft nicht aufkommen läßt. Dazu trägt sicher in einem gewissen Maß die staatliche Wirtschafts- und Sozialpolitik bei. Die Konsolidierung der öffentlichen Finanzen hat zunehmend die Spielräume auf der Ausgabenseite eingeengt; anstelle von umverteilungswirksamen Ausgaben wird vielmehr eine verteilungspolitisch indifferente, die bestehenden Einkommensungleichheiten fortschreibende Entlastung des Bürgers vom Staat - d.h. in erster Linie von Steuern - betrieben. Die Philosophie der "Leistungsgesellschaft" zeigt ihr zynisches Gesicht gegenüber denjenigen, von denen keine Leistungen erwartet werden, weil sie nicht dem Idealbild dieser Leistungsgesellschaft entsprechen. Dies findet seine Fortsetzung auch in der sozialpolitischen Debatte, die weitgehend nur unter dem Aspekt der Wettbewerbsfähigkeit und der Finanzierbarkeit, also mit "Kostenargumenten" geführt wird. Unter dem Strich heißt das für jegliche soziale Belange, ob es nun um die Durchsetzung von Mindesteinkommen, um soziale Standards in der öffentlichen Wohlfahrt oder um Reformen im Gesundheitswesen geht: "es ist kein Geld da", wenn es um öffentliche Sozialleistungen geht, oder es kann nicht umverteilt werden, da dies die Leistungsbereitschaft schwächt oder zu inflationären Forderungen auch anderer Gruppen am Arbeitsmarkt führt.

Die *Monetarisierung der Sozialpolitik* findet einerseits Ausdruck in der Debatte über die Finanzierbarkeit von sozialen Leistungen bzw. des Sozialstaates, andererseits ist die Formulierung von Vorschlägen nach einem Grundeinkommen als "Antithese" ebenfalls mit dieser Einschränkung behaftet. Vernachlässigt wird dabei die grundlegende Debatte über soziale Gerechtigkeit und Solidarität, die einen Ausgangspunkt der Reformvorschläge bilden sollte, vernachlässigt wird auch eine Kritik an der Qualität sozialer Leistungen, an den bürokratischen Mechanismen und eine Evaluierung von sozialen Bedürfnissen. Dieser Mangel liefert die sozialpolitische Debatte stark den überall hörbaren Privatisierungswünschen aus: wenn dieselbe Leistung auch billiger erzielt werden kann, warum nicht von privaten Einrichtungen, von der Familie oder den Nachbarn einfordern oder anbieten lassen. Der andere Mangel besteht hinsichtlich einer Einschätzung der gesamtgesellschaftlichen Tatbestände, wie etwa des Umstands, daß nach wie vor der überwiegende Anteil der Lebenschancen direkt oder indirekt durch Erwerbsarbeit in unselbständigen Beschäftigungsverhältnissen erzielt wird, auf die auch die bestehenden Sicherungssysteme ausgerichtet sind. Es geht in diesem Sinne darum, die Interessen von Arbeitenden und Nicht(lohn)arbeitenden aufeinander abzustimmen, gesellschaftliche Solidarität über sozialpolitische Forderungen zu initiieren, um vorhandene Spaltungstendenzen der Gesellschaft nicht bloß festzustellen, sondern zu überbrücken und beseitigen zu helfen. *Wie* dies dann konkret umgesetzt wird - ob über Grundeinkommen oder über (gesetzliche) Mindestlöhne und eine Sockelung in den Systemen der sozialen Sicherheit, ist dann die zweite Frage.

Der vorliegende Sammelband will einen Beitrag dazu leisten, qualitative *und* quantitative Aspekte der sozialen Versorgung zu diskutieren. Er bringt einen Überblick über Spaltungstendenzen und Etikettierungen auf dem Arbeitsmarkt (die Beiträge von Oskar Meggeneder, Manfred Eder/Franz Gall und Susanne Laudon). Daraus ist eine Unterschiedlichkeit von sozialen Versorgungslagen im System sozialer Sicherheit ableitbar (Inge Rowhani).

Eine weitere Gruppe von Beiträgen befaßt sich mit den Verarbeitungsmechanismen und der Versorgungsqualität durch verschiedene Politikbereiche, darunter ein Resumée der "vergessenen" Familienpolitik (Maria Orthofer-Samhaber), den Verarbeitungs- und Reaktionsweisen der Arbeitsmarktverwaltung (Karl Fakler), den Leistungen der Arbeitslosenversicherung (Josef Wallner) und dem Stand der Reformdiskussion der Pensionsversicherung (Karl Wörister). Daran schließt sich die Diskussion einer Finanzierungsalternative für die soziale Sicherheit - die vielzitierte Wertschöpfungsabgabe (Silvia Hellmer) - an, wobei auch hier übertriebene Erwartungen an eine fiskalische Lösung des Problems der Finanzierbarkeit gedämpft und Strukturreformen thematisiert werden.

Ein zusätzlicher Schwerpunkt ist die theoretische Einschätzung der Reformperspektiven von sozialen Dienstleistungen (z.B. Hilfsdienste und Pflegeleistungen); wobei eine Ausweitung der staatlichen Instanzen und Leistungen pessimistisch beurteilt wird (Rainer Bauböck). Helmut Wintersberger schlägt als Konsequenz und möglichen Lösungsansatz eine gemischt-politische Strategie (Welfare-mix) vor.

Die Beiträge des vorliegenden Bandes stützen sich zum größeren Teil auf Vorträge und Diskussionen am Institut für Wissenschaft und Kunst (IWK) in Wien. Die abschließende Diskussion über "soziale Mindeststandards" und politische Durchsetzungschancen, die den Sammelband ergänzt, entstammt einer gleichnamigen Veranstaltung am Wiener Institut für Höhere Studien, die im Juni 1989 stattfand. Von VertreterInnen politischer Parteien, Interessensvertretungen und Betreuungsorganisationen werden dabei politische Forderungen und Strategien zu einer Reform sozialer Sicherungssysteme vorgestellt, wobei diese Stellungnahmen zwischen einem Wunsch nach einem Grundeinkommen bis zur Verbesserung der bestehenden Systeme differieren und spiegelbildlich den Stand und die Defizite der politischen Debatte wiedergeben. Wird in diesen Beiträgen die Bandbreite der Forderungen noch einmal deutlich, so ist der Beitrag von Nikolaus Dimmel den (rechtspolitischen) Kriterien gewidmet, denen die Etablierung von vernünftigen Kompromissen - sofern sie in der gesellschaftlichen Auseinandersetzung zustandekommen - entsprechen muß, um für die Betroffenen tatsächlich zu einem individuellen Recht zu werden.

Wien, im April 1990

Manfred Eder / Franz Gall

EINKOMMENSVERTEILUNG, NIEDRIGE EINKOMMEN UND DIE FORDERUNG NACH HÖHEREN MINDESTEINKOMMEN

Mindesteinkommen und Europäische (sowie EG-) Sozialcharta

Am 18. Oktober 1961 unterzeichneten in Turin die Vertreter von 13 der damals 16 Mitgliedsstaaten des Europarates die Europäische Sozialcharta (ESC). Bis 1987 haben 14 der inzwischen 21 Mitgliedsstaaten die ESC ratifiziert. Anders als die Europäische Menschenrechtskonvention, enthält die ESC keine vom einzelnen Bürger einklagbaren Rechte. Vielmehr handelt es sich hier um Verpflichtungen des Staates, die sozialen Grundrechte in Gesetzgebung und Verwaltungspraxis zu garantieren.

In Artikel 4 Abs. 1 ESC wird als "gerechtes Arbeitsentgelt" ein Einkommen definiert, "welches ausreicht, ihnen (den Arbeitnehmern) und ihren Familien einen angemessenen Lebensstandard zu sichern." Der Sachverständigenausschuß hatte große Schwierigkeiten bei der Festlegung dieses Mindesteinkommens. Es wurde nach Erhebungen des Europarates und der OECD festgelegt, daß ein Arbeitseinkommen dann den Kriterien entspreche, wenn es 68 % des nationalen Durchschnittslohnes betrage. Hierbei komme es auf den niedrigsten effektiv gezahlten Lohn in den beitragspflichtigen Staaten an.

Von den elf Staaten, die diese Vorschrift ratifiziert und die gleichzeitig ihren Bericht vorgelegt haben, konnten nur Frankreich und die Niederlande (beide kennen einen gesetzlichen Mindestlohn), Italien (wo Tariflöhne nicht unterschritten werden dürfen) und Großbritannien Angaben über den niedrigsten Effektivlohn machen. Die übrigen sieben Staaten haben lediglich den niedrigsten Durchschnittslohn mitgeteilt und werden dafür vom Sachverständigenausschuß - z.T. zum wiederholten Mal - gerügt (einige dieser Staaten haben auch den nationalen Durchschnittslohn nicht angeben können). Die Umsetzung dieser Bestimmungen ist in den meisten Ländern, die diesen Teil der ESC ratifiziert haben, nur unzureichend erfolgt.

Im Dezember 1989 wurde von den EG-Regierungschefs die "Sozialcharta" verabschiedet, die weit hinter den Erwartungen nicht nur der Gewerkschaftn, sondern auch des Präsidenten der EG Kommission Jacques Delors, aber auch der Mehrheit des Europäischen Parlaments zurückblieb. Vor allem die Allgemeinheit der Formulierungen und der rechtlich unverbindliche und nicht einklagbare Charakter der Charta wurden kritisiert.

Die Gewerkschaften erwarten, daß durch das für 1990 angekündigte Aktionsprogramm zur Sozialcharta die Rechte konkretisiert und deren individuelle bzw. kollektive Durchsetzung gewährleistet wird. Dies gilt auch für das Recht der Arbeitnehmer auf "angemessene Entlohnung".

Gesetzliche Mindestlöhne international

Die Arbeitgeber sind in einigen Industrieländern gesetzlich oder per Regierungserlaß verpflichtet, ihren Mitarbeitern einen bestimmten Mindestlohn zu zahlen. In Österreich, der Bundesrepublik Deutschland, in Italien, der Schweiz, sowie den skandinavischen Ländern dagegen, sind solche Regeln unbekannt.

Das Institut der Deutschen Wirtschaft hat 1986 (IW-Trends, 16.1.1986) einen internationalen Vergleich veröffentlicht. Neuere Zahlen sind nicht bekannt. Dieser Vergleich zeigt, daß die gesetzlichen Mindestlöhne in verschiedenen mit Österreich vom Pro-Kopf-Nationaleinkommen vergleichbaren Ländern doch deutlich höher als die durch die niedrigsten Kollektivverträge in Österreich garantierten Löhne waren.

Tabelle 1: Mindestlohn in ausgewählten Ländern

Land	Mindestlohn in ÖS	BIP/Kopf 1985 Ö=100[2]	BIP/Kopf zu KKP[3]	Mindestlohn Ö=100
Österreich	7.670[1]	100,0	100,0	100
Belgien	11.390	91,7	97,2	149
Frankreich	10.140	105,8	104,9	132
Luxemburg	9.590	111,5	123,1	125

Quelle: Institut der Deutschen Wirtschaft

1) Mit der Annahme eines Mindestlohnes von 38 Schilling je Stunde, 173 Stunden und auf 12 Monate umgerechnet

2) BIP je Einwohner in US-Dollar zu Wechselkursen (Österreich = 100), Quelle: Statistisches Handbuch für die Republik Österreich 1987 (S. 549)

3) Bruttoinlandsprodukt je Einwohner umgerechnet mit Kaufkraftparitäten

Unter der Annahme eines Stundenlohns von 38 Schilling und 173 Monatsstunden (für 1985) ergibt sich ein Mindestlohn von 6.574 Schilling im Monat. Nimmt man weiter an, daß in den anderen Ländern nur 12 Monatsbezüge gewährt werden, wurde der österreichische Jahresbezug auf 12 Gehälter (x 14/12) umgerechnet und es ergibt sich ein Monatsbezug von 7.670 Schilling. Aber selbst unter dieser Annahme lagen die gesetzlichen Mindestlöhne in Belgien (+ 49 %), Frankreich (+ 32 %), Luxemburg (+ 25 %) und den Niederlanden (+ 61 %) beträchtlich über den niedrigsten Kollektivvertragsbezügen in Österreich. Lediglich im Falle Luxemburgs und bei einer Umrechnung mit den sogenannten Kaufkraftparitäten entspricht der Abstand dem des Pro-Kopf-Bruttoinlandsproduktes. Nach langen politischen Kontroversen wurde in den USA der gesetzlich festgelegte Mindeststundenlohn erhöht. Seit 1981 betrug dieser unverändert 3,35 Dollar. Der Kaufkraftverlust betrug in den 80er Jahren ca. 40 Prozent. Präsident Bush hat sich lange Zeit der von der demokratischen Mehrheit im Kongreß beschlossenen Erhöhung des Mindeststundenlohns, in drei Stufen bis Oktober 1991 auf 4,55 Dollar, widersetzt. Im April dieses Jahres wurde dieser Mindestlohn auf 3,80 Dollar (ca. 45 S) erhöht. Nächstes Jahr soll er dann auf 4,25 Dollar (51 S) hinaufgesetzt werden. Rund 8 Millionen Arbeitnehmer in den USA, die vor allem im privaten Dienstleistungssektor beschäftigt sind, erhalten nur diese niedrigen Mindestlöhne (vgl. KSÖ-Nachrichten, 21.4.1990). 16 bis 19jährige (37 Prozent der Mindestlohnempfänger) erhalten für drei Monate nur 85 Prozent des Mindestlohnes (training wage).

Einkommensstrukturen im Vergleich mit anderen Industrieländern

Die vorhandenen Einkommensstrukturen sind das Ergebnis historischer, ökonomischer und sozialer Entwicklungen. Der Einfluß der Gewerkschaften auf die Lohnstrukturen hängt von deren Stärke in den einzelnen Bereichen ab. Diese Strukturen werden bestimmt von

* der unterschiedlichen Höhe der Wertschöpfung je Erwerbstätigkeit zwischen den Betrieben und Branchen,
* der Verteilung zwischen der Wertschöpfung zwischen Arbeit und Kapital,
* der Verteilung der Wertschöpfung innerhalb der Arbeitnehmer.

Im Vergleich mit anderen Ländern, aber insbesondere mit Schweden, ist die Situation in Österreich durch relativ hohe Lohnunterschiede zwischen Männern und Frauen und relativ niedrige Mindesteinkommen gekennzeichnet.

Männer- und Frauenlöhne in der Industrie

Die internationalen Statistiken der ILO, aber auch des Statistischen Bundesamtes Wiesbaden, bestätigen die Aussage der folgenden Abbildung: In Österreich ist, aus welchen Gründen auch immer, der Unterschied von Frauen- zu Männerlöhnen relativ hoch. Diese lagen 1986/87 um 33 % unter den Männerlöhnen. In Schweden betrug der Abstand 10 %.

Abbildung 1: Der "kleine Unterschied" beim Lohn
Frauenlöhne in % der Männerlöhne in der Industrie 1986/87

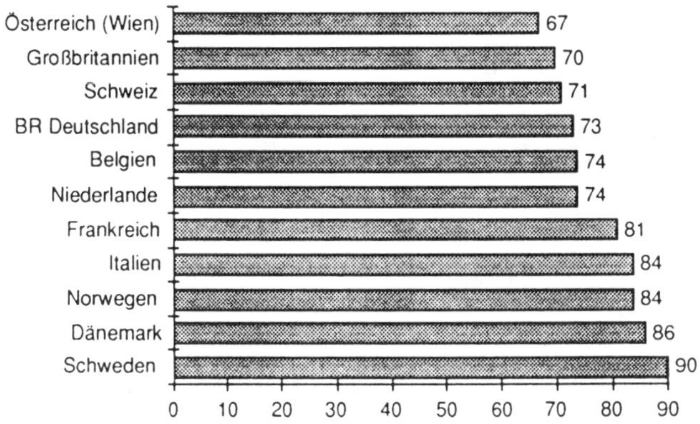

Quelle: Globus 7385

Einkommen in Niedriglohnbranchen international

In den verglichenen 12 OECD-Ländern ist die Bekleidungsbranche (meist einschließlich der Schuherzeugung) der Wirtschaftszweig mit den niedrigsten Durchschnittsverdiensten. In der Schweiz liegt der Verdienst in dieser Branche um nur 9 %, in Schweden um 14 % und in Frankreich um 16 % unter dem jeweiligen Durchschnittsverdienst der gesamten Industrie. In Österreich beträgt der Abstand hingegen 34 %. Höher ist diese Differenz in den verglichenen Ländern nur noch in Japan.

Tabelle 2: Bruttoverdienste in der Industrie:
Abweichung der Niedrigstlohnbranche vom Durchschnitt

Land	Branche	Geschl.	Jahr	Verdienst	D[1] =100
Belgien	Schuh und Bekleidung	M+F	1986	Brutto/Stunde	72,9
BRD	Leder	M+F	1987	Brutto/Stunde	69,8
Dänemark	Schuh u. Bekleidung	M+F	1987	Brutto/Stunde	81,4
Finnland	Bekleidung	M+F	1986	Brutto/Stunde	75,1
Frankreich	Schuh und Bekleidung	M+F	1986	Brutto/Stunde	84,0
Großbritannien	Schuh und Bekleidung	M+F	1987	Brutto/Stunde	65,8
Italien	Schuh und Bekleidung	M+F	1985	Brutto/Stunde	79,6
Niederlande	Schuh u. Bekleidung	M+F	1986	Brutto/Stunde	71,5
Norwegen	Schuhindustrie	M	1986	Brutto/Stunde	71,8
Schweden	Textil, Bekl., Leder	M+F	1987	Brutto/Stunde	86,4
Schweiz	Bekleidung und Schuh	M	1986	Brutto/Stunde	90,9
Japan	Bekleidung	M+F	1986	Brutto/Monat	52,1
Österreich[2]	Bekleidung	M+F	1987	Brutto/Monat	57,4
Österreich	Bekleidung	M+F	9/1988	Brutto/Stunde	66,2

Quelle: Arbeitnehmerverdienste im Ausland 1987,
Statistisches Bundesamt Wiesbaden.
1) D = Durchschnitt
2) Quelle: Bundeskammer der gewerblichen Wirtschaft,
Lohnerhebung in der Industrie.

Niedrigeinkommen in Österreich

Das Statistische Zentralamt hat durch den Mikrozensus im September 1987 die Netto-Personen- und Haushaltseinkommen der Österreicher erfragt bzw. errechnet.

Dabei wurde auch die Arbeitszeit ermittelt, sodaß ein arbeitszeitbereinigtes Nettomonatseinkommen ermittelt werden konnte. Lehrlinge wurden nicht erfaßt. Gefragt wurde nach dem "regelmäßigen, durchschnittlichen monatlichen Nettoeinkommen" ohne Urlaubs- und Weihnachtsgeld. Die errechneten standardisierten Nettoeinkommen entsprechen einem Vierzehntel des Jahreseinkommens ohne Familienbeihilfe, Alleinverdiener- oder Alleinerhalterfreibetrag und deren Kinderfreibetrag. Die Bereinigung der Arbeitszeit erfolgte mit dem Faktor 40/individuelle Arbeitszeit.

Die Ergebnisse wurden u.a. in den Statistischen Nachrichten, Heft 7, 8, 9, 10 und 11/1988 veröffentlicht. Die wichtigsten Ergebnisse können der folgenden Tabelle entnommen werden.

5 % der Arbeiterinnen (das wären hochgerechnet 22.000) verdienten demnach im September 1987 weniger als 4.390 Schilling, ein Viertel (d.s. rund 110.000) weniger als 6.120 Schilling. Der Ausgleichszulagenrichtsatz für Pensionsbezieher lag im Jahr 1987 bei 4.868 Schilling für

Alleinstehende und 6.973 Schilling für Familien (die Kinderzulage war 519 Schilling). Da beide Gruppen auch schon damals keine Lohnsteuer zahlen mußten, bedeutet dies, daß ein beachtlicher Teil der Arbeitnehmerinnen (auf 40 Stunden umgerechnet) weniger verdiente, als durch die Ausgleichszulage als unterster Richtsatz für die Pensionen fixiert ist.

Tabelle 3: Bereinigte Netto-Personeneinkommen je Monat (September 1987)

Soviel % der jeweiligen Arbeitnehmergruppe verdiente weniger als ...

	5 %	25 %	50 %	75 %
Arbeiter	5.330,-	7.520,-	9.160,-	11.310,-
Angestellte	5.990,-	8.370,-	10.590,-	14.420,-
Beamte	7.600,-	9.770,-	11.610,-	14.180,-
Alle Unselbständigen	5.760,-	8.100,-	9.970,-	12.550,-
Arbeiter männl.	6.430,-	8.400,-	9.950,-	12.130,-
Arbeiter weibl.	4.390,-	6.120,-	7.280,-	8.740,-
Angestellte männl.	7.010,-	10.110,-	13.420,-	17.440,-
Angestellte weibl.	5.640,-	7.610,-	9.410,-	11.440,-

Quelle: Statistische Nachrichten, Nr. 7 und 9/1988.

Höhe des Mindesteinkommens in Österreich

Bezüglich der Höhe des Mindesteinkommens wurden bereits verschiedene Vorschläge gemacht. Der ÖGB Vorarlberg und die AK Salzburg haben 10.000 Schilling vorgeschlagen. Ingrid Korosec vom ÖAAB hat im April 1989 ein Mindesteinkommen per Generalkollektivvertrag in der Höhe von 7.000 Schilling gefordert. Von der AK Oberösterreich wird als mittelfristig anzustrebendes Ziel das nach der Europäischen Sozialcharta definierte "gerechte Arbeitseinkommen" gefordert. Der Sachverständigenausschuß hat dieses mit 68 % des nationalen Durchschnittslohnes definiert. Je nach Definition des nationalen Durchschnittseinkommens würde sich zur Zeit für Österreich ein Mindesteinkommen von 10.000 bis 11.000 Schilling Bruttomonatslohn ergeben.

Welche Höhe ist richtig?

Gegen die Forderung nach einem Mindesteinkommen von 10.000 Schilling wird zu Recht eingewendet, daß dieser Betrag willkürlich festgelegt und außerdem dieser bis zur Verwirklichung durch die Preissteigerungen laufend entwertet werde. Tatsächlich wäre es zweckmäßiger, die Höhe des Mindesteinkommens, wie vom Europarat vorgeschlagen, prozentuell an das (ein) durchschnittliche(s) nationale(s) Einkommensniveau der Arbeitnehmer zu binden. Für die Durchsetzung ist es aber günstiger, einen konkreten absoluten Betrag zu fordern. Eine Lizitation in der Betragshöhe und des Zeitpunkts seiner Erreichung wird die Realisierung kaum erleichtern.

Stufenweise Erhöhung

Zur Minimierung negativer Auswirkungen auf die Beschäftigung und um die Realisierungschancen zu verbessern, soll die Verwirklichung des Mindestlohnes in Stufen über einige Jahre erfolgen. Dabei sollte vorerst durch die Kollektivvertragspolitik der Gewerkschaften, wie dies beim letzten Abschluß der Gewerkschaft Metall, Bergbau, Energie geschehen ist, das Ziel einer stärkeren Anhebung niedriger Einkommen verfolgt werden. Dies kann durch höhere KV- als Ist-Lohn-Steigerungen, durch die Streichung von Niedrigstlohngruppen (wie für den Metallbereich), Lohnrunden mit Fix-, Sockel- oder Mindestbeträgen und durch die Verwirklichung der gesetzlich ohnehin vorgesehenen Gleichbehandlung von Mann und Frau bezüglich der Entlohnung, erfolgen. Danach wäre für Arbeitnehmer, die von keinen Kollektivverträgen erfaßt werden, ein gesetzlicher Mindeststandard festzulegen. Dieser sollte an ausgewählte, hinsichtlich Tätigkeit und Qualifikation vergleichbare kollektivvertragliche Löhne und Gehälter gebunden sein.

Im Kollektivvertrag und ev. später im Gesetz sollte dabei nicht ein Monatseinkommen, sondern Stundenlöhne und -gehälter für alle Beschäftigten ohne Rücksicht auf die wöchentliche bzw. monatliche Arbeitszeit fixiert werden. Bei 10.000 Schilling Monatseinkommen und 173 Stunden pro Monat (40-Stunden-Woche), ergibt sich ein Stundeneinkommen von S 57,80, bei Zugrundelegung der 38-Stunden-Woche von S 60,70.

Dies wäre zweifelsohne für viele Arbeitnehmer (Alois Guger vom Wifo schätzt, daß es 1989 rund 330.000 Vollzeitbeschäftigte und 120.000 Teilzeitbeschäftigte waren) eine erhebliche Steigerung ihres Einkommens. Bezüglich der Kosten dieser Erhöhung liegen die bisher genannten Zahlen zwischen 11 und 15 Mrd. Schilling. Da auch die Einkommen über 10.000 Schilling stärker angehoben werden müßten, werden sich zusätzliche, schwer berechenbare Kosten ergeben.

Beschäftigungspolitische Folgen

Die beschäftigungspolitischen Folgen werden vor allem durch den Grad der internationalen Konkurrenz, der Preiselastizität der Nachfrage und der Möglichkeit der betriebsinternen Anpassung abhängen.

Soweit es nicht möglich ist, die höheren Lohnkosten auf die Preise zu überwälzen, besteht die Möglichkeit, durch die Steigerung der Wertschöpfung, die Verringerung der Unternehmensgewinne oder durch eine Umverteilung zwischen den Arbeitnehmern negative Preis- und Beschäftigungseffekte zu verringern. Vor allem für geschützte Bereiche unserer Wirtschaft ist das Argument, daß durch die Einführung eines 10.000 Schilling Mindesteinkommens Arbeitsplätze gefährdet werden, nicht zutreffend.

Für den exponierten Sektor könnten durch die Verwirklichung eines solchen Mindesteinkommens Anstöße für einen Strukturwandel zu höherwertigen Produkten und modernen Produktionstechnologien gegeben werden.

Internationale Wettbewerbsfähigkeit

Eine Niedrigstlohnkonkurrenz mit Entwicklungs- und Schwellenländern der 3. Welt ist volkswirtschaftlich und letztlich auch betriebswirtschaftlich aussichtslos. Schließlich ergeben sich durch die Mindesteinkommenspolitik positive Effekte auf die gesamtwirtschaftliche Nachfrage: Die gestiegene Kaufkraft von Niedrigeinkommensbeziehern würde vor allem im Inland nachfragewirksam werden und damit zur Schaffung zusätzlicher Arbeitsplätze beitragen.

Daß eine solche Lohnpolitik mit der Aufrechterhaltung der Vollbeschäftigung vereinbar ist, zeigt vor allem das Beispiel Schwedens aber auch der Schweiz (bei unserem Nachbarn allerdings weniger als Ergebnis einer bewußten solidarischen Lohnpolitik der Gewerkschaften).

Die konkrete Gestaltung der weiteren Politik bedarf sicher gründlicher Diskussionen. Diese sollten mit dem Ziel der Erreichung eines angemessenen Mindesteinkommens auf breiter Ebene geführt werden.

Entwicklung der Ist- und Kollektivvertragslöhne in der Industrie

Nach Erhebungen der Sektion Industrie der Bundeskammer der Gewerblichen Wirtschaft hat die "Überzahlung" der Arbeiter in der Industrie ("Lohn-drift") in den 80er Jahren beträchtlich abgenommen. Lagen die durchschnittlichen Stundenverdienste im September 1981 noch um 33,6 % über den KV-Löhnen, waren es im September 1989 nur noch 26 %. Die durch die Lohnpolitik der Gewerkschaften vorgenommene überdurchschnittliche Erhöhung der Mindestlöhne (KV-Löhne), ist in den Unternehmungen nicht mehr durch zusätzliche betriebliche und individuelle Ist-Lohn-Erhöhungen kompensiert worden. Im Gegenteil, in vielen Bereichen haben die Betriebe bei Neueinstellungen, durch Änderungskündigungen und andere Maßnahmen die Verschlechterung der Arbeitsmarktlage zur zumindest relativen Senkung des Ist-Lohn-Niveaus benutzt. Auch der viel beklagte Facharbeitermangel ist kaum Realität. Wie wäre es sonst erklärbar, daß auch für Facharbeiter in der Industrie die Überzahlung von 38,7 % im September 1981 auf 31,1 % im September 1989 gesunken ist.

In diesem Kapitel soll ein beispielhafter Überblick über die zu Beginn des Jahres 1989 geltenden Kollektivverträge gegeben werden. Ziel war es, insbesondere diejenigen Kollektivverträge zu erfassen, in denen der überwiegende Teil der Lohngruppen unter einem Monatslohn von rund 10.000 Schilling liegt. Eine lückenlose Erfassung aller Kollektivverträge erschien aus zeitlichen Gründen, wegen der Bedeutsamkeit für eine geringe Anzahl von Beschäftigten usw. nicht möglich bzw. nicht notwendig.

Angeführt werden immer nur die in den Lohn- bzw. Gehaltstabellen der Kollektivverträge festgelegten Lohn- und Gehaltssätze. Kollektivvertraglich geregelte Zulagen, Deputate, Regelungen hinsichtlich der Zugehörigkeit bzw. der Dauer der Zugehörigkeit einer Lohngruppe, unterschiedliche Überstundenteiler wurden in der Analyse nicht berücksichtigt.

Bei der Umrechnung von Stundenlöhnen auf Monatslöhne kann die 40 Stunden Woche als Regelfall angenommen werden, da in den Niedriglohnbranchen noch kaum Arbeitszeitverkürzungen auf unter 40 Wochenstunden durchgesetzt wurden. Das bedeutet, daß ein Stundenlohn von 58 Schilling einem Bruttomonatslohn von rund 10.000 Schilling entspricht. Keine Kollektivverträge gibt es für die Bediensteten der Rechtsanwälte, Notare, der praktischen und Fachärzte, der Inkassobüros, Bestatter und Auskunfteien.

In welchen Branchen hätten die Arbeitnehmer Vorteil von einer bedarfsorientierten Festlegung von Mindesteinkommen per Generalkollektivvertrag bzw. Gesetz?

In faktisch allen Kollektivverträgen gibt es Lohngruppen - z.B. für jugendliche Arbeitnehmer, für Hilfsarbeiter, angelernte Arbeitskräfte bzw. die ersten Gehaltsstufen niedriger Verwendungsgrupppen in Kollektivverträgen für Angestellte - die kräftig angehoben werden müßten, um den Betroffenen ein bedarfsgerechtes Arbeitseinkommen zu gewährleisten. Faktisch betroffen wären alle Beschäftigten der Wirtschaftsklassen Textilien, Leder, Bekleidung und Schuhe, wo meistens nicht einmal die höchsten Lohngruppen in den Kollektivverträgen an das genannte Lohnniveau herankommen.

In einigen Branchen sind die Kollektivvertragslöhne im Gewerbe unter jenen der entsprechenden Industrie, z.B. im Kleidermacher-, Lederwarenerzeuger- und Wäschewarengewerbe, im chemischen und im keramischen Gewerbe. In den Kollektivverträgen für das holzverarbeitende, das kunststoffverarbeitende Gewerbe und die Gablonzer Industrie liegen nur die höchsten Lohngruppen (Spezialfacharbeiter, etc.) über 60 Schilling kollektivvertraglichem Stundenlohn.

Im Dienstleistungsbereich liegen beinahe alle Lohngruppen unter diesem Betrag. Dies ist der Fall bei Hausgehilfinnen und -angestellten, bei Masseuren, Kosmetikern und Fußpflegern, Zimmer- und Gebäudereinigern. Im Gast-, Hotel- und Beherbergungsgewerbe liegen die Mindestgarantielöhne beinahe aller Berufe darunter.

In verschiedenen Kollektivverträgen kommen weiters niedrige Lohnsätze für typische Frauenberufe (Ladnerinnen, Serviererinnen, Bedienerinnen) vor. Niedrige Einstiegslöhne (während der Behaltefrist bzw. in den ersten Dienstjahren) für Facharbeiter sind im Zuckerbäckergewerbe, bei den Floristen und Gärtnern und im Friseurgewerbe anzutreffen. Stundenlöhne unter 55 Schilling (d.s. rund 9.500 Schilling monatlich) kommen noch beim Kinopersonal, bei Tankstellen- und Garagenarbeitern und bei einigen Lohngruppen im Kollektivvertrag für Handelsarbeiter vor. Niedrige Anfangsgehälter in untersten Verwendungsgruppen korrespondieren mit den für Arbeiter/innen angeführten Bereichen. Hinzu kommen die unteren Verwendungsgruppen (Berufs- und Beschäftigungsgruppen) für Mitarbeiterinnen von Wirtschaftstreuhändern und Zahntechnikern, in Privatkindergärten, Apotheken und Trafiken. Auch die Angestellten im allgemeinen Groß- und Einzelhandel erreichen erst nach vielen Berufsjahren das angestrebte Mindesteinkommensniveau.

Zusammenfassend kann gesagt werden, daß niedrige Kollektivvertragslöhne und -gehälter v.a. in Branchen mit niedriger Wertschöpfung bzw. mit niedrigem gewerkschaftlichen Organisierungsgrad existieren. In den kleinbetrieblich strukturierten Branchen des Gewerbes und verschiedener Dienstleistungsbranchen mit fehlender oder schwacher gewerkschaftlicher Organisierung bestehen oft nur die Alternativen: Abschluß eines niedrigen Kollektivvertrages oder kein Kollektivvertragsabschluß. Bei hoher gewerkschaftlicher Organisation sind nicht nur Lohn- und Gehaltssätze höher, sondern es können auch die Fragen der Zugehörigkeit zu einer Lohngruppe und die Höhe von Zulagen und Zuschlägen, von Urlaubs- und Weihnachtsgeld zum Vorteil der Arbeitnehmer geregelt werden.

Diese Ergebnisse entsprechen auch der Mikrozensuserhebung des Statistischen Zentralamtes vom September 1987: Als Niedriglohnbereiche werden das Beherbergungs- und Gaststättenwesen und die Land- und Forstwirtschaft festgestellt. Weitere Niedriglohnbranchen mit einem extrem hohen Anteil von niedrigen Einkommen für Frauen sind die Bereiche Haushaltung, Körperpflege, Reinigung, Bestattung, Bettwaren und Schuhe. Weiters wurde vom Statistischen Zentralamt ein Zusammenhang zwischen Betriebsgröße und Einkommen der Beschäftigten festgestellt: Je kleiner der Betrieb, umso größer ist der Anteil der Niedrigstverdiener. So verdiente jede zweite Arbeiterin in Kleinbetrieben (bis 4 Beschäftigte) ein Nettoeinkommen unter 6.640 Schilling. Schon bisher haben die Gewerkschaften versucht, durch die Abschaffung von sogenannten "Leichtlohngruppen" und "Frauenlohngruppen" und durch die Forderung nach Mindest- und Sockelbeträgen die Situation von Niedrigeinkommensbeziehern zu verbessern. Um eine deutliche Anhebung des Mindesteinkommens durchzusetzen, ist eine verstärkte Öffentlichkeitsarbeit zur Herstellung eines breiten Problembewußtseins nötig. Das Ziel einer gerechten Einkommensverteilung ist ja nicht unumstritten und wurde in der Vergangenheit immer wieder als Nivellierung und Gleichmacherei verunglimpft.

Tabelle 4: Ausgewählte Kollektivvertragslöhne und -gehälter (Stand: 1988/89)

		Stunde	Monat
		Schilling	
Rauchfangkehrer	qual. Gesellen (mit Meisterprüfung)	-,--	9.959,--
	Helfer	-,--	7.967,--
Speditionen	Portiere, Wächter (bis 5 J. Betriebszugehörigkt., bis 55 Wochenst.)	55,75	-,--
Chemisches Gewerbe	Hilfsarbeiter	38,70	6.695,--
Gablonzer Industrie	Hilfsarbeiter	34,60	5.986,--
Kunststoffverarb. Gewerbe	Facharb. (1. J. nach Auslehre)	54,--	9.342,--
Kinopersonal	Platzanweiser	33,85	-,--
Zuckerbäcker	in Behaltefrist	-,--	6.040,--
ungelernte Kellner	Mind.Garantielohn bis 5. Dienstj.	-,--	7.930,--
Zimmermädchen	-"-	-,--	7.560,--
Hausgehilfinnen	unter 18 Jahre (+freie Station)	-,--	3.180,--
Masseure, Kosmetiker, usw.	in Behaltefrist	-,--	5.780,--
Gebäudereiniger	Einstiegslohn	49,40	8.546,--
Tankstellenarbeiter	ungelernt (bis 5. Dienstjahr)	39,--	6.747,--
Handelsarbeiter	Hilfsarbeiter 1. Jahr	52,63	8.790,--
Bekleidungsindustrie	niedr. Lohnstufe (ohne Jugendl.)	43,80	7.577,40
Kleidermachergewerbe (in Luxusbetrieben)	ohne Lehre (Einstiegslohn)	37,60	6.505,--
Chemisch Reiniger	Hilfsarbeiter	40,--	6.920,--
-"-	Ladnerinnen	-,--	6.711,60
Textilindustrie	Angest. Verwendungsgr. I (Anfangsgehalt)	-,--	8.203,--
Bekleidungsindustrie	-"-	-,--	7.824,--
Ledererzeugende Industrie	-"-	-,--	6.642,--
Apothekenhilfspersonal	über 18 Jahre, 1. Dienstjahr	-,--	7.160,--
	unter 18 Jahre, 1. Dienstjahr	3.845,--	
Handelsangestellte*	Beschäftigungsgr. 1 (über 18 J.)	-,--	8.230,--
Privatkindergärten	Helferinnen, Anfangsgehalt	-,--	6.633,--
Zahnärzte	Anlernjahr, 1. Halbjahr	-,--	2.480,--
	2. Halbjahr	-,--	3.540,--
	1. Berufsjahr	-,--	5.150,--
Wirtschaftstreuhänder	1. Berufsjahr	-,--	4.800,--
	Gruppe I (5. Berufsjahr)	-,--	5.830,--
	12. Berufsjahr	-,--	7.240,--
Ziviltechniker	1. Jahr	-,--	4.750,--
	Gruppe A (im 3. Jahr)	-,--	6.490,--

* wöchentliche Arbeitszeit 38 1/2 Stunden

Oskar Meggeneder

SCHWER ZU BESETZENDE OFFENE STELLEN

Seit Beginn der achtziger Jahre ist in Österreich eine ständige Zunahme der Arbeitslosenquote festzustellen. Der zuletzt einsetzende konjunkturelle Aufschwung hat zwar aufgrund der steigenden Zahl der unselbständig Beschäftigten die Arbeitslosenquote sinken lassen, die absolute Zahl der Arbeitslosen ist hingegen verhältnismäßig unverändert geblieben. In Verbindung damit wird häufig darauf hingewiesen, daß trotz anhaltend hoher Arbeitslosenzahlen relativ viele offene Stellen entweder überhaupt nicht oder lange Zeit nicht abgedeckt werden können. Dieses Phänomen ist erklärungsbedürftig.

Eines der gängigen Erklärungsmuster führt die lange Laufzeit bestimmter offener Stellen trotz hoher Arbeitslosenzahlen im wesentlichen auf strukturelle Veränderungen des Arbeitsmarktes und daraus resultierenden fehlenden oder mangelhaften beruflichen Qualifikationen der Arbeitssuchenden zurück. Dieser Erklärungssatz hat in die tagespolitische Diskussion unter dem Stichwort "Facharbeitermangel" Eingang gefunden.

Das Pendant zum erstgenannten Ansatz bildet die Hypothese, daß es sich bei den langlaufenden offenen Stellen überwiegend um "Restkategorien" handelt; d.h. um Stellen die mit einer unzumutbar niedrigen Entlohnung und/oder sonstigen schlechten Arbeitsbedingungen verbunden sind, oder um geografisch sehr abgelegene Stellen. In der interessens- oder auch parteipolitischen Auseinandersetzung wird dieser Problembereich meist nur polemisch diskutiert und erschöpft sich in gegenseitigen Schuldzuweisungen. Typisches Beispiel ist die in jüngster Zeit erneut ventilierte sogenannte "Sozialschmarotzer-These". So unsachlich diese Diskussion in der Öffentlichkeit auch geführt werden mag, so steht dahinter doch eine ernstzunehmende theoretische Überlegung; daß nämlich die Höhe des Arbeitslosengeldes im Verein mit allzu weiten Zumutbarkeitsregeln die Wettbewerbsverhältnisse am Arbeitsmarkt störe, wodurch es zu einer hohen freiwilligen Arbeitslosigkeit und in der Folge davon zu Besetzungsschwierigkeiten bei den offenen Stellen komme.

Im folgenden Beitrag, der auf einem vom Bundesministerium für Arbeit und Soziales in Auftrag gegebenen Forschungsprojekt basiert[1], soll versucht werden, abgehoben von der tagespolitischen Diskussion, ein möglichst facettenreiches Bild der Ursachen der beobachteten Besetzungsschwierigkeiten zu zeichnen. Der wissenschaftlichen Redlichkeit halber muß allerdings darauf hingewiesen werden, daß sich die folgenden Aussagen auf den von der Arbeitsmarktverwaltung erfaßten Arbeitsmarkt beziehen.

Hohe Dynamik des Stellenmarktes

Bevor auf die Problemgruppe der "Langläufer" unter den offenen Stellen näher eingegangen wird, muß mit aller Deutlichkeit auf die hohe Dynamik des Stellenmarktes (beim Arbeitsamt) hingewiesen werden. Ein Fünftel der offenen Stellen ist bereits nach einer Woche Laufzeit wieder besetzt. 70 % der in Auftrag gegebenen offenen Stellen gehen innerhalb von sieben Wochen wieder ab. Nach einem halben Jahr sind nur mehr etwa 5 % der zugegangenen Stellen offen.

Konzentration auf wenige Wirtschaftsklassen

Nahezu die Hälfte der Langläufer unter den offenen Stellen kommt aus den drei Bereichen "Verarbeitende/s Industrie/Gewerbe I"[2] (15,1 %), "Bauwesen" (15,1 %) und "Gaststätten- und Beherbergungswesen" (13,3 %). In den beiden zuletzt genannten Wirtschaftsklassen ist der Anteil der Langläufer unter den offenen Stellen überproportional hoch. Beträgt der Anteil der im Bauwesen Beschäftigten an allen Beschäftigten 8,9 % so beläuft sich der Anteil der langlaufenden offenen Stellen auf 15,1 %; im Beherbergungs- und Gaststättenwesen beträgt das entsprechende Verhältnis gar 3,2 % zu 13,3 %.

Auffällig ist auch die *Konzentration der Langläufer auf geringe formale Qualifikationsanforderungen*. Bei 44 % der langlaufenden offenen Stellen wurde von den Bewerbern keine formale Berufsausbildung verlangt. Bei weiteren 48 % genügte ein Lehrabschluß.

Haupthinderungsgründe

Bei einem Teil der in die Untersuchung eingegangenen offenen Stellen (32,3 %) kam es zu keiner Stellenbesetzung, weil der Arbeitgeber die Zugewiesenen ablehnte, während bei einem größeren Teil (42,9 %) die Stellenbesetzung an der Ablehnung der Zugewiesenen scheiterte. Bei der Analyse der einstellungsbehindernden Gründe wurden daher sowohl die Ablehnungsgründe der Nachfrage- als auch der Angebotsseite berücksichtigt und bei der Interpretation der Ergebnisse, soweit möglich, zusammengeführt.

Hinderungsgrund: Entlohnung

In der Volkswirtschaftslehre gibt es, wie überhaupt in den Humanwissenschaften, keine allgemeingültige "objektive" Theorie, sondern den einzelnen Theorieansätzen liegen jeweils bestimmte ökonomische Interessen zugrunde. Die Behauptung, daß ein hohes Arbeitslosengeld freiwillige Arbeitslosigkeit bewirke, fußt auf der neoklassischen Arbeitsmarkttheorie. Eine der wesentlichen Grundthesen dieser Theorie ist die Aussage, daß die Steuerung von Angebot und Nachfrage auf den Arbeitsmärkten über den Lohnsatz erfolgt. Steigt der Lohn auf einem bestimmten Teilarbeitsmarkt wegen der erhöhten Nachfrage, so wandern die Arbeitskräfte aufgrund ihres individuellen Einkommensstrebens in diese Beschäftigung, bis sich ein Gleichgewicht eingestellt hat. Ein Element der neoklassischen Arbeitsmarkttheorie, das im Zusammenhang mit der vorliegenden Untersuchung von Bedeutung ist, basiert auf der Annahme, daß Arbeitszeit und Freizeit Alternativen sind. Und zwar in dem Sinne, daß Arbeit als Mühsal und Unannehmlichkeit empfunden wird, Freizeit hingegen positiv besetzt ist. Das heißt, Arbeit wird nur dann angeboten, wenn kein ausreichendes Einkommen besteht, beziehungsweise wenn der Einkommenszuwachs den Freizeitnutzen übersteigt. In diesem Zusammenhang ist das Verhältnis von Arbeitslosengeld oder sonstigem Leistungsbezug und gebotenem Lohn von Bedeutung.

Was aus der Sicht der Arbeitgeber als zu hohe Lohnforderung bezeichnet wird, kehrt bei den Zugewiesenen als Ablehnungsgrund "zu geringe Entlohnung" wieder. Von den Zugewiesenen, welche von sich aus die angebotene offene Stelle/n abgelehnt hatten (43 % aller Zugewiesenen) gab rund ein Fünftel (20,4 %) eine zu geringe gebotene Entlohnung an. Aufschlußreich sind die Strukturmerkmale der offenen Stellen bei denen die Auftraggeber überproportional häufig zu hohe Lohnforderungen angegeben haben. Es sind dies Stellen in Kleinstbetrieben von bis 19 Beschäftigten (34,4 %); aus der Wirtschaftsklasse Bauwesen (50 %); für die Berufe Haushälterin/Bedienerin (44,4 %), Sozialarbeiter (39,1 %) und ungelernte Kräfte im Gastgewerbe (35,7 %). Schließlich wurden noch bei offenen Stellen, die mit einer Forderung nach langjähriger Praxis verbunden waren, überdurchschnittlich häufig (50 %) hohe Lohnforderungen als einstellungsbehindernd angegeben.

Viele Ansätze zur Arbeitsmarkttheorie gehen von der Annahme der vollkommenen Transparenz des Arbeitsmarktes aus, d.h. es wird angenommen, daß den Akteuren und zwar sowohl den Arbeitgebern als auch den Arbeitssuchenden die Arbeitsmarktverhältnisse, vor allem die Lohnsituation, bekannt sind. Diese vollkommene Transparenz dürfte wohl kaum gegeben sein, trifft jedoch weitgehend für Teilarbeitsmärkte zu. Das heißt, daß beispielsweise im Bauwesen sowohl die Arbeitgeber als auch die Arbeitssuchenden sehr wohl um die üblichen Löhne Bescheid wissen. Die Zugewiesenen scheinen sich mit ihren Lohnerwartungen primär am "marktüblichen" Lohn zu orientieren, *denn sowohl die absolute Leistungshöhe (an Arbeitslosengeld, Notstandshilfe usw.) als auch die Leistungshöhe in Prozentanteilen des gebotenen Lohnes stehen in keinem Zusammenhang zum Ablehnungsgrund "zu geringe Entlohnung".* Daß die Höhe von Arbeitslosengeld/Notstandshilfe keinen Einfluß darauf hat, ob jemand die angebotene Stelle aus finanziellen Gründen annimmt oder ablehnt, bedeutet, daß die Annahme ein zu hoher Leistungsbezug begünstige freiwillige Arbeitslosigkeit generell nicht zutrifft. Dämpfend auf die Erwartungshaltung der Zugewiesenen bezüglich der Entlohnung wirkt sich allerdings die Dauer der letzten Arbeitslosigkeit aus. Mehr als ein Drittel der Arbeitssuchenden die zum Datum der Zuweisung bis maximal vier Wochen arbeitslos waren, lehnten die angebotene Stelle wegen zu geringer Entlohnung ab. Mit zunehmender Dauer der Arbeitslosigkeit wird dieser Grund weniger häufig genannt; lediglich 9 % der Arbeitssuchenden die bereits länger als ein halbes Jahr Arbeit suchen, geben zu geringe Entlohnung als Ablehnungsgrund an. Auch mit zunehmendem Alter der Zugewiesenen (und aufgrund des Senioritätsprinzps dementsprechend höheren Lohnerwartungen) wird der Ablehnungsgrund zu geringe Entlohnung häufiger genannt.

Sollte tatsächlich die Leistungshöhe das Zustandekommen freiwilliger Arbeitslosigkeit begünstigen, so müßte dies zur Folge haben, daß mit steigendem/steigender Arbeitslosengeld/Notstandshilfe die Zugewiesenen häufiger von sich aus eine offene Stelle ablehnen. Zumindest im Fall der langlaufenden offenen Stellen ist dies jedoch nicht der Fall. Umgekehrt müßten die Arbeitssuchenden mit zunehmender Leistungshöhe häufiger der Zuweisung nicht nachkommen. Auch dies ist nicht der Fall. Die Behauptung eines beträchtlichen Anteils freiwilliger Arbeitslosigkeit an der Gesamtarbeitlosigkeit, wie sie häufig in der trivialen tagespolitischen Diskussion zu hören ist, scheint sehr fragwürdig zu sein.

Grosso modo sprechen die Untersuchungsergebnisse dafür, daß sich die Arbeitssuchenden im statistischen Durchschnitt marktkonform verhalten. Sie richten ihre Lohnerwartungen zunächst nach den marktüblichen Durchschnittslöhnen, um erst bei einem längeren Nichtzustandekommen eines Arbeitsverhältnisses ihre Lohnerwartungen zurückzunehmen.

Umgekehrt ist zu erwarten, daß sich auch die Arbeitgeber marktkonform verhalten und im Falle einer längeren Nichtbesetzung der offenen Stelle bei den Löhnen nachgeben. Es ist bemerkenswert, daß bei rund 29 % der offenen Stellen für ungelernte Kräfte im Gastgewerbe und mehr als 22 % der offenen Stellen für Haushälterinnen/Bedienerinnen, also Berufe mit einem traditionell geringen Lohnniveau, die gebotene

Entlohnung *unter dem Kollektivvertrag* lag. Daß der von den Arbeitgebern angeführte Hinderungsgrund "zu hohe Lohnforderungen" in vielen Fällen bedeutet, daß schlicht und einfach eine, im Verhältnis zu den jeweils üblichen Durchschnittslöhnen, viel zu niedrige Entlohnung geboten wird, geht auch daraus hervor, daß offene Stellen, bei denen zu hohe Lohnforderungen als einstellungsbehindernd angegeben wurden, überdurchschnittlich häufig wegen "Aussichtslosigkeit auf Besetzung" zurückgezogen wurden. Insgesamt entsprach bei mehr als 45 % der offenen Stellen die gebotene Entlohnung dem Kollektivvertrag oder lag darunter. Die These der neoklassischen Arbeitsmarkttheorie, daß sich das Gleichgewicht von Angebot und Nachfrage am Arbeitsmarkt über den Lohnsatz einstellt, ist im Falle der langlaufenden offenen Stellen nicht zutreffend. Zumindest reagieren von den von uns befragten Arbeitgebern - nach eigenen Angaben - nur 0,6 % mit Lohnerhöhungen oder Lohnanreizen auf die Schwierigkeit, die offene/n Stelle/n zu besetzen.

Die Untersuchungsergebnisse sprechen dafür, daß bei Nichtzustandekommen eines Arbeitsverhältnisses aufgrund der Entlohnung, statistisch betrachtet, in der überwiegenden Mehrheit Löhne weit unterhalb des jeweiligen Durchschnittslohnes geboten werden, wobei in diesem Zusammenhang zwei Hauptstränge zu beobachten sind. Bei Teilzeitarbeitsplätzen und/oder offenen Stellen für frauenspezifische Berufe (Haushälterinnen, Bedienerinnen, Hilfsberufe im Gastgewerbe) wird die für Frauen besonders angespannte Arbeitsmarktlage wirksam. Das heißt, die Arbeitgeber sind bereit, in der Gewißheit früher oder später doch Arbeitskräfte zum gebotenen Lohn zu finden, längere Wartezeiten in Kauf zu nehmen. Bei offenen Stellen für Facharbeiter (außer Bauwesen) können die gebotenen Löhne der, häufig abseits von den Zentren gelegenen, Kleingewerbebetriebe mit den Löhnen der Mittel- und Großbetriebe im geografischen Einzugsgebiet nicht konkurrieren. Es ist zu vermuten, daß es sich hierbei um strukturschwache Betriebe handelt, welche möglicherweise nicht in der Lage sind, den Arbeitssuchenden entsprechende Lohnanreize zu bieten. Insgesamt entsteht der Eindruck, daß die Anpassung von Arbeitsangebot und Arbeitsnachfrage über den Lohnsatz nur in Richtung Lohnsenkungen funktioniert.

Die von den potentiellen Arbeitgebern als zu hoch bezeichneten Lohnforderungen der Sozialarbeiter/innen bilden ein eigenes Problem. Sozialarbeit scheint häufig mit karitativer Tätigkeit gleichgesetzt zu werden. In vielen Fällen wurde für Sozialarbeiter/innen ein Lohn geboten, der im besten Fall als Taschengeld bezeichnet werden kann, oder die Auftraggeber erwarteten, daß die Sozialarbeiter/innen über die Aktion 8000 finanziert werden.

Qualifikation, Ausbildung und Praxis

Mit fehlender Qualifikation ist gemeint, daß der/die Zugewiesene zwar die formale berufliche Ausbildung (z.B. entsprechende Lehre) aufweisen, aber bestimmte einschlägige Fertigkeiten nicht besitzen, bzw. vom potentiellen Arbeitgeber vermutet wird, daß diese nicht vorhanden sind. Ein Beispiel: von einem Tischler, der seine Lehr- und Facharbeiterjahre bei einer Türenfabrik verbracht hatte, wurde angenommen, daß er bestimmte handwerkliche Fertigkeiten, wie sie in einer Möbeltischlerei verlangt werden, nicht besitzt. Fehlende Ausbildung bedeutet, daß die gefragte formale Ausbildung (z.B. ein bestimmter Lehrabschluß) nicht vorhanden ist. Gleiches gilt für das Fehlen einer allenfalls verlangten Praxis. Die drei genannten einstellungsbehindernden Gründe werden in der tagespolitischen Diskussion unter dem Schlagwort "Qualifikationsmängel" zusammengefaßt.

Wenn auch bei den unter dem Begriff "Qualifikationsmängel" subsumierten Gründen Mehrfachnennungen vorliegen, so bilden diese doch ein gewichtiges Bündel von Einstellungsbehinderungen. Als Gründe für die Nichtbesetzung oder späte Besetzung der offenen Stelle/n wurden von den Arbeitgebern der Häufigkeit nach genannt: fehlende Qualifikation (23,8 %), fehlende Ausbildung (20,5 %) und fehlende Praxis der Bewerber (16,8 %). Dieses Ergebnis mag zunächst die Hypothese stützen, daß die relativ hohe Zahl schwer zu besetzender Stellen Folge von Qualifikationsmängeln der Arbeitslosen sei. Eine nähere Analyse läßt jedoch differenziertere Aussagen zu.

Die Nichtbesetzung oder späte Besetzung offener Stellen aufgrund fehlender Qualifikation der Bewerber beschränkt sich im wesentlichen auf drei Berufsgruppen. Diese sind gelernte Kräfte im Gastgewerbe (37,5 % der Zugewiesenen werden seitens der Arbeitgeber aufgrund von fehlender Qualifikation abgelehnt), Baufacharbeiter (36,1 %) und Metallfacharbeiter (26,1 %).

Im Falle der gelernten Kräfte im Gastgewerbe ist zu beachten, daß nicht nur der Einschaltungsgrad des Arbeitsamtes sehr hoch ist, sondern daß diese Stellen überhaupt am häufigsten abgedeckt werden können. 75 % der offenen Stellen für gelernte Kräfte im Gastgewerbe waren zum Zeitpunkt der Befragung der Unternehmensleiter bereits wieder abgedeckt. Auch im Falle der Baufacharbeiter ist der Einschaltungsgrad des Arbeitsamtes sehr hoch, die Besetzung der Stellen ist mit 33,4 % allerdings bedeutend geringer als im Gastgewerbe; liegt aber immerhin nur wenig unter dem Gesamtdurchschnitt (37,8 %). Im Gegensatz zu den beiden vorgenannten Beruf(sgrupp)en konnten offene Stellen für Metallfacharbeiter während des Untersuchungszeitraumes nur in geringem Umfang (17,4 %) abgedeckt werden. Diese Daten beziehen sich allerdings nur auf die Langläufer unter den offenen Stellen. In allen drei Bereichen ist auch bei den offenen Stellen insgesamt eine hohe Umschlagshäufigkeit zu beobachten. Die mittlere Laufzeit ist sowohl bei den Langläufern als auch bei den übrigen offenen Stellen in den drei genannten Berufsbereichen mit Abstand am geringsten. Auch die Stellenandrangsziffer zählt (mit Ausnahme der Büro- und Verwaltungsberufe) in den genannten Berufsbereichen zu den höchsten überhaupt und beträgt für Bauberufe 6,2 (Durchschnitt der Monate August 1987 bis Juli 1988), für Metall- und Elektroberufe 3,3 und für Fremdenverkehrsberufe 3,5. Diese "harten" arbeitsmarktstatistischen Daten lassen die Qualifikationsmangel-Hypothese doch eher fragwürdig erscheinen.

Es liegt daher die Vermutung nahe, daß bei den lang laufenden offenen Stellen in den drei genannten Berufsbereichen die Besetzungsschwierigkeiten weniger auf die fehlende Qualifikation der Bewerber zurückzuführen ist, sondern daß die Ursachen eher in den strukturellen Merkmalen der Betriebe zu suchen sind. Schwierigkeiten, Arbeitskräfte der drei genannten Berufsgruppen zu rekrutieren, haben Kleinstbetriebe (bis 19 Beschäftigte), Betriebe in einer geografisch ungünstigen (Verkehrs)Lage und Betriebe, welche vergleichsweise niedrige Löhne zahlen. Alle drei Merkmale fallen im übrigen häufig zusammen.

Besonders kuriose Ergebnisse bringt eine nähere Analyse des, seitens der Auftraggeber vorgebrachten, eine Einstellung behindernden, Grundes "fehlende Ausbildung". Es gibt nämlich nur zwei Berufsgruppen, bei denen die Unternehmer überdurchschnittlich häufig angegeben haben, daß die Bewerber keine Ausbildung vorweisen können. Dies sind Metallfacharbeiter (50 %) und - das ist nun das Eigenartige - Angelernte und Hilfsarbeiter (72,8 %). Dieses Phänomen wird übrigens durch die globalen Areitsmarktdaten noch stärker akzentuiert. Eine Auswertung der offenen Stellen und gemeldeten Arbeitslosen nach der Qualifikation ergab, daß die Anzahl der offenen Stellen, bei denen keine abgeschlossene Schulbildung bzw. lediglich Pflichtschulabschluß (ohne Lehre) verlangt wurde, etwa ein Fünftel (2.304) von den gemeldeten Arbeitslosen ohne abgeschlossener Schulbildung bzw. mit Pflichtschulabschluß betrug (12.064; Stellenandrangsziffer: 5,2; alle Zahlen für OÖ, Jahresdurchschnitt 1987). Dies heißt im Klartext, daß ein erheblicher Teil der Auftraggeber offener Stellen dem Arbeitsamt gegenüber zwar angeben, bei den Bewerbern keine Ausbildungsabschlüsse vorauszusetzen, aber im konkreten Fall doch das Vorhandensein ganz spezifischer Kenntnisse und spezieller Fertigkeiten erwarten.

Gerade bei Stellen mit niedrigen Qualifikationsanforderungen (darunter sind auch Stellen zu verstehen, die keine breite Qualifikation, sondern das Vorhandensein einer oder weniger eng begrenzter Fertigkeiten verlangen) ist der Mechanismus von Angebot und Nachfrage nahezu ohne Einschränkungen wirksam, da gerade bei Hilfs- und Anlerntätigkeiten die Einschulungszeit relativ kurz ist. Daß nun trotz einer hohen Stellenandrangsziffer offene Stellen mit geringen Qualifikationsanforderungen nicht besetzt werden, deutet darauf hin, daß die Unternehmen unter Ausnützung der für sie günstigen Verhältnisse am Arbeitsmarkt versuchen, die Ausbildungskosten zu externalisieren. Das heißt, bei der Besetzung von Stellen mit geringen, aber sehr spezifischen Qualifikationsanforderungen, werden auch lange Wartezeiten in Kauf genommen, da doch die erhebliche Chance besteht, daß früher oder später der/die Arbeitssuchende vorspricht, der/die über die spezielle, eng umgrenzte Qualifikation verfügt. Die These, daß die Unternehmen kaum bereit sind, bei Arbeitsplätzen unterer bis mittlerer Qualifikation, Ausbildungsinvestitionen zu tätigen, ist zumindest bei den Auftraggebern lang laufender offener Stellen verifizierbar. Kein einziger der von uns befragten Arbeitgeber hat als Konsequenz für die Nichtbesetzung der offenen Stelle/n Umschulungs- oder Einschulungsmaßnahmen in Betracht gezogen.

Ähnliches gilt für den eine Einstellung behindernden Grund "fehlende Praxis". Auch hier scheint bei einer Reihe von Betrieben nicht die Bereitschaft zu bestehen, bei Bewerbern ohne ausreichender Praxis Konzessionen zu machen, und ihnen die Möglichkeit einzuräumen, im eigenen Betrieb die Praxis zu erwerben. Verschärft wird diese Situation noch dadurch, daß offensichtlich von Personen Praxis verlangt wird, die diese aufgrund ihres Lebensalters gar nicht erbringen können. So fällt auf, daß der Ablehnungsgrund "fehlende Praxis" überdurchschnittlich häufig von Auftraggebern genannt wurde, die bei der offenen Stelle zugleich eine obere Altersbegrenzung angegeben hatten.

Zusammenfassend läßt sich in Bezug auf die vermuteten Qualifikationsmängel festhalten, daß diese zwar bei einem Teil der Arbeitslosen gegeben sind, diese aber im statistischen Gesamtzusammenhang für die Nichtbesetzung oder späte Besetzung von offenen Stellen keine Rolle spielen. In diesem Zusammenhang sei auch festgehalten, daß von den auf die langlaufenden offenen Stellen Zugewiesenen zum Zeitpunkt der Befragung immerhin rund 42 % eine Stelle im gewünschten Beruf und weitere 22 % in einem anderen Beruf erhalten haben.

Daueraufträge

Ein wichtiger Grund (21,7 %) für die lange Laufzeit offener Stellen ist der Umstand, daß es sich bei einigen Stellen um sogenannte Daueraufträge handelt, welche zwar laufend besetzt werden, ein Restbedarf an Arbeitsplätzen aber ständig bestehen bleibt, bzw. ein neuer Bedarf entsteht.

Daueraufträge an offenen Stellen liegen überwiegend in den Wirtschaftsklassen Persönliche Dienstleistungen (37,2 %; Schwerpunkt: Haushälterinnen und Bedienerinnen) und Bauwesen (32 %; Schwerpunkt: Baufacharbeiter) vor. Im Falle der Daueraufträge für Bedienerinnen ist festzuhalten, daß in den Reinigungsbetrieben eine hohe Fluktuation herrscht, welche auf die äußerst unattraktiven Arbeitsplätze zurückzuführen ist (Teilzeitarbeit bei ohnehin sehr niedrigem Stundenlohn, ungünstige Lage der Arbeitszeit, häufig wechselnder Arbeitsort, zum Teil hohe Arbeitsbelastungen). Das heißt, daß die lange Laufzeit der von den Reinigungsfirmen in Auftrag gegebenen offenen Stellen nicht besonders aussagekräftig ist. Die Betriebe geben eine größere Anzahl von identischen Stellen beim Arbeitsamt in Auftrag und stocken dieses Kontingent, nachdem Abbuchungen vorgekommen sind, wieder auf. Aufgrund dieses Umstandes, daß die offenen Stellen in der Reihenfolge ihres Zuganges auch wieder abgegeben werden (first-in first-out), ergeben sich enorm lange Laufzeiten, da das Kontingent im Vergleich zu den Vermittlungen pro Zeiteinheit hoch ist. Die überdurchschnittlich lange Laufzeit im Bauwesen ist zusätzlich zu der dort üblichen hohen Fluktuation, im Zusammenhang mit dem Zeitraum der Erfassung der Stichprobe der offenen Stellen zu sehen. Der Zeitpunkt des Zuganges der offenen Stellen fiel mit dem Auslaufen der Wintersaison im Bauwesen zusammen. Die arbeitslosen Bauarbeiter kehren zu ihrem letzten Arbeitgeber zurück, womit ein nurmehr eingeschränktes Angebot an frei verfügbaren Arbeitskräfen in diesem Bereich übrigbleibt.

Mobilitätsgründe

Die von den Arbeitgebern geortete mangelnde Mobilitätsbereitschaft der Zugewiesenen ist mit erhöhter Wahrscheinlichkeit mit den Hinderungsgründen "Lage und/oder Form der Arbeitszeit", "Betreuungspflichten" und "Über- bzw. Unterschreitung der Altersbegrenzung" kombiniert. Bei letzterem Grund ist allerdings eher von einer mangelnden Mobilitätsbereitschaft seitens der Auftraggeber offener Stellen zu sprechen. Überdurchschnittlich häufig werden Mobilitätshemmnisse bei offenen Stellen aus "Verarbeitendem Gewerbe/Industrie" (und zwar örtliche Mobilität: 29,6 %) und "Beherbergungs- und Gaststättenwesen" (Lage und/oder Form der Arbeitszeit: 31,8 %; Betreuungspflichten: 13,6 %) genannt. Allerdings sind die Mobilitätshemmnisse im Beherbergungs- und Gaststättenwesen auf ungelernte Arbeitskräfte einzugrenzen; für diese wurden im übrigen ausschließlich weibliche Bewerberinnen zugewiesen. Die Lage und/oder Form der Arbeitszeit ist schließlich noch im Handel von einiger Bedeutung (11,8 %).

Obwohl nur ein Drittel der ausgeschriebenen offenen Stellen eine Altersbegrenzung nach oben aufwies (ein Mindestalter wurde bei 99,4 % der offenen Stellen gefordert), bezog sich die Einstellungsbehinderung "Alter" ausschließlich auf ältere Arbeitssuchende. Diese Form der Einstellungsbehinderung kam überdurchschnittlich häufig bei Metallfacharbeitern zum Tragen (25 %). Besonders auffällig sind die Mobilitätshemmnisse in Abhängigkeit vom Geschlecht:

Mobilitätshemmnisse	Männer	Frauen
Altersbegrenzung	1,0 %	7,1 %
Lage und/oder Form der Arbeitszeit	4,0 %	23,8 %
Örtliche Mobilität	19,8 %	23,8 %
Betreuungspflichten	3,0 %	9,5 %

Insgesamt erweisen sich die unterschiedlichen Mobilitätshemmnisse doch als gewichtige Hinderungsgründe für die Besetzung offener Stellen. Dem Hinderungsgrund "Alter" dürfte allerdings in vielen Fällen die (höhere) Entlohnung als eigentliche Ursache zugrunde liegen.

Die Aussagen der Zugewiesenen decken sich im übrigen mit jenen der Arbeitgeber:

- Von jenen Zugewiesenen, die vom Arbeitgeber abgewiesen wurden, vermuteten 10 % der Männer und 17,4 % der Frauen, daß dies aufgrund ihres Alters geschehen war.
- Zugewiesene, die von sich aus die offene Stelle abgelehnt hatten, gaben häufig folgende Gründe an: *arbeitszeitbezogene Gründe*, wie zu lange oder zu kurze Arbeitszeit und Lage der Arbeitszeit (Männer: 3,2 %, Frauen 22,9 %), *örtliche Mobilitätsgründe*, wie Arbeitsort zu weit entfernt und schlechte Verkehrsverbindung (Männer: 23,9 %, Frauen: 22,8 %) und *Betreuungspflichten* (Männer: 1,6 %, Frauen: 11,4 %).
- Von den Arbeitssuchenden, die eine der von unserer Untersuchung berücksichtigten offenen Stellen besetzt hatten, zählte die Nähe zum Wohnort (62,5 %) zu den wichtigsten Motiven überhaupt. Aber auch die Dauer der Arbeitszeit (12,5 %) und eine günstige Verkehrsverbindung (18,8 %) waren häufig genannte Motive. Von geringerer Bedeutung war die Lage der Arbeitszeit (6,3 %).

Anmerkungen

1) Oskar Meggeneder und Martin Riese: Besetzungsschwierigkeiten lang laufender offener Stellen in Oberösterreich, vervielfältigter Forschungsbericht, Linz 1989.

2) Erzeugung von Nahrungs- und Genußmitteln und Getränke; Tabakverarbeitung; Erzeugung von Textilien, Textilwaren, Bekleidung und Bettwaren; Erzeugung und Reparatur von Schuhen, Erzeugung und Verarbeitung von Leder- und Ledererersatzstoffen; Erzeugung und Verarbeitung von Holz; Holzplattenerzeugung; Erzeugung von Musikinstrumenten, Sportartikeln und Spielwaren.

Susanne Loudon

ENTWICKLUNGSLINIEN WEIBLICHER ERWERBSTÄTIGKEIT

1. Veränderungen - unveränderte Benachteiligungen

Anders als noch vor zwanzig Jahren hat heute die Diskussion um die Frauenerwerbsarbeit einen wesentlichen gesellschaftspolitischen Stellenwert inne. Wurde diese Thematik in den sechziger Jahren noch von einer kleinen Gruppe von Frauen angesprochen und diskutiert, so hat doch gegenwärtig die Debatte um die Situation der Frau im Erwerbsbereich bereits weitere Kreise erfaßt. Heute wird die zunehmende Verankerung der Frau in der Erwerbswelt als wesentlicher Bestandteil ihrer eigenständigen Lebensplanung gesehen.

Obzwar hier sicher auch von einem während der letzten zwanzig Jahre erfolgten Bewußtseinswandel gesprochen werden kann, bildet doch eher der Wandel ökonomischer Strukturen den wesentlichen Hintergrund für die inzwischen veränderten gesellschaftlichen Verhältnisse. Der aufgrund wirtschaftlichen Aufschwungs verstärkte Einbezug erwerbsfähiger Personen in abhängige Beschäftigung brachte insbesondere einen Anstieg der Frauenerwerbsquote mit sich. Eine bis in die siebziger Jahre prosperierende Volkswirtschaft bildete die Grundlage für die damals beginnende Bildungsexpansion und trug somit wesentlich zu einem Wandel der persönlichen Entwicklung der damals jungen Frauengeneration bei (vgl. Gottschall 1989).

Dieser Wandel in der Lebensgestaltung einer zunächst kleinen, aber laufend größer werdenden Gruppe von Frauen in Form einer verstärkten Integration in den Erwerbsbereich schuf einige grundlegende strukturelle Veränderungen: Frauen hören während der sogenannten "Familienphase" nicht mehr zu arbeiten auf und Frauenerwerbsarbeit ist krisenresistent geworden - Frauen stellen heute nicht mehr die "Reservearmee" an Arbeitskräften.

Bei all diesem Wandel der Frauenerwerbstätigkeit muß jedoch einschränkend eines angemerkt werden: Weibliche Erwerbsarbeit ist kein neues Phänomen. Frauenarbeit hat es schon immer gegeben.

Bereits im 19. Jahrhundert wies gerade in Österreich die weibliche Erwerbstätigkeit einen besonders hohen Anteil an den Erwerbstätigen auf. Im Jahre 1900 waren in Österreich mehr als 41 % aller Berufstätigen Frauen (vgl. Rigler 1976). Gegenwärtig liegt der Frauenanteil der Gesamtbeschäftigung ebenfalls bei 40 %.

Es ist offensichtlich nicht so sehr das Ausmaß weiblicher Erwerbstätigkeit, das sich verändert hat als viel mehr die gesellschaftliche Stellung der Frauenerwerbstätigkeit und nicht zuletzt die Tätigkeiten, die

Frauen (aber auch Männer) damals ausübten im Vergleich zu den Arbeiten, die Frauen heute verrichten (vgl. Willms 1983).

Um die Jahrhundertwende konzentrierte sich weibliche Erwerbstätigkeit vor allem auf die Land- und Forstwirtschaft. Im Jahr 1890 arbeiteten in Österreich ca. 74 % der berufstätigen Frauen in der Land- und Forstwirtschaft, während damals nur ca. 12,46 % der Frauen in der Industrie beschäftigt waren. 4,27 % waren im Handel und Verkehr tätig, 9,32 % im öffentlichen Dienst und in freien Berufen. Zwischen 1890 und 1910 machte sich dann bereits eine Stagnation des Anteils berufstätiger Frauen in der Land- und Forstwirtschaft bemerkbar, in Industrie und Gewerbe sogar ein leichter Rückgang, wobei im öffentlichen Dienst, im Handel und Verkehr ein Anstieg weiblicher Erwerbstätigkeit in dieser Zeitperiode zu verzeichnen war (vgl. Rigler 1976).

Von der sozialen Stellung her war der größte Teil der berufstätigen Frauen unter den mithelfenden Familienmitgliedern zu finden. Sie stellten im Jahr 1910 noch 43,41 % der berufstätigen Frauen Österreichs (ebd.). Gefolgt wurden sie von den Selbständigen mit 28,25 %, 19,61 % Arbeiterinnen und Taglöhnerinnen. Die kleinste Gruppe weiblicher Erwerbstätiger bildeten die Angestellten (vgl. ebd.).

Weibliche Erwerbsarbeit weist also je nach gesellschaftsstruktureller Entwicklung ganz bestimmte Formen auf. Diese ändern sich mit der Organisation der Erwerbsarbeit und dem historisch unterschiedlichen Bedarf an weiblicher Arbeitskraft. Aber von der Tendenz her zementieren sie immer wieder von neuem ganz bestimmte geschlechtsspezifische Beteiligungsformen in der Arbeitswelt (vgl. Kurz-Scherf 1989).

War durch lange Zeit hindurch die frauenspezifische Form der Erwerbsarbeit die der mithelfenden Familienmitglieder, ist heute frauenspezifische Erwerbsarbeit Teilzeitarbeit (vgl. ebd.). Zwar ist die unmittelbare Verbindung von Ehe und Arbeitsverhältnis bei der Teilzeitarbeit nicht vorhanden, dennoch bleibt durch den Zuverdienstcharakter von Teilzeitarbeit die Abhängigkeit von der Ehe als Versorgungseinrichtung bestehen (vgl. ebd.). Anders formuliert: Das Augenmerk muß auf die Beschäftigungsformen gelenkt werden, da diese immer häufiger eine Trennung zwischen männlicher und weiblicher Erwerbsarbeit verdeutlichen. Doch darauf wird später noch genauer eingegangen.

Dieser kurze historische Rekurs sollte lediglich aufzeigen, daß die Präsenz von Frauen im Erwerbsbereich keine neue Errungenschaft darstellt. Außerhäußliche Erwerbsarbeit von Frauen scheint in unterschiedlichen historischen Epochen jeweils in verschiedenen Formen auf.

Da sich aber der Erwerbsbereich traditionell als männliche Dominanz etablierte, waren die Erwerbschancen von Frauen immer abhängig von den Erwerbsmöglichkeiten der Männer (vgl. Willms 1983). Je nach Arbeitsmarktlage stieg oder sank der Frauenanteil an den Beschäftigten. Dazu kommt, daß in Krisenzeiten Frauen die Funktion der Bremsung der Lohnsteigerung innehatten (vgl. Jruczyk 1978).

Worauf ist dann die eingangs erwähnte zunehmend stärkere Verankerung der Frauen im Erwerbsbereich und ihre heute abnehmende Krisenanfälligkeit zurückzuführen? - Ich weiß darauf keine erschöpfende Antwort. - Dennoch lassen sich Gründe anführen: Einerseits wurde im Zuge der Bildungsexpansion besonders von Frauen die Möglichkeit genützt, Qualifikationen zu erwerben, andererseits kann von einem bereits erwähnten Bewußtseinswandel gesprochen werden, der mit der Bildungsexpansion eng verzahnt ist.

Daß zwischen Höhe der Schulbildung von Frauen und Erwerbsquote ein Zusammenhang besteht, ist allgemein bekannt. So sind beispielsweise von den Frauen im Alter von 25 - 29 Jahren mit Pflichtschulausbildung nur 49,7 % erwerbstätig, während die Erwerbsquote von Frauen dieser Altersgruppe mit Hochschulabschluß 88,5 % beträgt (vgl. Frauenbericht/Bildung). Vergleicht man die beiden Volkszählungen 1971 und 1981, läßt sich eine Verschiebung der Ausbildungsstruktur der Frauen in der Wohnbevölkerung aufzeigen: Der Prozentsatz der Frauen mit Hochschulausbildung stieg von 1 % 1971 auf 2,3 % 1981, während der Anteil der Frauen mit Pflichtschulniveau von 73 % 1971 auf 61,7 % abgesunken ist (vgl. Frauenbericht/Bildung).

Grundsätzlich kann festgestellt werden: Qualifikation stellt einen wesentlichen Faktor für die Integration der Frau ins Erwerbssystem dar und die Möglichkeit für Frauen, höhere Qualifikationen zu erwerben, bestehen eigentlich, historisch betrachtet, erst seit kurzer Zeit.

Dennoch läßt sich bei aller Euphorie über verbesserte Ausbildung der Frauen und gesellschaftlichen Bewußtseinswandel darüber nicht hinwegtäuschen, daß Frauen in der Arbeitsplatzhierarchie immer noch die am unteren Ende befindlichen Arbeitsplätze innehaben, daß Frauen nur in bestimmten Berufen zu finden sind und daß sie lohnmäßig diskriminiert werden.

Kurz gesagt: Eine krisenresistente Verankerung der Frauen im Erwerbsbereich steht einer unveränderten Diskriminierung von Frauen am Arbeitsmarkt gegenüber. - Wieso das? Ein möglicher Indikator scheint mir die Tatsache einer immer deutlicheren Segregation von Männer- und Frauenarbeitsplätzen und damit einhergehend die immer häufigere Trennung der oben bereits erwähnten Beschäftigungsformen zu sein.

Darüber hinaus bietet sich ein auf anderer Ebene befindlicher, in seiner Konzeption zwar nicht unproblematischer, aber durchaus mit dem vorher Gesagten in Zusammenhang stehender Erklärungsansatz für die Benachteiligung von Frauen im Erwerbsleben an: Die inzwischen überaus bekannte, vieldiskutierte und kritisierte These des weiblichen Arbeitsvermögens (vgl. Beck-Gernsheim 1984).

"Die Besonderheit des weiblichen Arbeitsvermögens liegt darin, daß Frauen - vermittelt über den geschlechtsspezifischen Sozialisationsprozeß, der seinerseits wieder in der grundlegenden geschlechtsspezifischen Arbeitsteilung verankert ist - auf den ‚weiblichen Lebenszusammenhang', die ‚weibliche Kultur' bezogene Dispositionen entwickeln: nämlich mehr die für familiär-reproduktionsbezogene, weniger für die berufliche Arbeit erforderlichen Fähigkeiten, Orientierungen, Interessen" (Beck-Gernsheim 1976, S. 75).
Beck-Gernsheim zeigt damit auf, daß die im Reproduktionsbereich benötigten Fähigkeiten und Einstellungen im krassen Gegensatz zu den Verhaltensweisen stehen, die in marktvermittelten Arbeitsformen gefordert werden. Während die im familialen Bereich praktizierten Verhaltensweisen wie *"Selbstbeschränkung, Zurückstellen der eigenen Person, der Verzicht auf die Äußerung und Durchsetzung eigener Bedürfnisse - und - Interessen Konfliktvermeidung und Harmoniserungsbereitschaft sowie solche, für emotionale Beziehungsarbeit unverzichtbare Qualitäten des Einfühlens, Verstehens, Bestätigens und Bestärkens anderer"* (Frerichs 1985, S. 19) nach Beck-Gernheim Resultate des weiblichen Sozialisationsprozesses sind, werden Männern Eigenschaften vermittelt, die sie dazu befähigen, sich im Berufsleben durchzusetzen. Denn in der Erwerbswelt werden *"Strategien der Selbstbehauptung, die Einnahme eines Interessenstandpunktes und die Interessensauseinandersetzung (um Einkommen, Aufstiegschancen, Arbeitsbedingungen, Arbeitsplatzsicherung) gefordert und abverlangt"* (Frerichs 1985, S. 19).

Problematisch an der These des "weiblichen Arbeitsvermögens" ist die Tatsache, daß hier von Bedingungen geschlechtsspezifischer Arbeitsteilung ausgegangen wird, unter welchen sich weibliches Arbeitsvermögen als ausschließlich hausarbeitsbezogen konstituiert (vgl. Frerichs 1985). Beck-Gernsheim spricht somit den Frauen Lernprozesse ab, die in Gang gesetzt werden, wenn Frauen in beiden Bereichen - familialer Bereich und Erwerbsbereich - tätig sind und täglich zwischen beiden Bereichen hin- und herwechseln. Außerdem kann weibliche Sozialisation nicht nur als hausarbeitsbezogen begriffen werden, fließen doch von Kindheit an in die Sozialisation der Frauen immer Momente außerfamiliärer Bereiche ein (vgl. Becker-Schmidt in Frerichs 1985).

Die Idee, daß durch die geschlechtsspezifische Sozialisation zwei grundverschiedene Wesen "erzeugt" werden, so wie Beck-Gernsheim dies darstellt, hat sich inzwischen als unrichtig erwiesen und wurde von zahlreichen Autorinnen zwar nicht gänzlich verworfen, aber weiterentwickelt und differenzierter betrachtet. Neben der Erkenntnis, daß in die weibliche Sozialisation von Kindheit an immer Elemente außerfamiliärer Bereiche einfließen, wurde bereits der Begriff der "weiblichen und männlichen Sozialisation" als inhaltlich festgelegtes Ganzes in Frage gestellt. Caroll Hagemann-White setzt hier neue Akzente, indem sie die Individuen dafür verantwortlich macht, *"die mit Geschlechtlich-*

keit verquickten gesellschaftlichen Strukturen alltäglich mither(zu)stellen" (Hagemann-White 1984, S. 227).

Anhand dieser Sichtweise läßt sich eine Vielfalt von Geschlechtsrollen je nach sozialer Umgebung erklären. *"Wenn die Bildung einer Geschlechtsidentität ein aktiver Prozeß der Aneignung in Auseinandersetzung mit (mehreren!) sozialen Umgebungen ist, so haben die weiblich und männlich werdenden Kinder in unserem Denken endlich den Status eines eigenständigen Gegenüber, aber sie verlieren auch ihre ‚Unschuld'"* (Hagemann-White 1984, S. 227). Hagemann-White's Argumentation weicht die strengen Konturen der Geschlechtsrollen auf und erweitert so das Konzept männlicher und weiblicher Sozialisation.

Dennoch, um mit Petra Frerichs zu sprechen, ist die Spezifik des weiblichen Arbeitsvermögens wichtig zur Erklärung weiblicher Lebenszusammenhänge: *"Seine Spezifik bleibt - verglichen mit dem männlichen erhalten, nur sollte es nicht länger nur hausarbeitszentriert oder -generiert begriffen werden; es ist dies auch, aber zugleich auf den Pol gesellschaftlicher Tätigkeit (Erwerbsarbeit) gerichtet durch lebensgeschichtliche Erfahrungen wie aktuelle Konflikte"* (Frerichs 1985, S. 25).

Frerichs schlägt vor, die Spezifik weiblichen Arbeitsvermögens als *"Logik mit ambivalenter Struktur"* oder *"Logik der Ambivalenz"* zu fassen, die eine Ganzheit von Arbeit und Leben repräsentiert und somit eine Vereinseitigung ausschließt. *"Diese komplexe persönliche Verantwortungshaltung für die Familie, für die Arbeit im Betrieb und die gesellschaftliche Nützlichkeit ihrer Produkte muß, da sie auch die individuellen Kräfte übersteigt, sich notwendig an den strukturell vorgefundenen Bedingungen brechen, die dieser Haltung entgegenstehen. Frauen verarbeiten die hierbei aufbrechenden Konflikte unter der Gefahr des Zerrieben- und Zerrissenwerdens mit ‚Abstrichen' - typischerweise und in erster Linie an sich selber in der ‚eingeübten' Form der ‚Zurückstellung' der eigenen Person"* (Beck-Gernsheim/Ostner) und als *"Verzicht auf die Durchsetzung der eigenen Interessen im Beruf"* (Wagner in Frerichs 1985, S. 27).

Nicht die Angst vor Erfolg, sondern die Angst vor Liebesverlust, die dort entsteht, wo einzelne Frauen aus der Anonymität heraustreten, sich durchsetzen und somit in Konkurrenz zu ihren Kolleginnen treten, hält die Frauen davor ab, betrieblichen Aufstieg anzustreben (vgl. Wagner in Frerichs 1985). Frauen streben aufgrund gewisser innerpsychischer Strukturen und mehrfacher Belastungen nicht die sich in der Jobhierarchie weiter oben befindlichen Arbeitsplätze an, gleichzeitig wird es aber den wenigen Frauen, die dort hinauf wollen, doppelt schwer gemacht, ihr Ziel zu erreichen, denn wer gibt schon gern erworbenes Terrain auf?

Diese Tatsache steht nicht im Widerspruch zu der "festeren Verankerung" von Frauen im Erwerbsbereich. Denn sie sind ja tätig, und werden dort auch gebraucht, aber oft auf Arbeitsplätzen, die für Männer uninteressant sind.

2. Frauen auf dem österreichischen Arbeitsmarkt Entwicklung und Struktur

Tendenzen der sechziger und siebziger Jahre

Die veränderten wirtschaftlichen Rahmenbedingungen der sechziger Jahre und die damit verbundene expandierende Entwicklung des Arbeitsmarktes bildeten den Ausgangspunkt für eine vermehrte Teilhabe der Frauen am Erwerbsprozeß. Während Mitte der fünfziger Jahre die Arbeitslosenrate im Jahresdurchschnitt noch 5,1 % betrug, erreichte sie 1961 bereits einen Wert von nunmehr 2,7 %, der bis Ende des Jahrzehntes kaum überschritten wurde (vgl. Beirat für Wirtschafts- und Sozialfragen 1974). Zu Beginn der siebziger Jahre übertraf die Zahl der offenen Stellen erstmals die der vorgemerkten Arbeitssuchenden (1972 standen ca. 62.000 offenen Stellen ca. 50.000 Arbeitssuchende gegenüber) (vgl. ebd.).

Dementsprechend war anfang der 70er Jahre ein starker Anstieg der unselbständig Beschäftigten zu verzeichnen (1970: 1,3 %, 1971: 2,8 %, 1972: 2,4 %) (vgl. ebd.).

Wie sich die Erwerbsstruktur anfang der sechziger Jahre und anfang der siebziger Jahre verschoben hat, zeigt die folgende Tabelle (allerdings mit der Einschränkung, daß die Ergebnisse der Volkszählung und des Mikrozensus nicht voll vergleichbar sind):

Verteilung der Berufstätigen nach Wirtschaftsbereichen (in %)

	Volkszählung 1961			Mikrozensus 1971		
	m	w	m+w	m	w	m+w
Land- und Forstwirtschaft	17,9	29,9	22,8	14,2	22,4	17,4
Verarbeitendes Gewerbe und Industrie	49,4	25,7	39,8	49,2	26,4	40,3
Dienstleistungen	31,7	43,1	36,2	35,4	49,9	41,1
Unbekannter Wirtschaftsber.	1,0	1,3	1,2	1,2	1,4	1,2
Alle Wirtschaftbereiche	100,0	100,0	100,0	100,0	100,0	100,0
Berufstätige (in 1.000)	2.028	1.341	3.369	1.831	1.169	3.005

Quelle: Beirat für Wirtschafts- und Sozialfragen
Frauenbeschäftigung in Österreich, 1974.

Der Anteil der Beschäftigten in der Land- und Forstwirtschaft ist bei Männern und Frauen rückläufig. Die Anteile im verarbeitenden Gewerbe und in der Industrie bleiben gleich, während die Dienstleistungen bei Männern und Frauen ansteigen. In der Landwirtschaft, jenem Bereich, der 1961 noch eine hohe Zahl an mithelfenden weiblichen Familienangehörigen beschäftigte, war die Freisetzung weiblicher Arbeitskräfte besonders groß.

In der zweiten Hälfte der siebziger Jahre stieg die Bevölkerung im erwerbsfähigen Alter sowie das Arbeitskräfteangebot weiter leicht an. Dieses wurde fast gänzlich von der Beschäftigungsexpansion absorbiert. Die Arbeitslosenquote hatte nur einen geringfügigen Anstieg zu verzeichnen (v. 1,5 % auf 1,9 %) (vgl. BMAS 1987). Die geschlechtsspezifischen Erwerbsquoten entwickelten sich in den siebziger Jahren mit gegenläufiger Tendenz:

1970 waren 54,2 % aller Frauen zwischen 15 und 60 Jahren erwerbstätig, 1975 waren es 57,2 % und 1977 bereits 58,2 %. In derselben Zeitspanne sank die Erwerbsquote der Männer von 86,1 % auf 79,1 %, was sich zum Teil durch höhere Beteiligung an schulischer Ausbildung und Inanspruchnahme von Frühpensionen erklären läßt (vgl. Frauenbericht Beruf 1985).

Der Anstieg weiblicher Erwerbsbeteiligung in den siebziger Jahren ist auf das geänderte Erwerbsverhalten verheirateter Frauen und Mütter zurückzuführen, was anhand der Zunahme der Erwerbsquote der 30- bis 40jährigen und der 40- bis 50jährigen deutlich wird.

Im Alter von 30 bis 40 Jahren erreichte die Erwerbsquote 1980 die 60 %-Marke und stieg danach weiter an; bei den 40- bis unter 50jährigen stieg die Erwerbsquote zwischen 1970 und 1980 von 52,2 % auf 59,0 %. Der Anstieg der Erwerbsquoten in diesen beiden Altersgruppen läßt auf eine veränderte Einstellung der Frauen zur Berufstätigkeit schließen.

Die in der zweiten Hälfte der siebziger Jahre und in den beginnenden achtziger Jahren entstandenen Frauenarbeitsplätze bewirkten eine zunehmende Umstrukturierung weiblicher Erwerbstätigkeit: Der größte Zuwachs an Frauenarbeitsplätzen findet sich in den Wirtschaftsbereichen Handel, Gesundheit und Fürsorge (etwa je 50.000), im Gastgewerbe (rund 20.000) und im öffentlichen Bereich (Unterricht und Forschung 18.000, Einrichtungen vom Bund, Land, Gemeinden 10.000, Bankensektor 11.000) (vgl. Frauenbericht/Beruf 1985). Die stärkste Reduktion der Frauenarbeitsplätze fand in diesem Zeitraum in der Metallbranche statt (8.800), wovon fast ausschließlich Arbeiterinnen betroffen waren. In dieser Branche wurden ca. 60.000 Arbeitsplätze für Männer geschaffen. Ein weiterer Rückgang an Frauenarbeitsplätzen findet sich in der Nahrungs- und Genußmittelerzeugung (8.100 Frauenarbeitsplätze) sowie in der Bekleidungs- und Textilindustrie (9.100) (vgl. Frauenbericht/Beruf 1985).

Entwicklung der altersspezifischen Erwerbsquoten:

	15 bis unter 20 Jahre	20 bis unter 30 Jahre	30 bis unter 40 Jahre	40 bis unter 50 Jahre	50 bis unter 60 Jahre	60 bis unter 65 Jahre	65 und mehr Jahre	15 bis unter 50 Jahre
1955	60,7	63,7	54,4	42,0	40,9	22,7	8,8	50,7
1956	62,5	64,3	54,6	43,1	41,5	22,5	8,4	51,7
1957	64,5	65,5	53,8	44,7	42,4	21,8	7,9	52,6
1958	64,7	67,5	52,6	46,0	42,6	21,2	7,3	53,1
1959	61,1	70,5	51,5	47,2	42,9	21,7	7,3	53,3
1960	63,5	69,5	51,5	48,2	43,6	20,2	6,7	54,0
1961	63,3	69,7	52,9	49,4	44,0	21,5	6,4	54,6
1962	67,7	68,6	52,4	49,8	43,5	19,1	5,9	54,3
1963	67,2	68,3	52,9	50,3	43,0	18,4	5,5	54,9
1964	66,3	68,0	53,4	51,3	43,0	18,1	5,1	55,2
1965	67,3	65,6	53,8	52,7	42,4	17,7	4,9	55,0
1966	65,3	66,3	54,2	52,1	41,4	17,3	4,3	54,9
1967	59,3	65,4	55,0	52,1	40,9	16,7	4,0	54,1
1968	55,7	64,9	54,4	51,5	40,9	16,4	4,0	53,6
1969	53,4	63,9	56,6	51,3	41,6	15,6	3,6	53,9
1970	54,5	64,4	56,3	52,2	42,6	14,9	3,4	54,2
1971	52,6	65,7	57,6	54,0	43,5	14,7	3,2	55,2
1972	51,3	67,2	55,5	53,8	44,1	14,3	3,2	55,0
1973	53,1	67,3	57,2	54,1	45,1	13,9	3,2	55,9
1974	54,4	66,3	58,9	55,5	47,0	13,8	3,2	56,9
1975	52,6	68,3	57,6	56,0	48,3	13,0	2,8	57,2
1976	51,3	68,6	58,7	56,9	48,1	12,8	2,7	57,5
1977	52,7	70,0	60,1	57,6	47,1	10,9	2,3	58,2
1978	51,8	69,4	60,2	58,0	46,9	12,9	2,5	57,9
1979	52,0	69,4	59,3	59,0	44,5	13,0	2,0	57,3
1980	51,2	69,6	60,7	59,0	43,6	14,5	2,0	57,5
1981	50,5	70,3	61,9	59,6	42,7	13,1	1,8	57,8
1982	47,8	67,9	62,7	59,4	41,9	11,6	1,7	57,1
1983	47,3	67,9	62,4	59,8	41,2	10,1	1,7	57,1

Quelle: Frauenbericht/Beruf, S. 14.

Die Verschiebung von Frauen- und Männerarbeitsplätzen resultiert nicht nur aus Wachstum und Rückgang der einzelnen Branchen sondern läßt sich auch auf die geänderten Qualifikationsanforderungen in den einzelnen Wirtschaftsbereichen zurückführen.

Tendenzen der achtziger Jahre

Das zu Beginn der achtziger Jahre niedrige Wirtschaftswachstum sowie die Verringerung der Arbeitskräftenachfrage bei gleichbleibender demografischer Entwicklung machte der Vollbeschäftigungssituation der zweiten Hälfte der siebziger Jahre ein Ende. Die Arbeitslosenrate stieg zwischen 1981 und 1983 um mehr als 2 %; sie war auch in den folgenden Jahren trotz günstiger Wirtschaftsentwicklung weiter ansteigend (vgl. Fischer 1987). Dazu kam ein Absinken der Erwerbsquote zwischen 1980 und 1984 von 69,9 % auf 68,2 % (WIFO, vgl. ebd.).

Auch in den achtziger Jahren entwickelten sich die geschlechtsspezifischen Erwerbsquoten gegenläufig: Die Erwerbsquote der Männer sank zwischen 1980 und 1986 von 82,7 % auf 78,2 %, während die Quote der Frauen zwischen 1980 und 1986 von 56,9 % auf 57,7 % anstieg (Quelle: Berechnungen des WIFO). Die trotz steigender Arbeitslosenrate und Absinken der Gesamterwerbsquote steigende Frauenerwerbsquote zeigt die oben erwähnte deutliche Verringerung der konjunkturell bedingten Schwankung der Frauenerwerbsquote der achtziger Jahre gegenüber früheren Zeiträumen. Frauenarbeit ist auf dem Arbeitsmarkt der achtziger Jahre zu einer unverrückbaren Selbstverständlichkeit geworden. Dennoch ist Hausarbeit und Kindererziehung immer noch Frauensache: Einer kürzlich veröffentlichten Studie des Wirtschaftsforderungsinstitutes zufolge entfallen vom Gesamtwert der Haushaltsproduktion 80 % auf Leistungen der Frauen und 20 % auf Männer (WIFO, Monatsbericht 9/89). Um diese Leistungen im Haushalt erbringen zu können, wählen berufstätige Frauen besonders in bestimmten Lebensphasen Erwerbsformen, die es ihnen erlauben, Hausarbeit und Berufsarbeit zu vereinbaren, die aber für die Frauen in der gegenwärtigen Arbeitsorganisation eine ganze Reihe von Nachteilen mit sich bringen. Hier tritt die Trennlinie zwischen Männer- und Frauenarbeitsplätzen deutlich hervor. Auf die Problematik der Teilzeitarbeit als heute frauenspezifische Erwerbsform wird im folgenden Teil eingegangen.

3. Teilzeitarbeit - Chance oder Sackgasse?

Die Diskussion um die Teilzeitarbeit ist gekennzeichnet durch die zentrale Fragestellung, ob durch Teilzeitarbeit bestehende Chancenungleichheiten von Frauen im Erwerbssystem wenigstens teilweise abgebaut werden können oder ob Teilzeitarbeit in der gegenwärtig praktizierten Form nicht den tatsächlichen Fraueninteressen durch Zementierung geschlechtsspezifischer Rollenmuster zuwiderläuft. Anders ausgedrückt: Wenn Frauen aufgrund ihrer familiären Situation Teilzeit arbeiten, weil ihr Zeitbudget einen Vollzeitarbeitsplatz nicht zuläßt, muß dann die Prämisse lauten: Teilzeitarbeit schadet der beruflichen Integration der Frauen? Würden nicht viele Frauen, wenn es die Möglichkeit einer Teilzeitarbeit nicht gäbe, überhaupt aus dem Arbeitsprozeß ausscheiden? Andererseits wird durch die Inanspruchnahme von Teilzeitarbeit die bestehende Arbeitsteilung - nämlich die fast alleinige Zuständigkeit der Frauen für die Hausarbeit - aufrecht erhalten.

Die Einschätzung dieser Arbeitszeitform divergiert beträchtlich, auch unter jenen, die sehr wohl für eine Änderung gesellschaftlicher Strukturen eintreten. Sie reichen von Sichtweisen, die zwar eine Akzentuierung der Nachteile von Teilzeitarbeit von Frauen sehr wohl beinhalten, wobei aber trotzdem der positive Aspekt der Vereinbarung von Familie und Beruf im Vordergrund steht, über eine klare Ablehnung dieser Arbeitszeitform aus den oben erwähnten Gründen bis zu Vorschlägen einer Neukonzeption in Form eines Rechtsanspruches jede(s)(r) Arbeitnehmers(in) auf Teilzeitarbeit in Form eines Zeitkontingentes, das in verschiedenen Phasen beansprucht werden kann.

Nun muß zunächst einmal darauf hingewiesen werden, daß die Schaffung von Teilzeitarbeitsplätzen in den sechziger und siebziger Jahren ihren Ausgangspunkt nicht in einer plötzlich zunehmenden Nachfrage der Frauen nach Teilzeit hatte, sondern in der damals einsetzenden Arbeitskräfteknappheit (vgl. Kurz-Scherf 1985). Es wurden also einerseits zusätzliche Arbeitskräfte benötigt, die man aus dem Reservoir der damals noch nicht erwerbstätigen verheirateten Frauen gewinnen wollte, andererseits wurde aber auch eine Begrenzung der außerhäuslichen Erwerbsarbeit besonders für Mütter angestrebt (vgl. ebd.). Beide Ziele konnten in Form einer Ausweitung der Teilzeitarbeit erreicht werden.

In konjunkturell schwachen Zeiten wie zu Beginn der achtziger Jahre entfiel dann das Motiv der Rekrutierung von Arbeitskräften für die Einrichtung von Teilzeitarbeitsplätzen in den Betrieben. In dieser Phase kam der Teilzeitarbeit die Rolle eines Rationalisierungsinstruments in den Betrieben zu, indem Vollzeitarbeitsplätze in Teilzeitarbeitsplätze umgewandelt wurden. Wie allgemein bekannt, können Teilzeitbeschäftigte in der kürzeren Arbeitszeit intensiver belastet werden und erbringen somit in kürzerer Zeit die gleiche Leistung wie vorher, als sie noch ganztags beschäftigt waren.

Im Grunde folgt die Entscheidung für Teilzeitarbeit ganz bestimmten Zwängen: Die einen sehen in ihr die einzige Möglichkeit einer Teilnahme am Erwerbsleben, für andere bedeutet Teilzeitarbeit einzige Alternative zur Vollzeitarbeitslosigkeit, für einige ist Teilzeit Ausweg aus den schlechten Arbeitsbedingungen an Frauenarbeitsplätzen (vgl. Kurz-Scherf 1985).

Eines gilt jedenfalls für alle drei Gruppen: Teilzeitarbeit verhindert die Realisierung autonomer Existenzsicherung durch Erwerbstätigkeit, da Teilzeit auch Teillohn bedeutet.

In Österreich fand, wie bereits angedeutet, die stärkste Zunahme der Teilzeitbeschäftigung in den frühen siebziger Jahren statt (1970-1974). 1969/70 war von allen unselbständig erwerbstätigen Frauen jede achte teilzeitbeschäftigt, 1974/75 bereits jede sechste (vgl. Frauenbericht/Beruf 1985). 1983 überstieg die Anzahl teilzeitbeschäftigter Frauen die 200.000-Marke (19,8 %). Der größte Anteil an Teilzeitbeschäftigung findet sich in den Bereichen Haushaltung/Hauswartung (ca. 50 % der Arbeitsplätze), Kunst/Unterhaltung/Sport (30 %), Körperpflege/Reinigung sowie Handel und Lagerung (24 %). Die höchste Anzahl teilzeitbeschäftigter Frauen weist der Handel auf (41.200) (vgl. Frauenbericht/Beruf 1985). Seit Beginn der achtziger Jahre steht wie gesagt bei der Schaffung von Teilzeitarbeitsplätzen die Verdrängung von Ganztagsarbeitsplätzen im Vordergrund - besonders im Handel und im Bürobereich. Von den in einer Untersuchung vom Februar/März 1984 befragten Frauen gaben bereits 25 % an, einer Teilzeitbeschäftigung nachzugehen. Ein beträchtlicher Prozentsatz vollzeitarbeitender Frauen (16 %) meinte, daß vom Betrieb her auf sie Druck ausgeübt wurde, von Vollzeit auf Teilzeit umzusteigen (vgl. Frauenbericht/Beruf 1985).

Immer stärker kommen in den achtziger Jahren die betrieblichen Interessen an der Teilzeitarbeit "als einem Instrument der zeitökonomischen Rationalisierung und Effektivierung der betrieblichen Arbeitsprozesse" (vgl. Kurz-Scherf 1989) zum Vorschein. Die betrieblichen Interessen bestimmen in weiterer Folge auch die Art der Teilzeitarbeitsplätze. Kurz-Scherf skizziert die Situation für die BRD:

"Die Teilzeitbeschäftigung konzentriert sich zu einem erheblichen Anteil auf sogenannte Niedriglohnbranchen (80 v. H. der Teilzeitarbeitskräfte entfallen allein auf den Handel und den Dienstleistungssektor) und Berufe mit relativ niedrigem Prestigewert (mehr als die Hälfte der Teilzeitkräfte üben die Berufe ‚Raum- und Haushaltsreinigerin', ‚Bürofachkraft' und ‚Verkäuferin' aus). Über 90 v.H. der teilzeitbeschäftigten Angestellten sind als un- und angelernte Kräfte beschäftigt (Conradi H. 1982)" (Kurz-Scherf 1989, S. 49).

Dennoch stellt sich bei der Verortung der Teilzeitarbeit die Frage, ob nicht bestimmte Elemente dieser Arbeitszeitform durchaus positive Aspekte aufweisen.

"Momente der Emanzipation einerseits von der Mutterideologie und dem Trend zur neuen ‚Mütterlichkeit', die letztendlich der ‚guten Mutter' den Verzicht auf eigene Erwerbstätigkeit und eigenständige Existenzsicherung abverlangen; andererseits Momente der Emanzipation von einem Berufssystem, in dem Frauen nach wie vor die unteren Ränge mit völlig unzumutbaren Arbeitsbedingungen zugänglich sind, und das generell für das Leben außerhalb der Arbeit, erst recht für das Leben mit Kindern, keine Zeit und keine Kraft läßt." (Kurz-Scherf 1989, S. 51)

So gesehen sind in der Teilzeitarbeit Elemente neuer Lebensentwürfe enthalten: Einerseits wird die zentrale Bedeutung von Erwerbsarbeit in Frage gestellt, andererseits ist doch eine Integration in den Erwerbsbereich vorhanden. Teilzeitarbeit könnte so zu einem Bestandteil einer "humanen Zeitordnung" (Kurz-Scherf) werden, die es erlaubt, das individuelle Zeitbudget so zu gestalten, daß jedem(r) freie Zeit zur Verfügung steht.

Dem muß allerdings entgegengehalten werden, daß die gegenwärtig Teilzeitarbeitenden nicht in den Genuß dieses "Mehr an Freizeit" kommen. Für teilzeitarbeitende Frauen ist diese Erwerbsform die einzige Möglichkeit, ihr gesamtes Arbeitspensum zu bewältigen. Frauen in bestimmten Lebensphasen sind gezwungen, diese Erwerbsform zu wählen und sind dadurch gleichzeitig von gleichberechtigter Teilhabe am Erwerbssystem ausgeschlossen.

Daher kann der Ausweg aus dem Dilemma nur lauten: Um den Frauen eine gleichberechtigte Teilhabe am Erwerbssystem zu ermöglichen, muß die gesellschaftlich notwendige Arbeitszeit auf alle gleichmäßig verteilt werden. Dies muß für beide Bereiche - Hausarbeit und Erwerbsarbeit - gelten. So lange Erwerbsformen existieren, die speziell auf Frauen zugeschnitten sind - seien es die mithelfenden Familienmitglieder um die Jahrhundertwende, oder die teilzeitarbeitenden Frauen heute - wird eine gleichberechtigte Integration von Frauen in das Erwerbssystem nicht stattfinden. Daran vermag auch eine krisenresistente Verankerung von Frauen im Erwerbssystem nichts zu ändern.

Literaturverzeichnis

Appelt, E./Lösch, A./Prost, E.: Stille Reserve? Erwerbslose Frauen in Österreich, Wien 1987.

Beck-Gernsheim, Elisabeth: Der geschlechtsspezifische Arbeitsmarkt, Frankfurt/Main 1984.

Beirat für Wirtschafts- und Sozialfragen: Frauenbeschäftigung in Österreich, Wien 1974.

Bundesministerium für Arbeit und Soziales (Hg.): Bericht über die Situation der Frau in Österreich, Heft 2 (Bildung), Wien 1985.

Bundesministerium für Arbeit und Soziales (Hg.): Bericht über die Situation der Frau in Österreich, Heft 3 (Bildung), Wien 1985.

Bundesministerium für Arbeit und Soziales (Hg.): Bericht über die soziale Lage 1988, Wien 1988.

Bundesministerium für Arbeit und Soziales (Hg.): Tendenzen der Frauenbeschäftigung, Heft 13, Wien 1987.

Bundesministerium für Arbeit und Soziales (Hg.): Forschungsberichte aus Sozial- und Arbeitsmarktpolitik, Nr. 21, Arbeitsmarkt 2000, Wien 1988.

Däubler-Gmelin, Herta u.a.: "Mehr als nur gleicher Lohn", Hamburg 1985.

Fischer, Georg: Arbeitsmarkt und Arbeitslosigkeit, Entwicklung und Struktur. In: Tàlos, E./Wiederschwinger, M. (Hg.), Arbeitslosigkeit. Österreichs Vollbeschäftigung am Ende?, Wien 1987, S. 5-51.

Frerichs, Petra: Weibliches Arbeitsvermögen und Widerstandspotentiale von Frauen im Betrieb. Hypothesen über Politikzugänge weiblicher Arbeitskräfte. In: Krahn, K. (Hg.), Sozialforschung im Betrieb. Ergebnisse aus der Forschungsarbeit des ISO-Institutes, Bericht des ISO 32, Köln 1985.

Gottschall, Karin: Frauen auf dem bundesdeutschen Arbeitsmarkt: Integrationsprozesse mit Widersprüchen und Grenzen. In: Müller, U./Schmidt-Waldherr, H. (Hg.), Frauensozialkunde, Wandel und Differenzierung von Lebensformen und Bewußtsein, Bielefeld 1989, S. 11-42.

Hagemann-White, Carol: Wir werden nicht zweigeschlechtlich geboren. In: Hagemann-White, C./Rerrich, M. (Hg.), Frauen Männer Bilder, Männer und Männlichkeit in der feministischen Diskussion, Dortmund 1984.

Jurczyk, Karin: Frauenarbeit und Frauenrolle. Zum Zusammenhang von Familienpolitik und Frauenerwerbstätigkeit in Deutschland von 1918-1975, Frankfurt/Main 1978.

Kurz-Scherf, Ingrid: Zum Stellenwert der Teilzeitarbeit in einer emanzipatorischen Arbeitszeitpolitik. In: WSI - Mitteilungen 11/85, S. 663.

Kurz-Scherf, Ingrid: Teilzeitarbeit: Individuelle Notlösung und/oder Vorbotin einer neuen Zeitordnung? - Plädoyer für die Entpatriarchialisierung der herrschenden Zeitordnung. In: Müller, U., Schmidt-Waldherr, H. (Hg.), Frauensozialkunde, Wandel und Differenzierung von Lebensformen und Bewußtsein, Bielefeld 1989, S. 42-58.

Lappe, Lothar: Die Arbeitssituation erwerbstätiger Frauen, geschlechtsspezifische Arbeitsmarktsituation und ihre Folgen, Frankfurt/Main 1981.

Maruani, Margaret: Mann ohne Familie sucht Frau ohne Arbeit. In: Österr. Gesellschaft für Soziologie (Hg.), Österr. Zeitschrift für Soziologie, Heft 2/1989, S. 19-29.

Rigler, Edith: Frauenleitbild und Frauenarbeit in Österreich vom ausgehenden 19. Jahrhundert bis zum zweiten Weltkrieg, Wien 1976.

Seidenspinner, Gerlinde u.a.: Vom Nutzen weiblicher Lohnarbeit, Opladen 1984.

Willms, Angelika: Grundzüge der Entwicklung der Frauenarbeit von 1880 bis 1980. In: Müller, W./Willms, A./Handl, J. (Hg.), Strukturwandel der Frauenarbeit 1880 bis 1980, Wien 1983, S. 25-46.

Wirtschaftsforschungsinstitut (Hg.): Der Haushaltssektor, Monatsbericht 9/89, S. 567-575.

Inge Rowhani

MYTHEN IN DER SOZIALEN SICHERHEIT

Im österreichischen Sozialbewußtsein halten sich hartnäckig einige Mythen:

erstens, daß das österreichische Sozialversicherungssystem streng lohnabhängig wäre;

zweitens, daß es im Alter so etwas wie eine Mindestrente gäbe;

drittens, daß wer arbeite, auch zu essen hätte, daß arm in Österreich nur sein könne, wer nicht in den Erwerbsprozeß eingegliedert wäre;

viertens, daß die Einkommensunterschiede zwischen Frauen und Männern etwas mit dem Ausbildungs- und Arbeitszeitgefälle zu tun hätten;

fünftens, daß es etwas wie eine Existenzsicherung in Österreich gäbe, und schließlich

sechstens, daß Basislohn und Grundsicherungsmodelle dazu führen würden, die 2/3 Gesellschaft zu verfestigen, die Ausgegrenzten mit einem Almosen abzufertigen, und daß Frauen die Leidtragenden wären.

Mythos 1: Das soziale Sicherungssystem wäre lohnabhängig

und es wäre bestimmt vom Äquivalenzprinzip; wer Lohnarbeit leiste, bekomme Leistungen zurück, wenn er deren bedürfe. Tatsächlich leisten weitaus mehr Personen Lohnarbeit, als in das System einbezogen sind, und die Kriterien für die Einbeziehung in das System der sozialen Sicherheit sind ziemlich willkürliche:

* Etwa haben *Häftlinge* im Gefängnis zwar Arbeitspflicht, leisten auch Beachtliches, die 9.000 Häftlinge sind auch selbst arbeitsplatzerhaltend für zehntausende Justizbeamte und verwandte Berufe; bislang wurde ihnen jedoch an Arbeitslohn nur etwa 1/10 des Niedrigstlohns zugebilligt, Arbeitslosengeld und Sozialversicherung verwehrt, zumindest denkt der Justizminister nach seinen jüngsten Aussagen bereits über einen Arbeitslosenanspruch nach.
* Innerhalb der staatlich tolerierten, bzw. erwünschten Grauarbeit, nämlich der *geringfügigen Beschäftigungsverhältnisse* arbeiten etwa 80.000 Frauen[1] unterhalb der Sozialversicherungsgrenze von ca. öS 2.500,-, das bedeutet für sie den Ausschluß von allen Sozialversicherungsleistungen. Dabei nimmt diese Art von Beschäftigungsverhältnissen zu (etwa in Reinigungsberufen und für Aushilfsarbeitskräfte).

* Die *Anrechung von Ausbildungszeiten* wurde für die Pensionsbemessung gestrichen, obwohl Ausbildung vor allem für den Arbeitsmarkt und für die Erwerbstätigkeit erfolgt.
* *Arbeitslose und Arbeitssuchende* haben auch keinen Rechtsanspruch auf Ausbildung für den Arbeitsmarkt, Ausbildung ist vielmehr eine Gratifikation, die gewährt werden kann; dementsprechend wenig arbeitslose Menschen kommen daher in Österreich in den Genuß dieser manchmal auch ziemlich zweifelhaften Förderungen. Häufig handelt es sich dabei um eine Subventionierung des Arbeitgebers. Personen, die sich in einer längeren Ausbildung befinden, haben nicht einmal Anspruch auf Urlaubs- und Weihnachtsgeld.
* Zahlreiche soziale Vereine, Beratungsstellen, sowie *Wohlfahrtseinrichtungen* bedienen sich der *Gratisarbeit* oder müssen sich ihrer bedienen, weil die zuständigen Kommunen diese Arbeit nicht übernehmen und nicht entlohnen. Die Entlohnung in *Sozialinitiativen* erfolgt oft auf *Honorarbasis*, oder zählt zu den vorher erwähnten geringfügigen Beschäftigungsverhältnissen. Das sind aber keineswegs nur Beschäftigungen im kirchlich-karitativen Bereich, sondern auch im staatlichen, wie etwa die Arbeit in der Bewährungshilfe, in Familienberatungsstellen, oft auch in der Altenpflege und Betreuung von Kranken, AusländerInnen usf.
* Die *Pflege von behinderten Personen*, die im eigenen Haushalt leben und die oftmals mehr als eine ganze Person erfordert, findet keine Entsprechung im System der sozialen Sicherheit, obwohl die Pflege in Spitälern und Pflegeheimen Lohnarbeit ist und nachweislich ein vielfaches kostet. Selbstverständlich genügt nicht nur ein Pensionsanspruch sondern die üblichen arbeitsrechtlichen Bestimmungen, wie Vertretung bei Krankheit und Urlaub für Rund-um-die-Uhr Arbeitszeiten wären nötig.
* Lang bekannt ist die Ungleichbehandlung von *AusländerInnen im Arbeitslosenrecht*, wenn es auch hier nun zu Verbesserungen kam, sind sie keinesfalls gleichgestellt. Österreich zieht trotz der Sozialversicherungsabkommen mit fast allen Entsenderstaaten doch beachtliche Überschüsse aus der Ausländerbeschäftigung (400 Mio. jährlich).
* *Teilzeitarbeit im öffentlichen Dienst zugunsten der Kindererziehung:* Im Gegensatz zu sonstigen Teilzeitregelungen wird diese Teilzeit für die Pension nur zur Hälfte angerechnet.
* *Mutterschutzleistungen und Karenzurlaub* gelten als Zeiten der Abwesenheit vom Arbeitsmarkt, die in einer bestimmten Weise abgegolten werden (Wochenhilfe und Karenzurlaubsgeld). Für die Frauen, die noch nicht in den Arbeitsmarkt eingegliedert sind, weil sie sich z.B. noch in der Ausbildung befinden, gilt das nicht.
* *Prostituierte* haben noch kein Recht, in der Sozialversicherung versichert zu sein, obwohl sie Einkommenssteuer entrichten müssen. Gerade für diesen Personenkreis, der zweifellos (harte) Arbeit verrich-

tet, ist die gesundheitliche Gefährdung groß und auch gesellschaftlich kann es nicht erwünscht sein, sie aus dem System der sozialen Sicherheit auszuschließen.

* *Ein besonderes Problem* sind die *Ausgleichszulagen*, die nicht wirklich für ein langes Arbeitsleben als Mindestpension bezahlt werden (und zwar einerseits für Familienarbeit als Ausgleichszulage zur Witwenpension, und andererseits für Erwerbsarbeit als Ausgleichszulage zu Invaliditäts- und Alterspension), sondern die Gewährung ist davon abhängig, ob die/der betreffende PensionistIn alleinstehend ist. Rund 70 % der Arbeiterinnen gehen nach einem langen harten Erwerbsleben unter dem Ausgleichszulagenrichtsatz in Pension und erhalten Minipensionen.

Mythos 2: Die Mindestrente im Alter[2]

200.000 alte Menschen haben in Österreich keinen Pensionsanspruch. 1988 erhielten 71 % der Arbeiterinnen und 43 % der weiblichen Angestellten Pensionen unter öS 5.000,-

Die durchschnittlichen Neuzugänge der Alterspensionen der Frauen betrugen 1988 öS 6.027,- (Männer öS 11.831,-). Bei den Invaliditätspensionen sinken Frauen weit unter die Armutsgrenze ab (Invaliditätspensionen Frauen durchschnittlich öS 4.622,-, Männer öS 9.201,-).

Die Ungleichbehandlung von Arbeitern und Angestellten im Alter verschärft - über die Lohnunterschiede im Erwerbsalter hinaus - noch einmal die Situation von ArbeiterInnen. Während Angestellte einen *Nettolohnersatz* von 77,2 % aufweisen, haben Arbeiter einen solchen von 72,4 %, die Lohnnettoersatzraten von Frauen jedoch liegen noch einmal 11 und 14 Prozentpunkte darunter. 1988 bezogen 1.436.000 Personen Pensionsleistungen, 30 % der männlichen Alterspensionisten erhielten Gesamtpensionen unter öS 7.596,-, bei den Frauen waren es mehr als 60 %. Trotz des starken Gefälles zwischen Angestellten und Arbeitern gibt es noch einmal ein Gefälle an und unter die Armutsgrenze für die Mehrzahl alter Frauen. Die *Ausgleichszulage* sollte hier die größte Armut verhindern. Der Ausgleichszulagenrichtsatz betrug 1988 für Alleinstehende öS 5.004,-, für Ehepaare öS 7.168,-. Etwa 2/3 aller Pensionsbezieher sind Frauen, das sind etwa 922.000 Frauen. Dennoch erhielten nur 260.000 Personen (unter ihnen wieder 80 % = 193.000 Frauen) die Ausgleichszulage, das sind 18 % aller Pensionistinnen. Das hat mit ziemlich unklaren und unlogischen Anrechnungsbestimmungen zu tun, z.B. bei Zusammentreffen mit Ausgedinge-Naturalleistungen oder auch bei Unterhaltsansprüchen (sogar nicht vorhandene Unterhaltsansprüche werden angerechnet!); vor allem aber kommen verheiratete Frauen nicht in den Genuß der Ausgleichszulage, weil die durchschnittlichen Männerpensionen über dem Ausgleichszulagenrichtsatz für Ehepaare liegen.

Die Höhe der Pension von Frauen nach einem langen Arbeitsleben richtet sich also neben allen anderen Benachteiligungen (wie regional niedrige Einkommen, Gefälle zwischen Arbeitern und Angestellten, Arbeitszeitnachteile infolge der familiären Verpflichtungen der Frauen) nach dem Faktum, ob Frauen verheiratet sind oder nicht.

Es ist bekannt, daß die Doppelpensionsempfänger in der Mehrzahl Frauen sind, dennoch erreichen Frauen auch mit *Mehrfachpensionen* nicht die Pensionshöhe der Männer. So entsteht bei Zusammentreffen von Alters- und Witwenpension eine Lücke von 20 % zu Männeralterspensionen, bei Zusammentreffen von Invaliditätspension und Witwenpension eine Differenz von 14 % zu Männerinvaliditätspensionen.

45,87 % aller Frauen beziehen Alterspensionen unter öS 4.672,- weitere 20 % bis öS 6.000,-, d.h. 65 % aller Alterspensionistinnen beziehen Pensionen unter der Armutsgrenze (Männer 23 %). Bei den Invaliditätspensionen beziehen 77,02 % der Frauen, 32,44 % der Männer Pensionen unter öS 6.000,-. 71,45 % der Witwenpensionistinnen erhalten weniger als öS 6.000,-.

Nach der Höhe des gesamten Bruttobezuges an Pensionen beziehen 54,12 % der Frauen und 24,92 % der Männer Pensionen unter öS 6.000,-.

Zusammengefaßt: 200.000 Personen leben ohne Alterspension, von 920.000 Pensionistinnen beziehen 190.000 Ausgleichszulagen; 60 % der Alterpensionistinnen beziehen Pensionen unter 7.600,-; 65 % aller Alterspensionistinnen, 77 % aller Invaliditätspensionistinnen, 71 % aller Witwenpensionistinnen beziehen Pensionen unter öS 6.000,-; 600.000 Frauen und 123.000 Männer haben Pensionen unter öS 6.000,-.

Mythos 3: Wer arbeitet, hätte auch zu essen[3]

Üblicherweise wird Armut anhand von Arbeitslosen und SozialhilfeempfängerInnen diskutiert. Aber werfen wir zuvor einen Blick auf die Einkommensverteilung:

Das *obere Zehntel aller Einkommensempfänger* (Lohnsteuer- und Einkommenssteuerpflichtige zusammen) verbraucht 33 % aller Einkommen, das obere Drittel 61 % aller Einkommen, das untere Drittel erreicht nicht einmal 10 % der Gesamteinkommen. Innerhalb der Einkommenssteuer ist die kapitalistische Ellbogentechnik noch stärker sichtbar: *auf das oberste Zehntel der Einkommenssteuerpflichtigen entfallen 46 % aller einkommenssteuerpflichtigen Einkommen* (1985).

Obwohl nur 15 % der Gesamteinkommen aus selbständiger Arbeit stammen, entfallen 40 % dieser Einkommen auf Einkommensklassen über 1 Million Schilling.

a) Nun zu den Angestellten und ArbeiterInnen:

Die unselbständig Beschäftigten erhalten als Frauen öS 8.790,-, als Männer öS 10.770,- standardisiertes (= arbeitszeitbereinigtes) Nettopersoneneinkommen (MZ 1987). 23 % der Angestellten und 32 % der Arbeiter beziehen Einkommen unter öS 10.000,-; das sind 15,6 % der Männer aber 44,8 % der Frauen. Unter ArbeiterInnen beziehen 18,8 % der männlichen Arbeiter, aber 59,4 % der Arbeiterinnen *Einkommen unter öS 10.000,-.*

Wenn alle Frauen 40 Stunden arbeiteten, erhielten dennoch 18,5 % der berufstätigen *Frauen Einkommen unter öS 6.640,-* netto (1987), jedoch nur *4,7 % der Männer. 1/4 aller Arbeiterinnen* verdienen unter dem Ausgleichszulagenrichtsatz. Wenn Frauen aber im *Akkord* arbeiten, dann verdienen 50 % der Arbeiterinnen unter öS 7.280,- (bei den Männern öS 8.780,-).

Im Sinne der OECD Richtlinien ist arm, wer etwa *nur 70 % der Durchschnittseinkommen* seines Landes verdient. 1987 lag der Median der Bruttoeinkommen der unselbständig Erwerbstätigen bei öS 13.450,-. Personen, die brutto unter öS 9.400,- verdienen, müssen demnach als arm gelten. Das sind in Österreich 42,6 % (56 % der Arbeiterinnen, 32 % der Angestellten) der unselbständig erwerbstätigen Frauen gegenüber 16 % der Männer.

Auch bei den Einkommensdaten also dasselbe Bild wie bei den Pensionen. Ein überwältigender Teil der Frauen verdient nahe an der Armutsgrenze, unabhängig davon, ob sie in der Stadt oder am Land leben, ob sie in einer Hochlohnbranche (was selten genug vorkommt) oder in einer Niedriglohnbranche arbeiten, ob sie Akkord oder Teilzeit arbeiten.

Diese Einkommensdaten geben allerdings gegenüber den tatsächlichen Verhältnissen eine Verzerrung nach oben wieder. Denn, was haben Frauen von Einkommen, die sie verdienten, *wenn* sie 40 Stunden arbeiteten. 200.000 Personen (davon 90 % Frauen) arbeiten Teilzeit und sie verdienen (inkl. Familienbeihilfen und Steuerfreibeträgen):

als Arbeiterinnen	öS 4.930,-
als Angestellte	öS 5.930,-
im öffentlichen Dienst	öS 6.390,-
insgesamt durchschnittlich	öS 5.570,-

50 % der Frauen verdienen weniger als 4.160,-; wenn sie das Pech haben, wegen der mangelnden Kinderbetreuung vormittags arbeiten zu müssen, verdienen sie noch weniger. Wie auch hier, *sie alle* leben an und unter der Armutsgrenze.

1987 erhielten netto unter der Annahme *gleicher* Arbeitszeit

	50 %	25 %
der männl. Angestellten bis	öS 13.420,-	öS 10.110,-
der männl. Arbeiter bis	öS 9.950,-	öS 8.400,-
der weibl. Angestellten bis	öS 9.410,-	öS 7.610,-
der weibl. Arbeiterinnen bis	öS 7.280,-	öS 6.120,-

80 % aller Frauen (aber nur 40 % aller Männer) *verdienen unter 10.000,- netto.*

Das unterste Einkommenszehntel erhält 2,4 % der Bruttoeinkommen, das oberste Einkommenszehntel konnte für sich 29 % der Bruttoeinkommen reservieren.

b) Nach Wirtschaftsklassen

differieren die Durchschnittslöhne der höchstbezahlten und der niedrigstbezahlten Branchen beträchtlich:

So verdienten beispielweise **1984**:

	ArbeiterInnen		**Angestellte**
der Energie- und Wasserversorgung:			
als Frauen	öS 12.300,-	als Frauen	öS 12.677,-
als Männer	öS 14.775,-	als Männer	öS 22.403,-
der Erzeugung von Stein- und Glaswaren:			
als Frauen	öS 10.500,-		
als Männer	öS 17.631,-		
der Papiererzeugung:			
		als Frauen	öS 12.900,-
		als Männer	öS 23.605,-
in der Reinigung - Körperpflege:			
als Frauen	öS 6.612,-		
als Männer	öS 9.364,-		

c) Regionale Unterschiede

Regional wiegt es für 50 % der ungelernten Arbeiterinnen am schwersten in Burgenland, Steiermark, Tirol oder Wien zu arbeiten, sie verdienen unter öS 6.300,- bis 6.680,- netto (die entsprechenden männlichen Arbeiter verdienen in diesen Bundesländern zwischen öS 9.250,-

bis 9.470,-). Wobei für Frauen zwischen Stadt und Land noch einmal Differenzen bestehen: 29 % der Frauen in Landgemeinden, aber nur 13 % der Frauen in Städten über 20.000 EWZ verdienen weniger als öS 6.640,-.

HilfsarbeiterInnen verdienen (netto),

in Österreich gesamt	die regional höchsten Einkommen	die regional niedrigsten Einkommen
als Männer öS 8.780,-	öS 9.110,- in OÖ, NÖ	öS 8.110,- in Tirol öS 8.800,- in Burgenland
als Frauen öS 7.280,-	öS 8.130,- Vlbg.	öS 6.480,- in Burgenland öS 6.520,- in Steiermark

Für Männer ist das regionale Einkommensgefälle weniger drastisch; der Unterschied zwischen den Höchst- und Niedrigstdurchschnittseinkommen nach Region beträgt etwa 15 %, bei Frauen etwa 25 %.

Zusammengefaßt: Das oberste Zehntel aller Einkommensempfänger kassiert die Hälfte aller Einkommen. 160.000 Arbeiter und 260.000 Arbeiterinnen verdienen unter öS 10.000,- netto, mehr als 800.000 Frauen und 500.000 Männer verdienen darunter. 110.000 Arbeiterinnen verdienen unter dem Ausgleichszulagenrichtsatz. 180.000 teilzeitbeschäftigte Frauen verdienen durchschnittlich öS 5.570,-, die Hälfte von ihnen weniger als öS 4.610,-. Die Hälfte aller ungelernten Arbeiterinnen verdienen in Burgenland, Steiermark, Tirol und Wien unter öS 6.680,-. Nach OECD-Standards sind in Österreich unter den unselbständig Erwerbstätigen 510.000 Frauen und 270.000 Männer arm.

Mythos 4: Einkommensunterschiede zwischen Männern und Frauen wären bedingt durch Ausbildungs- und Arbeitszeitunterschiede[4]

a) nach Ausbildung:

Bei höchstem Schulabschluß	verdienen Männer % mehr
Pflichtschule	27 %
berufsbildende höhere Schulen	33 %
AHS	26 %
und Hochschulabschluß	40 %

insgesamt beträgt der Einkommensvorteil der Männer 23 %

es verdienten:			Einkommensvorteile der Männer in %
weibliche Arbeiterinnen	öS	7.280,-	
männliche Arbeiter	öS	9.950,-	37 %
weibliche Angestellte	öS	9.410,-	
männliche Angestellte	öS	13.420,-	43 %
insgesamt unselbständig Beschäftigte			
Frauen	öS	8.790,-	
Männer	öS	10.770,-	23 %

wenn Frauen und Männer dieselbe Arbeitszeit hätten! (Mittlere monatliche standardisierte Nettoeinkommen)

b) Arbeitszeit

Etwa 75.000 Arbeiterinnen und 99.000 weibliche Angestellte arbeiteten 1987 weniger als 36 Stunden, 1978 waren das noch 68.000 und 86.000 Frauen, das bedeutet einen Anstieg von 20 % auf 20,3 % bzw. 15,9 % auf 17,2 %.

Bei unter 30jährigen Frauen und unter 35jährigen arbeiten 1/4 Teilzeit, jede 8. Frau ohne Kind unter 15 Jahren arbeitet Teilzeit, jede 4. Frau mit Kind unter 15 Jahren arbeitet Teilzeit (23 %), bei einem Kind zu 23 %, bei zwei Kindern zu 30 %.

2/3 der Teilzeit arbeitenden Frauen konzentrieren sich auf 6 der 25 Wirtschaftsklassen:

1/4 Handel, Lagerung	45.000 Frauen
Gesundheit und Fürsorge	22.000 Frauen
Unterricht, Forschung	14.000 - 16.000 Frauen
Haushaltung und Hauswartung	14.000 - 16.000 Frauen
Gebietskörperschaften, SV	14.000 - 16.000 Frauen
Erzeugung von Metallen	10.000 Frauen

Haushaltung und Hauswartung werden zu 48 % von Teilzeitarbeitenden bestritten, Handel und Lagerung zu 20,8 %.

Wochenendarbeit leisten Männer zu 13,3 % und Frauen zu 12,5 %. 172.000 Frauen (111.000 Männer) arbeiten Samstag vormittags, das sind 16 % der weiblichen und 6,5 % der männlichen Beschäftigten. 36.000 Frauen und 156.000 Männer leisten Nachtarbeit. 31.000 Frauen und 56.000 Männer arbeiten ständig zwischen 20 bis 22 Uhr.

93.000 Frauen und 254.000 Männer arbeiten Schicht, Wechsel-, Turnusdienst. 93.000 Frauen und 333.000 Männer leisten Nacht- und Wochenendarbeit.

125.000 Frauen und 400.000 Männer leisten Überstunden. In den Genuß von Arbeitszeitverkürzung (bezahlter) kamen bisher 19,1 % der Männer und 9,6 % der Frauen.

c) ein besonderes Kapitel, die Alleinerziehenden:

Die Netto-pro-Kopf-Einkommen in Haushalten des

	unteren Zehntels		oberen Zehntels
betragen 1987	öS 4.900,-		öS 11.570,-
bei AlleinerzieherInnen aber nur	öS 4.610,-	und	öS 6.830,-

Es gibt 113.000 Teilfamilien mit Kindern unter 15 Jahren (= 13,9 % aller Familien), davon 10 % alleinerziehende Väter (11.000) und 90 % alleinerziehende Mütter (102.000), unter ihnen 45 % ledige Mütter.

Die durchschnittliche Kinderzahl in Teilfamilien beträgt 1,28 Kinder (gegenüber 1,67 in 2-Elternfamilien) oder 1,38 erhaltene Kinder unter 27 Jahren (gegenüber 1,8 erhaltene Kinder unter 27 Jahren in 2-Elternfamilien).

Die Teilzeitbeschäftigung der Alleinerzieherinnen ist geringer als bei Ehefrauen; und die Erwerbsquote der AlleinerzieherInnen mit 75,6 % gegenüber Ehefrauen mit 48,2 % wesentlich höher.

Alleinerzieherhaushalte

Jede dritte Arbeiterin mußte mit einem Netto-Pro-Kopf-Einkommen unter öS 4.900,- auskommen, wie auch *16 % der Angestellten*.

In Regionen mit hoher Arbeitslosigkeit leben Familien ab drei Kindern an der Armutsgrenze, aber Alleinerziehende bereits mit einem Kind.

Zusammengefaßt: Die Einkommensvorteile der Männer betragen auch bei gleicher Ausbildung zwischen 26 und 43 %. (Unfreiwillige) und schlechtbezahlte Teilzeitarbeit ist eine typische Beschäftigungsart für Frauen; Familienpflichten schützen Frauen nicht vor ungünstigen Arbeitszeiten. Alleinerzieherinnen arbeiten mehr und für die geringsten Einkommen.

Mythos 5: Es gäbe Existenzsicherung gegen Arbeitslosigkeit und durch Sozialhilfe[5]

a) Arbeitslosigkeit

Rund 15 % der vorgemerkten Arbeitslosen beziehen keine Leistung, eine niedrigere Versorgungsrate haben wieder Frauen, besonders aber junge Frauen (87,2 % der arbeitslosen Männer, 82,2 % der Frauen beziehen Leistungen).

1988 betrug das mittlere ALG für Frauen öS 4.816,-, für Männer öS 7.085,-; die mittlere NH für Frauen öS 4.169,-, für Männer öS 5.608,-.

Die Altersdiskriminierung wird bei der folgenden Tabelle sichtbar:

das mittlere ALG	für 15- bis 18jährige	nur öS 3.308,-
	für 19- bis 24jährige	nur öS 5.071,-
die mittlere NH	für 15- bis 18jährige	nur öS 1.630,-
	für 19- bis 24jährige	nur öS 4.075,-

incl. aller familienbezogenen Leistungen.

Der durchschnittliche Leistungsbezug der Frauen liegt 30 % unter dem der Männer, die größten Differenzen weist das Burgenland auf, die geringsten Wien.

In Österreich waren 1988 290.000 Männer und 213.000 Frauen von Arbeitslosigkeit betroffen.

Zusammengefaßt: Unter öS 5.000,- beziehen demnach 30 % aller ALG-BezieherInnen, 40 % der männlichen und 70 % der weiblichen NH-BezieherInnen (gesamt 60 % aller NH-BezieherInnen) und 80 % der 19- bis 24jährigen, sowie 90 % der 15- bis 18jährigen NH-BezieherInnen.

b) Die Sozialhilfe ist ein besonders düsteres Kapitel

1987 erhielten 59.865 Personen in Privathaushalten einmalige und regelmäßige Unterstützung, davon erhielten 44.866 Personen (incl. 8.800 Pflegekinder) regelmäßige Unterstützung, das waren *22.302 Männer* und *29.611 Frauen*.

Sozialhilfehöhen für Alleinunterstützende schwankten von öS 3.107,- in Burgenland bis öS 4.020,- in Vorarlberg. Pro Kind von öS 530,- in der Steiermark bis öS 1.250,- in Vorarlberg.

c) Der fehlende nationale Mindestlohn in Österreich

Löhne und Gehälter haben nach unten eine Grenze, die die Kollektivvertragsparteien setzen, den Kollektivvertragslohn. Darunter sollte niemand in Österreich entlohnt werden. Nun gibt es natürlich auch hier Ausnahmen und Umgehungsmöglichkeiten.

* Die schon erwähnten geringfügig Beschäftigten unter der Sozialversicherungsgrenze;
* die ihre Arbeitskraft schwarz anbietenden AusländerInnen, aber auch InländerInnen;

* Personen, die in Ausbildungsarbeitsplätzen nur Beihilfen für die Tätigkeit beziehen, wie AkademikerInnen, AbsolventInnen verschiedener Schulen, AMFG-Stellen im öffentlichen Dienst usf.;
* In den Kollektivverträgen selbst finden sich häufig Lohnkategorien für junge ArbeitnehmerInnen, vor allem bei ArbeiterInnen, die deutlich unter den Löhnen der anderen Arbeitskräfte angesiedelt sind.
* Lehrlingsentschädigung ist zum einen deutlich nach Frauen- und Männerbranchen unterschiedlich hoch, zum anderen sind Lehrlinge deutlich niedriger entlohnt als Anlernkräfte.
* Der Kollektivlohn ist ein Mindest*stunden*lohn, daher ist die Existenzsicherung bei Teilzeit nicht gewährleistet.
* Die Lohnabschlüsse und Höhe der Kollektivvertragslöhne sind in Männer- und Frauenbranchen unterschiedlich hoch.
  Diese letztangeführten Branchenunterschiede werden in Österreich immer wieder dargestellt, als wären sie etwas Naturgegebenes. In 12 vergleichbaren OECD-Staaten ist die Bekleidungsbranche der Wirtschaftszweig mit den niedrigsten Verdiensten, aber in der Schweiz liegen diese niedrigsten Durchschnittsverdienste um 9 %, in Schweden um 14 %, in Frankreich um 16 %, in Österreich aber um 34 % unter den Gesamtdurchschnittsverdiensten der Industrie.

In (fast) ausschließlich von Männern dominierten Branchen verdienten 1988 angelernte Arbeiter rund öS 70,-, in den von Frauen und Männern besetzten rund öS 57,-, in den typischen Frauenbranchen hingegen rund öS 45,-.[6]

In den letzten Monaten zeichnete sich eine Änderung in der Einkommenspolitik hinsichtlich der Akzeptanz von Mindestlöhnen ab. Die Gewerkschaft Metall, Bergbau, Energie setzte einen kollektivvertraglichen Mindestlohn von öS 10.000 brutto durch, auch Gewerkschaftspräsident Verzetnitsch nannte diese Marke, ebenso Bundeskanzler Vranitzky.

Zusammengefaßt: Würden aber in Österreich Mindestlöhne in der Höhe von öS 10.000,- netto eingeführt (was bisher der ÖGB Vorarlberg und die AK Oberösterreich gefordert haben), wären davon die Mehrzahl der Frauen positiv betroffen, denn 90 % der Arbeiterinnen (40 % der Arbeiter), 70 % der weiblichen Angestellten (20 % der männlichen Angestellten), 35 % der Beamtinnen (15 % der Beamten) und 60 % der weiblichen Vertragsbediensteten (35 % der männlichen Vertragsbediensteten) verdienen weniger als öS 10.000,- netto.

Mythos 6: Mindestlohn, Basislohn, Grundeinkommen verfestigen die 2/3 Gesellschaft und die Frauen wären die Leidtragenden oder: "Es ist eh alles ans - ob sie a Göd hat oda kans!"

Bei Diskussionen um die Existenzsicherung und um gerechtere Einkommensverteilung ist zu bemerken, daß immer wieder die Begriffe Existenzsicherung, Mindestsicherung, Sockelung, Grundeinkommen, Mindestlohn, Basislohn usf. durcheinandergemischt werden, dann wird die Diskussion üblicherweise noch bereichert mit "Lohn ohne Arbeit", fallweise auch noch mit der Schmarotzerdebatte. Begriffe wie "Abkoppelung von Arbeit und Einkommen" kursieren, und die meisten Diskussionen enden dann damit, daß diese Forderungen für zu utopisch oder zu reaktionär, möglicherweise auch beides gleichzeitig erklärt werden. Dabei sind diese Begriffe bei näherer Betrachtung doch leicht auseinanderzuhalten:

a) Sockelung, Mindeststandards, Mindestsicherung

bedeutet, daß in den bestehenden Sozialversicherungssystemen ein Sockel eingezogen wird, der - bei Vorliegen einer Anspruchsberechtigung überhaupt - nicht mehr unterschritten werden kann. Derartige Sockel werden in Österreich derzeit erst beim Arbeitslosengeld und bei der Notstandshilfe diskutiert.

Einen bedarfsbezogenen Sockel (weil er als Fürsorgeleistung eingerichtet ist) stellt auch die Ausgleichszulage zur Pension dar. Diskutiert wurde in letzter Zeit auch ein Sockel in den Alterspensionen überhaupt, auch ohne Bedürftigkeitsprüfung, das wäre die Einführung einer Mindestalterspension.

Der Nachteil bei all diesen Varianten ist, daß nur "Anspruchsberechtigte" diese Mindestleistungen erhalten (d.h. sie müssen möglichst dauerhaft in den Arbeitsmarkt und in das Sozialversicherungssystem einbezogen gewesen sein), und daß sie bedarfsbezogen sind (d.h. die Bedürftigkeit überprüft wird).

Wie aber schon vorher (in Kap. 1) ausgeführt, erwerben keineswegs alle an der Lohnarbeit Beteiligten diese Ansprüche, ganz zu schweigen von den, wenn auch nur zeitweilig Haus-Arbeitenden (Frauen).

b) Mindestlohn

bedeutet, einen nationalen Grundlohn allen Löhnen der unselbständig Beschäftigten zugrunde zu legen, der nicht mehr unterschritten werden kann. Auch in den Ländern, in denen es Mindestlohn gibt, sind damit aber nicht Teilzeitverhältnisse oder Ausbildungsverhältnisse gemeint, wodurch aber wieder unterprivilegierte ArbeitnehmerInnengruppen entstehen. Von Bedeutung ist weiters auch, auf welcher Höhe der Grundlohn festgesetzt ist, er soll nicht zu weit unter dem Durchschnittseinkommen liegen, weil er sonst eine Lohndrift nach unten verursacht. Auch AusländerInnen müßten einbezogen sein, um diese Lohndrift zu verhindern.

c) Vom garantierten Grundeinkommen, Basislohn, oder auch garantiertem Existenzminimum

spricht man dann, wenn jeder Mensch Anspruch auf eine (sinnvollerweise über der Armutsgrenze liegende) existentielle Absicherung an den Staat hat, der eher nur nach Alter (Kinder-Erwachsene), Alleinstehenden (wegen des höheren Wohnungsaufwandes) differiert und entweder an alle ausbezahlt wird, oder im erzielten Einkommen als Sockel aufgeht, oder wie beim Modell der negativen Einkommenssteuer, über die Steuer ausbezahlt wird.

Zu klären ist dabei, ob nur InländerInnen einbezogen sind, etc. Die Diskussion um diese weitgehendste Form sozialer Absicherung läuft sehr kontroversiell ab. Interessant ist, daß auch engagierte Frauenvertreterinnen Zweifel an einem derartigen System anmelden. Vor allem hinsichtlich des, wie sie befürchten, erschwerten Zuganges von Frauen zum Arbeitsmarkt. Arbeitgeber wiederum fürchten, daß (abhängig von der Höhe eines garantierten Grundeinkommens) sich für die schlechtest entlohnten Arbeitsplätze keine InteressentInnen finden würden. Das Schlagwort von der Abkoppelung von Arbeit und Einkommen reizt besonders Feministinnen zu bissigen Bemerkungen: sie fragen, warum soll über *Einkommen ohne Arbeit* diskutiert werden, wenn doch Frauen für ihre *geleistete Arbeit kein oder nur geringes Einkommen* beziehen. Mit Referenz auf die vorherigen Kapitel sei nochmals daran erinnert, wieviel von der schlecht- oder nichtbezahlten oder nicht abgesicherten Arbeit Frauenarbeit ist. Engagierte Frauenvertreterinnen können auch nicht den Enthusiasmus verstehen, den manche Soziologen und Gesellschaftskritiker mit dem Wort Grundeinkommen verbinden. Über neue Lebensbedingungen und neue Art von Arbeit, die nur mehr aus Interesse und Solidarität geleistet wird, wird da geschwärmt, wo es doch Frauen schlicht darum geht, wenigstens die altbekannte Familienarbeit besser aufzuteilen und ganz banale Tätigkeiten wie Haushalten und Wäschewaschen, Kinderfüttern und Kindertrösten auch an Männer delegieren zu können, und/oder über eigenes ausreichendes Einkommen zu verfügen.

Resümee

Mir erscheint die möglicherweise absichtliche Begriffsverwirrung in der Grundeinkommensdebatte vor allem dazu bestimmt zu sein, Betroffenheit und Ausmaß der Armut in Österreich zu verschleiern. Wie ausführlich dargelegt, vegetieren Hunderttausende an der Armutsgrenze. Vor allem Frauen erreichen fast nie die Durchschnittseinkommen, partizipieren nicht am gesellschaftlichen Reichtum, für sie sind am Arbeitsmarkt die gesundheitsschädlichen, unsicheren und schlechtbezahlten Arbeitsplätze bereit, und, wie neue Longitudinaluntersuchungen zur Einkommenssituation (über Lebensverläufe hinweg) beweisen, bedeutet einmal in die Klasse oder Schicht der Armen in Österreich hineingeboren oder später hineingeraten zu sein, daß es kaum mehr ein Entrinnen daraus gibt. Über einen ganzen Lebensverlauf hinweg ist es für viele Personen nicht möglich, in eine höhere Einkommensklasse aufzusteigen und den gesellschaftlichen "Aufstieg zu schaffen". Ein garantiertes Grundeinkommen, das sich außerhalb der Armutsgrenze bewegt, würde hunderttausenden Personen die demütigenden und stigmatisierenden Gänge zum Sozialamt ersparen und würde Lebensplanung erst ermöglichen.

Ziemlich unsinnig erscheint der Einwand gegen ein Grundeinkommen, damit nicht alle Probleme lösen zu können. Selbstverständlich ersetzt das Grundeinkommen eine aktivere Arbeitsmarktpolitik nicht, oder etwa Mindestlöhne für Erwerbsarbeit oder Bemühungen um eine wesentliche Arbeitszeitverkürzung oder die Diskussion um die gerechtere Verteilung der gesellschaftlich notwendigen Arbeit. Kein einziger sozialpolitischer Vorschlag kann derartige Globalversprechungen machen oder gar einlösen.

Die Grundeinkommensdebatte ist eine Frauendebatte, denn Männer haben sich das System der sozialen Sicherheit nach ihren Bedürfnissen eingerichtet, sie können es sich leisten, relativ unbeirrt von Familienarbeit und Kindererziehung mobil und leistungsfähig, einsatzbereit und dauerhaft berufstätig zu sein. Männer haben sich auf allen Ebenen die höheren Einkommen, die höheren Pensionen gesichert, die kürzeren Arbeitszeiten, sie sind gegen Armut mit Kollektivverträgen abgesichert, die nach wie vor implizit Männerlohnkategorien beinhalten, sie haben ihre Risiken bei Arbeitslosigkeit, Krankheit und Alter minimiert, ihre Löhne hängen bei weitem nicht so sehr von saisonellen Schwankungen und regionalen Strukturschwächen ab, Förderungsprogramme richten sich vor allem an Männer. Die Anspruchsvoraussetzungen für Durchschnittspensionen sind so hoch geschraubt, daß Frauen sie kaum erreichen können und auch nicht erreichen. Wie die Zahlen beweisen, haben Frauen trotz der zunehmenden Erwerbstätigkeit und der überwältigenden Mehrarbeit kürzere Versicherungszeiten und damit geringere Pensionen. Mir kommen diese Pensionsregelungen vor wie die Annonce eines Arbeitgebers, der "Bewerber über 1,85 cm Körpergröße" suchte und dann erklären konnte, er würde Frauen nicht diskriminieren, es meldeten sich nur so wenige. Daß fast ausschließlich Frauen Teilzeit arbeiten, ist ein Indiz dafür, daß Familienarbeit und volle Berufstätigkeit eben nur bei Zusammentreffen aller günstigen Bedingungen möglich ist und daß die Berufswelt keine Rücksicht auf Kinder und Kinderbetreuung nimmt. Dafür, daß Frauen diese Aufgaben wahrnehmen und einen Kompromiß herzustellen versuchen, den ihnen die Sozialpolitiker verwehrten, werden sie auch noch mit Minilöhnen und geringerer sozialer Sicherheit bestraft. Männer in ihren männlich besetzten und nach Männerinteressen operierenden politischen und sozialen Vertretungsinstanzen definieren, welche Arbeit zu bezahlen und welche Arbeit kostenlos zu erbringen ist. Das wesentlichste Kriterium für den gesellschaftlichen Wert der Arbeit ist hier und in den westlichen Industriestaaten, aber auch in den Ländern der 3. Welt das Geschlechtskriterium. Eine Neubewertung von "Arbeit" ist dringend geboten, noch immer werden Personen als "nicht arbeitend" bezeichnet, die etwa 90 % der gesellschaftlich notwendigen, aber nicht entlohnten Arbeit erbringen.

Die sozialdemokratische Diskussion sowohl in Österreich als auch in der Bundesrepublik läßt bei den Diskussionen um die Sockelung oder die Mindeststandards wohlweislich die Reform der Sozialhilfe außer acht, denn dort müßten Rechtsansprüche festgelegt werden, statt Naturalgaben, wie Wintermäntel und ein paar Kübel Kohlen und dort befindet sich der Ansatzpunkt für eine echte Existenzsicherung. Ein soziales Sicherungssystem müßte gerade von den Arbeits- und Lebensbedingungen der Benachteiligteren ausgehen. Und die Lebens- und Arbeitsbedingungen von Frauen umfassen die Kindererziehung und die Berufsunterbrechungen mit allen negativen Auswirkungen der nicht ständigen Verfügbarkeit und der geringeren Mobilität. Ebenso wichtig ist es auch, ein soziales Sicherungssystem zu schaffen, das Frauen unabhängig macht von den aus der Ehe abgeleiteten Ansprüchen. Frauen müssen gleichermaßen überleben können, ob sie nun verheiratet sind oder nicht, junge Frauen müssen soviel an Lohn und Einkommen erhalten, daß sie einen eigenen Haushalt führen können und nicht gezwungen sind, vom elterlichen Haushalt in eine frühe und unüberlegte Ehe zu flüchten.

Die Einrichtungen des Wohlfahrtsstaates sind ja gerade als Maßnahmen zur Kompensation von strukturellen Diskriminierungen und Benachteiligungen industriell kapitalistischer Vergesellschaftung entwickelt worden. Die Vielfalt von Notlagen lassen sich zwar nicht generell mit Einkommenszuwendungen lösen, wie auch die psychosozialen und psychophysischen Fragen des Alterns sich nicht mit Renten beantworten lassen. Aber Geld kann materielle Not lindern, also die materiellen Voraussetzungen für selbstbestimmtes und selbstorganisiertes

Handeln herstellen und damit die Teilhabe am gesellschaftlichen Leben begründen. Die Rückbesinnung auf die Medien des Wohlfahrtsstaates, nämlich Recht, Rechtsanspruch und Geld (statt zunehmend therapeutischer Betreuung und Beschwichtigung) wäre im Interesse der Armen (Frauen) geboten.

Frauen sind im Durchschnitt arm, ob sie nun voll oder teilweise berufstätig sind, oder hausarbeitend, ob sie eine Ausbildung haben oder nicht, ob sie in der Stadt leben oder am Land, ob sie alt sind oder jung. In dem System, das sich Männer geschaffen haben, teilen sich die "obersten" 30.000 Menschen 53 Milliarden Schilling im Jahr zu, das ist bei weitem mehr als die gesamte Lohnsumme der etwa 450.000 Arbeiterinnen in Österreich.

Anmerkungen

1) Vorsichtige eigene Schätzung.
2) Zahlen aus Sozialbericht 1988; Mikrozensus 1987.
3) Zahlen aus Sozialbericht 1987 und 1988; Mikrozensus 1987.
4) Zahlen aus Sozialbericht 1987; Mikrozensus 1987.
5) Zahlen aus Sozialbericht 1987; Mikrozensus 1987; Sozialbericht 1988.
6) Daten aus "Lohnunterschiede zwischen Männern und Frauen, November 1989", AK Wien.

Josef Wallner

ENTSPRICHT DAS ÖSTERREICHISCHE SYSTEM DER ARBEITSLOSENVERSICHERUNG DEM GEDANKEN DER GRUNDSICHERUNG ?

Die österreichische Arbeitslosenversicherung hat, wie zahlreiche andere Maßnahmen der sozialen Sicherheit, ihren Ursprung in gewerkschaftlichen Selbsthilfeeinrichtungen. 1918 wurde - wohl auch inspiriert von der Angst vor sozialen Unruhen - eine staatliche Arbeitslosenfürsorge eingerichtet. Erst mit dem Arbeitslosenversicherungsgesetz (AlVG) von 1920 wurde der Bogen von gewerkschaftlicher Selbsthilfe zu einer öffentlichen Versicherungsleistung (wenn auch systemwidrig noch mit einer Bedürftigkeitsprüfung verbunden) geschlossen. In der Zweiten Republik wurden schließlich mit dem AlVG von 1949 - zweimal wiederverlautbart als AlVG 1958 und als AlVG 1977 - die Ausgangsbasis und die Grundzüge des geltenden Rechts geschaffen (als Überblick: Dirschmied 1990, S. 5-11.).

Seither haben sich nicht nur die Strukturen auf dem Arbeitsmarkt nicht unwesentlich verschoben, sondern es hat sich auch die wirtschaftliche Kapazität des Landes deutlich verbessert. Zurecht stellt sich daher die Frage, ob das gegebene System der Arbeitslosenversicherung (noch) dem Gedanken einer - den aktuellen sozialen Verhältnissen angemessenen - Grundsicherung entsprechen kann.

Die meines Erachtens entscheidenden Kriterien, ob das österreichische System der Arbeitslosenversicherung in Verbindung mit den anderen Einrichtungen der sozialen Sicherheit ein wirksames Element einer Grundsicherung darstellt, sind eine existenzsichernde Leistungshöhe, ein Begünstigtenkreis, der alle dem Arbeitslosigkeitsrisiko ausgesetzten Gruppen möglichst umfassend einschließt und gesetzliche Rahmenbedingungen, die den Verbleib der Arbeitslosen im Leistungsbezug während der gesamten Arbeitslosigkeit weitgehend gewährleisten. Entscheidend ist daher, daß

* die Leistungshöhe nicht nur versicherungsrechtlichen Kriterien folgt, sondern auch einen Mindeststandard vorsieht, der Arbeitslosen, die zuvor im Niedriglohnbereich beschäftigt waren, die Existenzsicherung ermöglichen kann. Als Bezugshöhe für einen derartigen Mindeststandard bietet sich der Ausgleichszulagenrichtsatz des ASVG an (1990: öS 5.434,- mtl.), der gemeinhin als "inoffizielles Existenzminimum" gilt und eine systemkonforme Lösung darstellen würde.[1]
* Ferner muß der Begünstigtenkreis der Arbeitslosenversicherung so weit gefaßt sein, daß nicht nur "Stammitglieder" des Arbeitsmarktes zum Anspruchserwerb in der Lage sind, sondern auch jene, die neu

auf dem Arbeitsmarkt auftreten oder nach längerer Unterbrechung die Wiedereingliederung anstreben. Gemeint sind z.B. Personen, die etwa infolge ihrer Jugend oder bestimmter öffentlicher oder privater Verpflichtungen (Präsenz-/Zivildienstleistung, Kindererziehung etc.) nicht auf lange Anwartschaftszeiten verweisen können.[2]

* Die Beurteilung der gesetzlichen Rahmenbedingungen für den Verbleib im Leistungsbezug wird schließlich davon abhängen, wie allfällige Ausgrenzungsmechanismen - so z.B. Sanktionen für den Fall der Arbeitsverweigerung oder die Bedürftigkeitsprüfung im Fall längerer Arbeitslosigkeit - konstruiert sind.

Im folgenden soll das geltende Arbeitslosenversicherungssystem an Hand dieser Kriterien untersucht werden (zu den rechtlichen Aspekten vgl. Dirschmied, 1990).

1. Höhe der Arbeitslosenunterstützung

Die Bemessung des Arbeitslosengeldes erfolgt nach einem Lohnklassenschema, das 99 verschiedene Lohnintervalle vorsieht (1990). Die Konstruktion dieses Bemessungssystems ist so angelegt, daß ab der 40. Lohnklasse (diese entspricht in etwa dem Ausgleichszulagenrichtsatz des ASVG) das Arbeitslosengeld rund 40 % des Bruttoentgelts der letzten sechs Kalendermonate beträgt. In den niedrigeren Lohnklassen ist die Ersatzrate des Arbeitslosengeldes gemessen am letzten Bruttoentgelt deutlich höher und beträgt bis zu beinahe 60 % der Bemessungsgrundlage. Aus dieser Perspektive wird daher wenigstens tendenziell auf den Ausgleichszulagenrichtsatz Bedacht genommen. Mißt man dagegen - was für Arbeitslose praxisrelevanter ist - die Ersatzrate des Arbeitslosengeldes am letzten Nettoerwerbseinkommen, so wird diese Bevorzugung der unteren Lohnklassen wieder aufgehoben. Die Nettoersatzrate beträgt für die Gruppe der Niedriglohnbezieher nicht mehr als für jene der höchsten Lohnklasse; und zwar rund 58 % des letzten Nettoerwerbseinkommens bei einem alleinstehenden Arbeitslosen.[3] Das vorherrschende Prinzip ist jedoch bei beiden Betrachtungsweisen das versicherungsrechtliche Anknüpfen an der letzten Einkommens- und damit Beitragshöhe. Das niedrigste Arbeitslosengeld liegt daher mit öS 1.539,- monatlich (1990) deutlich unter dem Ausgleichszulagenrichtsatz des ASVG.

Erst ab einem Bruttoeinkommen von rund öS 13.000,- monatlich kann mit einem Arbeitslosengeld, das wenigstens die Höhe des Ausgleichszulagenrichtsatzes erreicht, gerechnet werden. Den jünsten Einkommensstatistiken des Hauptverbandes der österreichischen Sozialversicherungsträger zufolge bedeutet dies, daß rund ein Drittel der österreichischen Arbeitnehmer für den Fall ihrer Arbeitslosigkeit von der Arbeitslosenversicherung keinen hinreichenden Existenzschutz erwarten können. Aufgrund der Lohnunterschiede zwischen Männern und Frauen sind es vor allem letztere, die diesem Risiko in besonderem Maße ausgesetzt sind. Rund die Hälfte aller Arbeitnehmerinnen (bei den Arbeiterinnen sind es sogar rund 70 %) müssen aufgrund ihres niedrigen Einkommens mit einem Arbeitslosengeld, das unter dem Ausgleichszulagenrichtsatz liegt, rechnen, sollten sie arbeitslos werden.[4] Das Konstruktionsprinzip der Leistungsbemessung in der Arbeitslosenversicherung kennt also keinen Mindeststandard und setzt einen maßgeblichen Teil der Versicherten der Situation aus, im Fall von Arbeitlosigkeit materiell nicht wirksam gegen eine existenzbedrohende Einkommensverringerung geschützt zu sein.

Dieses theoretische Risiko findet auch bei den tatsächlichen Leistungsbezügen seine Entsprechung. Während das Medianarbeitslosengeld der Männer 1988 öS 7.085,- betragen hat, war jenes der Frauen mit öS 4.816,- sogar deutlich niedriger als der für 1988 geltende Ausgleichszulagenrichtsatz (öS 5.004,-). Rund ein Drittel aller Arbeitslosengeldbezieher (Männer und Frauen, aber nahezu 60 % aller Frauen) haben ein Arbeitslosengeld bezogen, das den Ausgleichszulagenrichtsatz dieses Jahres unterschritten hat. Die Situation der Langzeitarbeitslosen, die bereits auf die Notstandshilfe angewiesen waren, gestaltete sich entsprechend der mit dieser Leistungsart verbundenen weiteren Einkommensverringerung noch ungünstiger. Der Medianwert für männliche Notstandshilfebezieher hat 1988 öS 5.608,- jener für Frauen öS 4.169,- betragen. Bei nahezu 60 % aller Notstandshilfebezieher (Männer und Frauen, bei knapp 70 % aller Frauen) war die Notstandshilfe niedriger als der Ausgleichszulagenrichtsatz.

Nach Alter differenziert sind es vor allem junge Arbeitslose, die mit einer besonders niedrigen Arbeitslosenunterstützung auskommen müssen. Nahezu die Hälfte aller Arbeitslosengeld- und mehr als 80 % aller Notstandshilfebezieher im Alter zwischen 18 und 24 Jahren erreichten nur einen Leistungsbezug unterhalb der Ausgleichszulagengrenze.[5]

Um schließlich beurteilen zu können, in welchem Ausmaß die Unterstützungsleistungen das aus der vorangegangenen Berufstätigkeit gewohnte materielle Niveau abzusichern imstande sind, muß die Relation zum vorherigen Erwerbsnettoeinkommen herangezogen werden. Demnach haben Arbeitslose nicht unerhebliche Schnitte zu verkraften: für Alleinstehende hat die Arbeitslosenunterstützung 1988 durchschnittlich zwischen knapp 50 % und knapp 60 % betragen, für Arbeitslose mit zwei zu versorgenden Angehörigen - bedingt durch die Familienzuschläge - rund 65 % des Nettoeinkommens vor Eintritt der Arbeitslosigkeit (Bundesministerium für Arbeit und Soziales 1989, S. 163 ff.). Selbst jene Arbeitslosen, deren Unterstützungsleistung die Höhe des Ausgleichszulagenrichtsatzes erreicht oder übersteigt, müssen also deutliche Einkommenseinbußen und damit ein spürbares Absinken des Lebensstandards oder bei entsprechend hohen Lebenshal-

tungskosten sogar existentielle Probleme in Kauf nehmen, weil auch die Ersatzrate der Arbeitslosenunterstützung generell niedrig ist.
Als Ergebnis muß also festgestellt werden,

* ein Mindeststandard, der ein Absinken unter ein - wie auch immer definiertes - existenzsicherndes Leistungsniveau verhindert, ist in der Arbeitslosenversicherung nicht vorgesehen.
* Die Risikogruppe jener, die im Fall der Arbeitslosigkeit nicht einmal mit einer Unterstützung in Höhe des Ausgleichszulagenrichtsatzes des ASVG rechnen können, umfaßt rund ein Drittel und damit eine maßgebliche Gruppe aller Versicherten. Besonders gefährdet sind Frauen und junge Arbeitslose bzw., als Folge des vorherrschenden Versicherungsprinzips, generell Angehörige der Niedriglohngruppen.
* Ein Arbeitslosengeld in Höhe von wenigstens dem Ausgleichszulagenrichtsatz ist erst ab einem Erwerbseinkommen von rund öS 13.000,- brutto gesichert. Auch in diesem Fall sind jedoch aufgrund der niedrigen Nettoersatzrate des Arbeitslosengeldes massive Einkommenseinbußen zu erwarten.
* Die Arbeitslosenversicherung wird somit hinsichtlich der gebotenen Leistungshöhe dem sozialen Schutzgedanken[6] für eine maßgebliche Anzahl der Versicherten nicht voll gerecht; die Anforderungen, die hinsichtlich des Leistungsniveaus an eine wirksame Grundsicherung zu stellen sind, können daher nicht als erfüllt betrachtet werden.

2. Erfassungsgrad der Arbeitslosenversicherung

Grundsätzlich für den Fall der Arbeitslosigkeit geschützt sind durch die Arbeitslosenversicherung all jene, die zuvor eine Mindestdauer an Versicherungszeiten (Beschäftigung als Arbeitnehmer) zurückgelegt haben (Anwartschaft). Dies entspricht dem Wesen einer nach dem Versicherungsprinzip konstruierten Leistung und erscheint auch nach den eingangs definierten Maßstäben für eine Grundsicherung als akzeptabel, sofern für jene Personengruppen, die aufgrund ihrer besonderen Lebensumstände die geforderten Beschäftigungszeiten nicht zu erbringen imstande sind, entsprechende Ausnahmetatbestände geschaffen werden, bzw. eine funktionierende "Ersatzsicherung" zur Verfügung steht.

Die Mindestversicherungsdauer, die zur Erfüllung der Anwartschaft notwendig ist, beträgt bei der erstmaligen Leistungsbeanspruchung im allgemeinen 52 Beschäftigungswochen, für Jugendliche bis zum vollendeten 25. Lebensjahr jedoch nur 20 Beschäftigungswochen innerhalb einer gesetzlich definierten Rahmenfrist. Für jede künftige, weitere Beanspruchung des Arbeitslosengeldes sind generell nur noch 20 neuerliche Beschäftigungswochen erforderlich.

Das Prinzip, eine Mindestdauer an Beschäftigungszeiten als Arbeitnehmer nachweisen zu müssen, wird jedoch durch einen umfangreichen Ersatzzeitenkatalog durchbrochen. So werden für die Anwartschaftsprüfung unter gewissen Umständen auch Zeiten des Präsenz- und Zivildienstes, des Wochen- oder Krankengeldbezugs oder Zeiten eines nicht der Arbeitslosenversicherungspflicht unterliegenden Lehrverhältnisses herangezogen.

Ferner sind bestimmte Personengruppen von vornherein von der Arbeitslosenversicherung erfaßt, obgleich sie nicht als Arbeitnehmer beschäftigt sind. So etwa unter gewissen Umständen Personen, die für eine Entwicklungshilfeorganisation tätig sind oder dafür ausgebildet werden, Teilnehmer an einer Eignungsausbildung im Sinne des Vertragsbedienstetengesetzes oder Personen, die nach Abschluß einer Hochschulausbildung eine für die Berufsausübung vorgeschriebene weitere Ausbildung absolvieren, ohne in einem Dienstverhältnis zu stehen.

Der Begünstigtenkreis der Arbeitslosenversicherung geht also über den Kreis der "Stammitglieder" des Arbeitsmarktes hinaus. Erfaßt sind nicht nur jene, die bereits bis zu einem gewissen Grad auf dem Arbeitsmarkt Fuß gefaßt haben, sondern auch Personen, die aufgrund gewisser Lebensumstände wie etwa Krankheit, bestimmte Ausbildungsmaßnahmen oder einfach infolge ihrer Jugend nicht lange Beschäftigungszeiten nachweisen können. Keine Vorsorge getroffen wird allerdings für Personen, die nach längerer Absenz vom Arbeitsmarkt neuerlich Arbeit suchen und die gesetzlichen Anwartschaftsbestimmungen nicht zu erfüllen imstande sind; dies trifft sehr häufig bei Frauen zu, die wegen der Betreuung der Kinder ihre Berufstätigkeit vorübergehend unterbrochen haben oder nach einer Ehescheidung wieder bzw. erstmals berufstätig werden müssen.

Gemessen an der sozialen Realität fällt auf, daß der Anteil der Arbeitslosen ohne Anspruch auf eine Arbeitslosenunterstützung (Arbeitslosengeld oder Notstandshilfe) in den letzten Jahren gestiegen ist. So hat die Leistungsbezieherquote 1986 noch 87,2 %, 1987 86,5 % und 1988 nur noch 85 % betragen (BMAS 1989, S. 135). Umgekehrt formuliert heißt dies, daß der Anteil der nichtunterstützten Arbeitslosen bereits 15 % beträgt, wobei der Anteil der nichtunterstützten Frauen mit 17,8 % aller arbeitslos gemeldeten Frauen überdurchschnittlich ist. Die Ursachen dieser Entwicklungstendenzen sind einerseits in den wiederholten Änderungen im Leistungsrecht zu suchen (siehe Punkt 4.), sie dürften andererseits aber auch "als Indiz für die wachsende Konkurrenzierung durch Personen zu werten (sein), die noch nicht (bzw. nicht mehr) so fest in das Beschäftigungssystem integriert sind (Jugendliche, Berufsrückkehrerinnen)" (BMAS 1989, S. 136).

Abzuwarten bleibt, wie sich die AlVG-Novelle 1989[7] auswirken wird, wobei angenommen werden kann, daß dadurch dieser Ausgrenzungsprozeß wenn schon nicht umgekehrt, so doch deutlich abgeschwächt wird (siehe Punkt 4.). Wenngleich die aufgezeigte Tendenz der letzten

Jahre besorgniserregend ist, kann der Erfassungsgrad des österreichischen Arbeitslosenversicherungssystems dem internationalen Vergleich durchaus standhalten. So waren etwa in Schweden, dessen Arbeitslosenversicherungssystem im übrigen als weit "generöser" als das österreichische System einzustufen ist, 1984 rund 30 % aller registrierten Arbeitslosen ohne Anspruch auf eine Unterstützungsleistung aus der Arbeitslosenversicherung (Schmid/Reissert/Bruche 1987, S. 62).[8]
Zusammenfassend kann gesagt werden, daß

* der Erfassungsgrad der Arbeitslosenversicherung weit eher den Anforderungen, die an eine Grundsicherung zu stellen sind entspricht, als dies bei der Leistungshöhe der Fall ist.
* Probleme ergeben sich vor allem für Berufseinsteiger und -rückkehrer, wobei aber auf die erstgenannte Gruppe immerhin durch gesetzliche Ausnahmetatbestände Bedacht genommen wird.
* Eine positive Gesamtbeurteilung wird schließlich dadurch erschwert, weil dafür auch ein funktionsgerechtes Zusammenwirken zwischen Arbeitslosenversicherung und der Sozialhilfe als "Ersatzsicherung" für jene, die von der Arbeitslosenversicherung nicht erfaßt werden, Voraussetzung wäre. Wenngleich dieser Zusammenhang hier nicht untersucht werden kann, sei zumindest angemerkt, daß meines Erachtens die rechtliche Ausgestaltung dieser beiden Bereiche und die praktische Erfahrung ein funktionierendes Zusammenspiel von Arbeitslosenversicherung und Sozialhilfe im Sinne einander ergänzender Elemente im Rahmen einer Grundsicherung nicht annehmen lassen (vgl. zur Sozialhilfe Arbeiterkammer Wien, 1989).

3. Gesetzliche Rahmenbedingungen für den Verbleib im Leistungsbezug

In diesem Zusammenhang soll untersucht werden, welche "Fußangeln" das Arbeitslosenversicherungsrecht kennt, die dazu führen, daß Arbeitslose, die sowohl zum erfaßten Personenkreis zählen, als auch die Anwartschaft erfüllt haben, dennoch (zumindest vorübergehend) vom Leistungsbezug ausgeschlossen werden (können). Insbesondere interessieren hierbei Sanktionsmechanismen, Ruhensgründe und die leistungsrechtlichen Folgen langer Arbeitslosigkeit, wobei der gegebene Rahmen eine umfassende Behandlung dieser Thematik nicht zuläßt. Im folgenden werden daher auch nur die mir besonders zentral erscheinenden Tatbestände und Aspekte ausgewählt.

3.1. Anspruchsverlust im Falle der Arbeitsverweigerung

Weigert sich der Arbeitslose, eine zumutbare Beschäftigung anzunehmen, so verliert er für die Dauer der Weigerung, zumindest aber für vier Wochen, den Anspruch auf Arbeitslosengeld (bzw. auf die Notstandshilfe). Die Mindestdauer des Anspruchsverlusts erhöht sich beim zweiten Anspruchsverlust innerhalb eines Jahres auf sechs und ab dem dritten auf acht Wochen. Die Konsequenz ist eine entsprechende Verkürzung der ursprünglich zuerkannten Bezugsdauer des Arbeitslosengeldes. Von entscheidender Bedeutung für den Restriktionsgrad dieser Bestimmung ist der Begriff der "Zumutbarkeit" einer Beschäftigung (vgl. dazu Dirschmied 1990, S. 73-78), wobei die "Angemessenheit" der Entlohnung ein wesentliches Kriterium darstellt. "Angemessen" bedeutet laut ständiger Rechtsprechung des Verwaltungsgerichtshofs allerdings schon, daß wenigstens das kollektivvertragliche Mindestentgelt für die vorgesehene Beschäftigung bezahlt wird. Im Klartext heißt dies, daß auch Lohneinbußen von mehreren tausend Schilling und sogar ein Absinken unter das Niveau der Arbeitslosenunterstützung rechtlich zumutbar sind, wenn die angebotene Beschäftigung zumindest kollektivvertraglich entlohnt wird. Diese Regelung ist daher nicht nur als Ausgrenzungsmechanismus aus dem Leistungsbezug, sondern auch als Instrument, überkollektivvertragliche Löhne zu drücken, geeignet.[9]

Zumutbar ist eine Beschäftigung aber auch dann, wenn es sich dabei nur um eine Teilzeitbeschäftigung handelt, sofern das Arbeitszeitausmaß in Verbindung mit der darauf abgestellten kollektivvertraglichen Entlohnung wenigstens zu einer Entlohnung über der Geringfügigkeitsgrenze des ASVG (1990: öS 2.658,- mtl.) führt (Erkenntnis des VwGH vom 19.9.1989, Zl 88/08/0162; vgl. auch Anm. 6). Dies gilt selbst dann, wenn der Arbeitslose zuvor ständig ganztags beschäftigt war und über keine sonstigen Unterhaltsmittel verfügt. Rechtlich ist es also sogar zulässig, einen Arbeitslosen in eine Teilzeitbeschäftigung zu vermitteln, die ein geringeres Einkommen, als sogar die Richtsätze der Sozialhilfe es vorsehen, bietet. Eine weitere Konsequenz ist, daß die Arbeitslosenversicherung objektiv geeignet ist, das Entstehen eines rein an Arbeitgeberinteressen ausgerichteten Teilzeitarbeitsmarktes zu begünstigen (vgl. Anm. 9).

In der Praxis waren die Arbeitsämter aber jedenfalls bisher schon aufgrund des Arbeitsplätzemangels nicht in der Lage, diese Sanktionsformen extensiv anzuwenden. So wurde 1988 in 3.924 Fällen bei 571.877 bewilligten Arbeitslosengeld- und Notstandshilfebezügen ein Anspruchsverlust wegen einer Arbeitsverweigerung ausgesprochen (BMAS-Leistungsbezieherdaten 1988, Tab. LB 820 bzw. LB 810). Die Brisanz dieser Regelung liegt also in erster Linie in der gegen den Arbeitslosen gerichteten Drohung, ihn zum sozialen Abstieg zwingen zu können, ohne daß dabei auf seine Existenzsicherung auch nur Bedacht genommen werden müßte. Gewissermaßen als "Zeitbombe" muß die interessenspolitisch eklatant unausgewogene Ausgestaltung dieser Norm betrachtet werden, die zum Nachteil der Arbeitnehmer dem für die Arbeitsmarktverwaltung geltenden Neutralitätsgebot zuwiderläuft (zur Neutralität der Arbeitsmarktverwaltung vgl. Dirschmied, 1990, S. 102). Mit den Prinzipien einer Grundsicherung ist eine derartige Regelung jedenfalls in keiner Weise in Einklang zu bringen.

3.2. Ruhensgründe

Nach dem in der Sozialversicherung geltenden Grundsatz, daß die der Existenzsicherung dienenden Versicherungsleistungen einander ausschließen, führen bestimmte Tatbestände, z.B. der Bezug des Krankengeldes, zum Ruhen der Arbeitslosenunterstützung. Dies ist durchaus mit dem Gedanken einer Grundsicherung dem Grunde nach vereinbar. Allerdings, dieses insoweit berechtigte Prinzip "erfuhr erstmals eine Durchbrechung, als der Anspruch auf Kündigungsentschädigung in den Katalog der Ruhenstatbestände aufgenommen wurde; schließlich stellt diese Leistung einen arbeitsvertraglichen Schadenersatzanspruch und keine ein soziales Risiko absichernde Leistung dar ... . Problematisch wurde es allerdings mit 1.1.1988, als auch die Gewährung von Urlaubsentschädigung und -abfindung ein Ruhen bewirkte". (Dirschmied 1990, S. 123). Anscheinend wohl aus fiskalischen Gründen wurden Ruhensgründe eingeführt, die zu einem sachlich kaum zu rechtfertigenden (vorübergehenden) Ausschluß vom Leistungsbezug in der Arbeitslosenversicherung führen. In der Praxis wirkt sich dies auch massiv aus: Allein aus dem Titel "Urlaubsentschädigung oder -abfindung" sind 1988 60.985 Arbeitslose vorübergehend vom Leistungsbezug ausgeschlossen worden (BMAS-Leistungsbezieherdaten 1988 Tab. LB 820).

3.3. Leistungsbezug und lange Arbeitslosigkeit

In diesem Zusammenhang sind besonders gravierende Mängel festzustellen. Positiv anzumerken ist, daß die bislang im internationalen Vergleich unterdurchschnittliche Bezugsdauer des Arbeitslosengeldes (je nach Versicherungszeit 12, 20 oder 30 Wochen) mit der AlVG-Novelle 1989 auf 20, 30 bzw. 39 (ab dem 40. Lebensjahr) und 52 (ab dem 50. Lebensjahr) Wochen angehoben wurde. Angesichts von 20.200 Menschen, die 1988 mindestens ein Jahr arbeitslos waren (BMAS 1989, S. 126) und jener weiteren, die zwar nicht so lange ununterbrochen arbeitslos sind, aber dies zum wiederholten Male werden, ohne einen neuerlichen Anspruch auf Arbeitslosengeld erworben zu haben, ist es vor allem die Notstandshilfe, die für Langzeitarbeitslose von Bedeutung ist. Diese Leistung ist aber so konstruiert, daß Arbeitslose mit einem vorherigen niedrigen Erwerbseinkommen deutlich benachteiligt sind. Grundsätzlich beträgt die Notstandshilfe 92 % des vorangegangenen Arbeitslosengeldes. Ein niedriges Erwerbseinkommen führt zu einem niedrigen Arbeitslosengeld und dieses schließlich zu einer noch niedrigeren Notstandshilfe. Auf diese Notstandshilfe ist aber noch ein Teil des Einkommens des Gatten oder Lebensgefährten anzurechnen; ausbezahlt wird dann nur der verbleibende Differenzbetrag sofern noch ein positiver gegeben ist. Es liegt auf der Hand, daß diese Arithmetik die Wahrscheinlichkeit eines Notstandshilfeanspruchs (bei Arbeitslosen mit einem einkommensbeziehenden Partner) sinken läßt, wenn vor der Arbeitslosigkeit wenig verdient wurde. Immerhin verringern aber nachgewiesene besondere Belastungen den Anrechnungsbetrag des Angehörigeneinkommens. Dies gilt allerdings nicht mehr, wenn die Notstandshilfe schon seit mehr als drei Jahren bezogen wurde. Ab diesem Zeitpunkt kommt eine verschärfte Bedürftigkeitsprüfung zum Tragen, die keinerlei Rücksichtnahme auf noch so berücksichtigungswürdige finanzielle Belastungen, die im Einzelfall gegeben sein mögen, zuläßt. Von dieser Regelung in erster Linie bedroht sind ältere Arbeitslose und vorzugsweise solche in Krisengebieten. Denn gerade diese Gruppe muß mit einer entsprechend langen Arbeitslosigkeit rechnen.

Die Verbleibschancen im Leistungsbezug werden also durch die Gestaltung des Arbeitslosenversicherungsrechts in einigen entscheidenden Punkten beeinträchtigt:

* Die Sanktionsmechanismen für den Fall der Arbeitsverweigerung und vor allem die Definition der "zumutbaren Beschäftigung" stehen ihrer Konstruktion nach in krassem Widerspruch zum Gedanken einer Grundsicherung. In der aktuellen Arbeitsmarktsituation können sie jedoch nicht auf breiter Basis zur Anwendung gelangen, sie wirken hingegen in erster Linie als Drohung.
* Andere Ausgrenzungsmechanismen, wie etwa das Ruhen der Leistung wegen des Erhalts arbeitsrechtlicher Ansprüche, vor allem aber die Ausgestaltung der Notstandshilfebestimmungen, widersprechen nicht nur theoretisch dem Prinzip der Grundsicherung, sondern kommen auch faktisch massiv zur Wirkung.

4. Entwicklungstendenzen im Arbeitslosenversicherungsrecht

In den Achtziger Jahren ist das Arbeitslosenversicherungsrecht wiederholt novelliert worden, wobei sich eine höchst widersprüchliche Entwicklung ergeben hat, die auf die sehr instabile Absicherung gewisser sozialer Standards hinweist. Waren die ersten Gesetzesänderungen offenbar als Reaktion auf den durch steigende Arbeitslosigkeit erhöhten Mittelbedarf überwiegend einsparungsorientiert mit der Folge von Leistungseinschränkungen, so ist mit der AlVG-Novelle 1989 wieder ein Gegentrend erkennbar geworden (vgl. auch Dirschmied 1990, S. 10 und Rechtsquellenmatrix).

4.1. Leistungseinschränkungen

Hervorzuheben ist die Einführung neuer Ruhensgründe, die Verringerung der Aufwertung der veränderlichen Werte in der Arbeitslosenversicherung, die Anrechenbarkeit zusätzlicher Einkommensarten auf die Notstandshilfe und die Verringerung der Kinderfreigrenzen, die Kürzung des höchstmöglichen Prozentsatzes der Notstandshilfe vom vorangegangenen Arbeitslosengeld, sowie die Einführung einer "Familieneinkommensobergrenze" im Notstandshilferecht (verschärfte Definition des Notlagenbegriffs nach dreijährigem Notstandshilfebezug) und die Verlängerung der Ausschlußfrist im Fall der Arbeitsverweigerung.

4.2. Leistungsverbesserungen

Als Verbesserung des Leistungsrechts zugunsten der Arbeitslosen war bis zur AlVG-Novelle 1989 lediglich die formale Gleichstellung der Frauen im Notstandshilferecht mit den bis dahin besser gestellten Männern zu verzeichnen, sowie die Schaffung einer Sonderform der Bezugsdauer des Arbeitslosengeldes in Krisenregionen und im Fall einer "Arbeitsstiftung". Die erstgenannte Leistungsausweitung entspricht einer längst fälligen Anpassung an das Verfassungsgebot der Gleichbehandlung und der zweite Fall wird nur in geringem Ausmaß wirksam (1988 waren 2.450 Arbeitslose von der Sonderbezugsdauer begünstigt; BMAS-Leistungsbezieherdaten 1988; Tab. LB 810), wodurch allerdings nicht die Notwendigkeit dieser Änderungen in Frage gestellt werden soll.

Als Ansatz für eine gegenläufige Entwicklung zu den Ausgrenzungstendenzen kann aber erst die AlVG-Novelle 1989 bezeichnet werden. Sie brachte unter anderem eine verkürzte Anwartschaft für Jugendliche, die erleichterte Berücksichtigung von Ersatzzeiten beim Anwartschaftserwerb, eine Verlängerung der Bezugsdauer des Arbeitslosengeldes, eine Anhebung des Arbeitslosengeldes in den unteren Lohnklassen, eine vor allem alleinerziehende Frauen begünstigende Verbesserung der Familienzuschlagsregelung[10], sowie das Recht auf Notstandshilfe für Ausländer mit Befreiungsschein.[11] Als spürbare Verbesserung des Notstandshilferechts ist schließlich die mit 1.1.1990 entfallene Einrechnung der Familienbeihilfe in die Kinderfreigrenze zu werten.[12] Diese Änderung wird bei Notstandshilfebeziehern, die für Kinder zu sorgen haben, zu einer deutlichen Verminderung des anrechenbaren Einkommens des Gatten/Lebensgefährten und somit zu einer entsprechenden Leistungsverbesserung führen.

Die Gesamtentwicklung in den Achtziger Jahren war also äußerst widersprüchlich. Leistungskürzungen, die ein (weiteres) Abrücken der Arbeitslosenversicherung vom Gedanken der Grundsicherung zur Folge hatten, stehen Änderungen mit gegenläufiger Tendenz gegenüber. Die Unsicherheit der künftigen Entwicklung ist vor allem darin begründet, daß fiskalpolitischen Überlegungen offenbar ein weit stärkeres Gewicht eingeräumt wird als einer existenzsichernden Versorgung Arbeitsloser.

5. Zusammenfassung

Das österreichische System der Arbeitslosenversicherung entspricht nicht dem Gedanken einer Grundsicherung. Seine Konstruktion ist zwar so angelegt, daß ein relativ weiter Personenkreis erfaßt ist, die Leistungen folgen jedoch grundsätzlich nicht dem Prinzip der Existenzsicherung. Die praktischen Folgen sind zahlreiche soziale Härten.

Einigermaßen den Anforderungen, die an eine Grundsicherung zu stellen sind, entspricht die Arbeitslosenversicherung nur für jene Gruppe, die vor der Arbeitslosigkeit wenigstens ein durchschnittliches Erwerbseinkommen bezogen hat und innerhalb weniger Monate wieder Beschäftigung findet.

Die festgestellten Systemmängel sind schließlich ihrer objektiven Funktion nach geeignet, die Position der Arbeitnehmer gegenüber jener der Arbeitgeber zu schwächen.

Anmerkungen

1) Vgl. Ziniel, 1989, S. 198: "Die Sozialhilfe ist jedoch ... überfordert, wenn die Leistungen der Sozialversicherung unzureichend herausgebildet sind ... Die Verankerung der Ausgleichszulage (des ASVG; Anm. d. Verf.) durchbricht zwar das Verhältnis Beitrag und Leistung, kann aber dennoch in die Konstruktionsprinzipien der Sozialversicherung eingeordnet werden und bildet einen Teil des Risikoausgleichs der Solidargemeinschaft der Beschäftigten. Diese Konsequenz muß auch für den Bereich der Arbeitslosenversicherung gezogen werden."

2) Ebenso wie die Einführung eines Mindeststandards würde eine weite Fassung des Begünstigtenkreises zu einer Durchbrechung des Äquivalenzprinzips führen. Dennoch wäre in beiden Fällen immer noch die Systemkonformität gegeben. Dirschmied führt zum Wesen der Sozialversicherung,

der die Arbeitslosenversicherung vom verfassungsrechtlichen Kompetenztatbestand her zuzuordnen ist, aus: "Es ist daher verfehlt anzunehmen, daß der Grundsatz der Äquivalenz zu gelten hätte. Der soziale Schutzgedanke zwingt sogar dazu, in die Sozialversicherung schlechte Risken aufzunehmen, wobei bei dieser Gruppe die Wahrscheinlichkeit besteht, daß sie aus der Sozialversicherung Leistungen beziehen, die durch die von ihnen geleisteten Beiträge nicht gedeckt sind." (Dirschmied 1990, S. 13).

3) Bis zu der mit 1.8.1989 in Kraft getretenen AlVG-Novelle 1989 (BG vom 27.6.1989, BGBl 364) war die Ersatzrate des Arbeitslosengeldes in den untersten Lohnklassen sogar niedriger als jene in den höchsten Lohnklassen. In den Erläuterungen zur Regierungsvorlage, 986 BlgNr 17.GP S. 12 f, wird dazu ausgeführt: "Bezogen auf das Nettoeinkommen der von Arbeitslosigkeit Betroffenen ergibt sich eine deutliche Benachteiligung der unteren Einkommensklassen. Des weitern ergibt sich eine große Anzahl von Arbeitslosen, die keine existenzsichernden Auszahlungen erhalten."

4) 1988 haben 30 % aller Arbeitnehmer (Männer und Frauen ohne Lehrlinge) einschließlich der Sonderzahlungen weniger als öS 12.867,- mtl. verdient. Die Hälfte aller Arbeitnehmerinnen haben weniger als öS 12.868,- mtl. und 70 % aller Arbeiterinnen weniger als öS 13.267,- mtl. verdient. (Hauptverband der österreichischen Sozialversicherungsträger, zitiert nach Juch/Wolf 1989, S. 499).

5) Vgl. dazu BMAS 1989 Tab. 40 und 41, S. 210 f.

6) Rechtsdogmatisch betrachtet sieht die Zielsetzung der Arbeitslosenversicherung allerdings so aus: "Ziel der Arbeitslosenversicherung ist es nicht, mit der Leistung des Arbeitslosengeldes die volle Deckung des Lebensunterhaltes des Arbeitslosen sicherzustellen; ..." (Erkenntnis des VwGH vom 25.2.1988, Zl. 87/08/0291).

7) BG vom 27.6.1989, BGBl 364.

8) Derartige Vergleiche sind allerdings aufgrund unterschiedlicher Rahmenbedingungen eher vorsichtig zu beurteilen und müssen vor dem Hintergrund des gesamten sozialen Netzes betrachtet werden.

9) Es wird hier keineswegs dem Gesetzgeber oder den vollziehenden Behörden eine derartige Absicht unterstellt, sondern auf einen objektiven Funktionszusammenhang hingewiesen.

10) Ein Familienzuschlag zur Arbeitslosenunterstützung gebührt dann, wenn der Arbeitslose für einen Angehörigen zu sorgen hat.

11) Im Juni 1989 verfügten von damals 169.042 in Österreich beschäftigten Ausländern 65.320 über einen Befreiungsschein; Quelle: AK-Wien.

12) VO des BMAS vom 14.12.1989, BGBl 638.

Literaturangaben

Arbeiterkammer Wien (Hg.): Sozialhilfe, Wien 1989.

BMAS (Hg.): Bericht über die soziale Lage 1988, Wien 1989.

Dirschmied K.: Arbeitslosenversicherungsrecht^2, Wien 1990.

Juch, J./Wolf, W.: Neue Einkommensstatistiken aus der Sozialversicherung. In: Soziale Sicherheit 11/1989.

Schmid, G./Reissert, B./Bruche G.: Arbeitslosenversicherung und aktive Arbeitsmarktpolitik, Berlin 1987.

Ziniel G.: Zur Weiterentwicklung der Sozialhilfe aus sozialpolitischer Sicht. In: Arbeiterkammer Wien (Hg.), Sozialhilfe, Wien 1989.

Karl Fakler

BERICHTE VOM ARBEITSMARKT
Das Dilemma der Arbeitsmarktverwaltung
Analysen und Auswege

Stark steigende Beschäftigung und nur schwach sinkende Arbeitslosenzahlen

Seit Mitte 1988 glauben Österreichs WirtschaftsexpertInnen an den Aufschwung. War es anfangs eher unglaubliches Staunen, so hat sich im Laufe der Monate die Meinung gefestigt, es gehe aufwärts. Konsumwachstum setzt sich fort, lebhafte Investionstätigkeit, Inflation fest im Griff, Arbeitslosenquote wird unter 5 %-Marke fallen, kräftiger Aufschwung auf breiter Basis, Industrieproduktion 1988 um 6 % gesteigert, günstige Ertrags- und Kostenlage, Wende auf Arbeitsmarkt etc.p.p. sind nur einige Überschriften in den Fachzeitschriften und auf den Wirtschaftsseiten von Groß- und Kleinformaten.

Für viele ist es frappierend, daß bei einem Anstieg der unselbständig Beschäftigten gegenüber 1988 (Vergleichsmonat September) um rund 55.700 Personen und einer Erhöhung der Zahl der offenen Stellen um 16.810 die Zahl der bei den Arbeitsämtern vorgemerkten Arbeitslosen nur um rund 4.700 unter der Zahl des Vergleichsmonates des Vorjahres liegt.

Im Gegensatz zu der Debatte der Jahre 1986/87 sind die Medien nicht mehr so rasch mit der Trivialerklärung "Sozialschmarotzer" zur Hand. Das mag zum Teil daran liegen, daß erkannt wurde, daß solch einfache Erklärungen nicht nur falsch sind, sondern auch jeglichen Versuch einer wirkungsvollen Lösung des Problems behindern. Oder es mag schlicht daran liegen, daß sich die vorliegenden Zahlen gegen die Verwendung dieser altbekannten aber dadurch um nichts besseren Erklärungsmuster sperren. Wenn die Zahl der Beschäftigten um rund 55.700 Personen innerhalb von 12 Monaten steigt, wird es schwierig, von der Arbeitsunwilligkeit der Menschen zu reden.[1] Selbst "die Presse" stellt fest: "Dem gegenüber reagiere das Arbeitskräfteangebot sehr elastisch: Personen, die früher eine Stellensuche als aussichtslos erachteten, nehmen diese nun wieder auf."[2]

Als wirtschaftliches und arbeitsmarktbezogenes Phänomen verdient der Umstand massiv steigender Beschäftigtenzahlen und nur geringfügig sinkender Arbeitslosenzahlen aber durchaus eine sachliche Erklärung. Dabei ist allerdings zu bedenken, daß den 119.264 (Ende September 1989) vorgemerkten Arbeitslosen nur 49.515 den Arbeitsämtern bekanntgegebene offene Stellen gegenüberstehen und somit rein rechnerisch noch immer 70.000 Personen keine Arbeit finden können.

Hinzu kommen regionale Diskrepanzen zwischen Arbeitsangebot und Nachfrage - die offene Stelle für Tischler in Bludenz hilft den durch den Bobbin-Konkurs arbeitslos gewordenen Tischlern in Gmünd auf Grund einer durch Familie, Haus, Tradition etc. beschränkten Beweglichkeit nur wenig.

Ebenso erschwert die beschränkte räumliche Mobilität sowohl der Arbeitsplätze (Betriebe lassen sich in der Regel nicht leicht verlegen) als auch der Arbeitslosen den Ausgleich zwischen offenen Stellen und Arbeitlosen.

Berufliche (TischlerInnen werden gesucht und SchneiderInnen bieten sich an), qualifikatorische (nachgefragt werden HTL-AbsolventInnen und AHS-MaturantInnen bieten sich an) und auch geschlechtliche (oftmals genügt es eine Frau zu sein, um auch bei richtiger Ausbildung den Posten nicht zu bekommen) Disparitäten zwischen Arbeitskräfteangebot und Arbeitskräftenachfrage sind ebenso wie der relativ große Zeitbedarf für die Beseitigung dieser Mißverhältnisse weitere Faktoren, die erklären, warum mehr offene Stellen nicht im gleichen Atemzug mehr Beschäftigte und mehr Beschäftigte nicht automatisch im gleichen Umfang weniger vorgemerkte Arbeitslose bedeuten müssen.

Ebenso ist an die Besetzung freier Arbeitsstellen durch Arbeitskräfte aus dem Ausland (1989 ist die Zahl der beschäftigten AusländerInnen um rund 18.000 gegenüber dem Vorjahr gestiegen) zu denken. Gleichfalls treten junge Menschen, "Spätberufene", ehemalige Hausfrauen etc. vielfach ohne vorangegangene Vormerkung bei den Arbeitsämtern erstmals ins Berufsleben, wobei gerade die Jungen in Zeiten guter Konjunktur leicht am Arbeitsmarkt als vergleichsweise billige und "formbare" Arbeitskräfte unterkommen. Auch Personen, die sich bereits vom offiziellen Arbeitsmarkt zurückgezogen haben und damit auch aus den Registern der Arbeitsmarktverwaltung (AMV) ausgeschieden sind, kehren nunmehr auf den Arbeitsmarkt zurück. Nicht zuletzt ist an jene zu denken, die nach einer Phase der selbständigen Erwerbstätigkeit (mangels anderer Chancen Geld zu verdienen) nun wieder wegen des erhöhten Stellenangebotes als Unselbständige ihrem Beruf nachgehen.

Vor dem Hintergrund dieser Erklärungen ist aber noch eine weitere Differenzierung vorzunehmen. Vorgemerkte Arbeitslose und offene Stellen sind nicht einfach zwei miteinander korrespondierende Größen der Komponenten Angebot und Nachfrage auf einem einheitlichen Arbeitsmarkt, sondern stellen in ihren konkreten Ausprägungen die Ergebnisse zweier in den beiden Bereichen eher unabhängig voneinander verlaufender Prozesse dar.

Offene Stellen führen einen Konkurrenzkampf um an Arbeit interessierten Personen. Den Zuschlag erhält die offene Stelle, die das attraktivste Angebot darstellt. Lange Zeit unbesetzt bleibende offene Stellen sind demnach das Ergebnis unzureichender Wettbewerbsfähigkeit gegenüber anderen personalsuchenden Betrieben. Analog verhält es sich auf auf der Seite des Arbeitskräfteangebotes.

"Zwischen diesen beiden Wettbewerbsvorgängen läßt sich keine (nicht ohne weiters; Anm. d. Verf.) erfolgreiche Koordination wieder herstellen. Es kann daher nicht gelingen, mit dem selben Handstreich die Dauerarbeitslosen in Beschäftigung zu bringen und die vorhandenen offenen Stellen zu besetzen. Auf jeden Fall reichen jene Strategien nicht aus, die eine einseitige Anpassung der gegenwärtigen Arbeitslosen an das Profil der laufenden offenen Stellen anstrebt. Viel mehr bedarf es spezifischer Maßnahmen für die Angebots- und Nachfrageseite, um Arbeitsmarktungleichgewichte zu vermeiden."[3]

Wer richtet sich nach wem - Offene Stellen versus Arbeitslose

Die möglichen Lösungsversuche lassen sich vereinfacht auf zwei Grundpositionen reduzieren. Lebt der Mensch, um zu arbeiten oder ist die Arbeit eine Notwendigkeit, um zu leben, die aber selbst lebenswert sein sollte. Daraus lassen sich dann die arbeitsmarktbezogenen Antworten ableiten. Anpassung der Arbeitskräfte an die Bedarfsprofile der Wirtschaft oder Anpassung der Wirtschaft an den menschlichen Bedarf.

Offensichtlich gelingt es nicht so perfekt, wie es die Organisationsutopie der Feinsteuerung am Arbeitsmarkt zur Unterstützung der Anpassung an die Gegebenheiten des Arbeitsplatzangebotes vorsieht. 55.700 Beschäftigte mehr und nur 4.700 vorgemerkte Arbeitslose weniger spricht nicht gerade für einen durchschlagenden Erfolg.

Ist die Idee nicht machbar oder wird sie nur mit den falschen Instrumenten zu erreichen versucht? Manche wissen es schon. Die Senkung der Ersatzleistung bei Arbeitslosigkeit macht, um es zynisch zu sagen, unattraktive Arbeitsplätze attraktiver. Vielleicht seien die Anreize für die Arbeitsaufnahme zu gering, meinen andere. Wieder andere suchen die Schuld bei dem ineffizienten Apparat - die AMV (einer seit 1981 um 200 % gestiegenen Arbeitsbelastung steht eine Erhöhung der personellen Ressourcen um nur 20 % gegenüber).

Vor dem Hintergrund der sozialen, kulturellen und wirtschaftlichen Gegebenheiten dieses Landes erscheint die Forderung, die Arbeitsplätze hätten allein den Bedürfnissen der Menschen zu dienen, nicht sinnvoll. Der Schritt vom Reich der Notwendigkeiten in das der Möglichkeiten könnte ohne massive Änderung aller konstituierenden Elemente dieses Systems nicht geschehen und würde auch (zur Zeit) nicht die Mehrheit in dieser Gesellschaft finden.

Deutliche Grenzen hingegen müssen aber auch für die Anpassung der Arbeitskräfte an das Arbeitsplatzangebot gesetzt werden. Das nicht nur aus moralischen Gründen, sondern auch aus ökonomischer Vernunft. Arbeitskräfte wie einen Ping-Pongball zwischen den jeweils aktuellen räumlichen und fachlichen Bedürfnissen der Arbeitsplatzanbieter hin und her zu hetzen, könnte gerade noch für den einzelnen Anbieter von Arbeitsplätzen rentabel sein. Für die Gesellschaft, die die wirtschaftlichen und sozialen Kosten zu tragen hätte, ist es das jedoch ganz sicher nicht.

Auch wenn die Wissenschaft und Teile der veröffentlichten Meinung zur Zeit ein differenziertes Bild vom Arbeitsmarkt kolportieren, geht aber noch immer ein Gespenst um in Österreich. Genau genommen sind es zwei Gespenster. Das eine, die Apotheose des Mangels, der FacharbeiterInnenmangel. Das zweite, die Allegorie der Faulheit und der Gemeinheit - personifiziert in den Langzeitarbeitslosen.

Dabei dient die Rede vom FacharbeiterInnenmangel - kritisch betrachtet - zur Unterstützung der Forderung, Ausbildungskosten auf den Staat (AMV) abzuwälzen. Uns fehlen Facharbeiter, das verhindert Wirtschaftswachstum und Vollbeschäftigung, der Staat hat die Verantwortung übernommen dafür zu sorgen, also soll er uns die benötigten Fachkräfte zur Verfügung stellen. Die Frage des cui bono wird in diesem Zusammenhang mit "die Wirtschaft sind wir alle" beantwortet.

Hat die Debatte über den Facharbeitermangel wenigstens in Ansätzen noch eine sachliche Berechtigung, fehlt der Sozialschmarotzerdiskussion jegliche moralische oder sachliche Berechtigung. Nicht zu leugnen ist der immer größere Hiatus zwischen aktuellen und betrieblichen Bedarfsprofilen und den aktuellen Fertigkeiten und Kenntnissen der Arbeitskräfte. An dieser Stelle muß aber auch gesagt werden, daß diese "minder entsprechenden" Arbeitskräfte allerdings von eben diesen Betrieben ausgebildet bzw. eingeschult wurden.

Unbestritten sei, daß es Menschen gibt, die Leistungen, ohne darauf Anspruch zu haben, in Empfang nehmen. Aber diese Personen finden sich nicht nur unter den Arbeitslosen. Die gibt es in jedem Betrieb, in jeder Behörde, den gesetzgebenden Körperschaften, jeder Schule und wahrscheinlich überall. Wer kennt sie nicht, die, die gerne "eine ruhige Kugel" schieben aber ebenso gerne kassieren wollen. Auch kommt den möglichen "Schmarotzern" unter den Arbeitslosen kein so hohes Gewicht zu, das eine derartig breite Debatte (wie sie z.B. in den Jahren 1986/87 geführt wurde) rechtfertigen könnte.

Was Sie schon immer über Arbeitslose wissen wollten - Empirische Befunde widerlegen Vorurteile

Eine vom Landesarbeitsamt Niederösterreich finanzierte und im Frühjahr 1989 veröffentlichte Studie über Arbeitslose in Niederösterreich[4] lieferte eine Reihe von empirischen Belegen, die viele dieser umlaufenden Gerüchte von den "Arbeitslosen" in den Bereich der Fabeln verweisen. Arbeitslosen scheint es wie Fußballstars oder prominenten SchifahrerInnen zu gehen. Offensichtlich kennt jeder am Wirtshaustisch ihre Formkurve und ihre Leistungsfähigkeit besser als sie selbst.

Entgegen dem Märchen vom prassenden Arbeitslosen erhalten Männer im Durchschnitt weniger als 6.000 Schilling Arbeitslosenunterstützung, Frauen sogar weniger als 4.200 Schilling. Ein Viertel der als arbeitslos gemeldeten Personen bekam überhaupt keine Unterstützung. (Die Daten beziehen sich auf das Jahr 1987.)

Mehr als die Hälfte der Arbeitslosen verließ ihren letzten Arbeitsplatz nicht freiwillig. Jede(r) Dritte verlor den Job, weil der Betrieb in wirtschaftliche Schwierigkeiten geraten war. Jede(r) Zweite, weil das Arbeitsverhältnis befristet war. Der häufigste Grund der Selbstkündigung waren Kinderbetreuungspflichten und Krankheit. Die, die am häufigsten gekündigt haben, waren junge Männer und taten das, weil sie sich schlecht bezahlt fühlten oder zu wenig Aufstiegschancen hatten; an sich jene Haltung an Professionalität, die heutzutage von "modernen" Arbeitskräften gefordert wird.

Arbeitslose weisen oftmals Merkmale auf, die sie von jenen unterscheiden, die zeitweise beschäftigt bleiben oder nur kurzzeitig arbeitslos sind. Es finden sich aber keine Belege dafür, daß ihnen diese spezifischen Merkmale im Sinne persönlicher Schuld vorwerfbar sind, wie das im Rahmen der "Sozialschmarotzerdebatte" immer wieder geschehen ist. Alter, Geschlecht, Wohnort, erlernter Beruf bzw. Ausbildung, Arbeitsplatz in einer bestimmten Firma etc. sind wohl alles Faktoren, die Arbeitslose von Nichtarbeitslosen unterscheiden. Jemand dafür verantwortlich zu machen, daß er in Gmünd geboren sei und nicht im Bezirk Mödling (wo Arbeitskräfte in höherem Umfang gesucht werden), oder daß er einen Metallberuf im Raum Neunkirchen erlernt habe, aber in den Fünfzigerjahren hätte wissen müssen, daß er damit in den Achtzigerjahren aufs Abstellgleis käme, ist lächerlich.

Obendrein ist bei dem zur Zeit noch immer feststellbaren Überhang von Arbeitslosen ganz klar, daß bestimmte Personen keine Arbeitsplätze finden können. Es gibt ein Spiel, das für ZuschauerInnen und MitspielerInnen seine Spannung daraus zieht, daß grundsätzlich ein Sessel weniger zur Verfügung steht als MitspielerInnen vorhanden sind. Alle SpielerInnen gehen zur Musik im Kreis um die Sessel. Beim Aufhören der Musik müssen alle versuchen, auf den Sesseln zu sitzen. Der, der keinen freien Sessel mehr findet, hat verloren. Das Spiel wird solange gespielt, bis nur mehr zwei Personen um einen Sessel konkurrieren. In jeder Rund muß daher eine(r) ausscheiden. Etwas langsamere, weniger brutale VerdrängerInnen, jene, die beim Aussetzen der Musik nicht gerade vor einem Sessel stehen, sondern einen etwas weiteren Weg zum nächsten Sessel haben, scheiden aus. Aber selbst, wenn bei 10 Stühlen 11 gleich schnelle, gleich rücksichtslose etc. miteinander konkurrieren, können nur 10 Personen einen Sessel finden. Die solidarische Variante - 11 rücken auf 10 Sessel zusammen - widerspricht den Spielregeln.

Für den Arbeitsmarkt heißt das, bei rund 3 Millionen Anbietern von Arbeitskraft und nur 2,85 Millionen verfügbaren Arbeitsplätzen stünden auch dann, wenn alle gleich gut und alle im höchsten Umfang geographisch und beruflich flexibel wären, 150.000 ohne Arbeitsplatz da.

Interessant wird es dort, wo das Stellenangebot tatsächlich über der Zahl der Vorgemerkten liegt oder ihr entspricht und die offenen Stellen weiter unbesetzt bleiben. In den Fällen eines Arbeitskräfteüberangebotes werden durch die Maßnahmen der AMV lediglich die Chancen, die Arbeitslosigkeit zu beenden, auf einem numerisch stabilen Arbeitsmarkt im Sinne eines Nullsummenspieles umverteilt.

"Die wollen ja alle nicht arbeiten". Die große Mehrheit der Befragten war bereit, für eine neue Anstellung Zugeständnisse irgendwelcher Art zu machen. Die Ausdehnung dieser Zugeständnisse ist abhängig vom Alter, von der Qualifikation, von den familiären Pflichten und von der Dauer der Arbeitslosigkeit. Jugendliche und Personen, die zuletzt eher wenig verdient haben, können kaum mehr Abstriche bei der Lohnhöhe machen und sind daher in diesem Bereich zu wenig Konzessionen bereit. AbsolventInnen höherer Schulen zum Beispiel nehmen durchaus schlechtere Bezahlung in Kauf. Ältere ArbeitnehmerInnen sind verständlicherweise kaum mehr zu schwerer und gefährlicher Arbeit bereit. Frauen mit Kindern können keine langen Anfahrtswege, keine familienfeindlichen Arbeitszeiten akzeptieren, sie nehmen aber durchaus befristete und schlecht bezahlte Arbeiten an. Langzeit- und Mehrfacharbeitslose stellen die gerinsten Ansprüche, sie sind am weitestgehenden bereit, auch zu ungünstigen Bedingungen ihre Arbeitskraft zu verkaufen. Mehr als die Hälfte der Befragten ist bereit, auch über größere Strecken zu pendeln, auch wenn oftmals zu fragen ist, ob die Lohnhöhe diese langen Wegzeiten überhaupt rechtfertigen kann. Es sind eher die Arbeitgeber, die diese Bereitschaft blockieren. Sie ziehen ArbeitnehmerInnen aus der unmittelbaren Umgebung vor und gleichen den besonderen Einsatz der Pendler selten mit höheren Löhnen, Fahrtkostenzuschüssen oder Trennungszulagen aus.

Vielfach dient als Erklärung für Arbeitslosigkeit die schlechte oder zu geringe Ausbildung der Arbeitskräfte. Die Studie trifft dazu eindeutige Aussagen. Höher Qualifizierte haben in Niederösterreich ähnliche Schwierigkeiten eine Stelle zu finden wie Schulabbrecher. Es sei denn, sie geben sich mit einer Beschäftigung weit unter ihrem Ausbildungsniveau (wobei ihnen das ab einem bestimmten Bildungsniveau kaum mehr zugemutet wird) zufrieden. Die besten Chancen, bei Arbeitslosigkeit rasch wieder am Arbeitsmarkt unterzukommen, haben Personen mit Hauptschulbildung ohne besondere berufliche Qualifikation.

Damit erscheint der FacharbeiterInnenmangel primär als Mangel an SpezialistInnen auf geringem Ausbildungsniveau. Auf deren Mitarbeit kann bei Änderung der Produktionstechniken leicht verzichtet werden. Sie werden durch neue ebenfalls wieder anglernte Spezialfachkräfte ersetzt, sofern die Kosten dafür auf die AMV abgewälzt werden können. Jene AMV, die natürlich auch zum Vorteil der Arbeitskräfte aber ebenso auch zum Vorteil der Betriebe versucht, diese Fachkräfte (durch Ausbildung und Vermittlung - dafür zahlen die Betriebe ja auch rund die Hälfte der Ausgaben der AMV) aufzutreiben. Letztlich ist es das alte, aber noch immer rentable Spiel der Privatisierung der Gewinne und der Sozialisierung der Kosten. Was getan werden kann, um diese unerwünschten Effekte zu minimieren, ist, verstärkt Arbeitsmarktausbildungsmaßnahmen zu setzen, die den TeilnehmerInnen ermöglichen, Wissen, Fertigkeiten und Fähigkeiten zu erwerben, mit denen sie für mehr als einen Betrieb interessant sind und die ihnen auch als Menschen (und nicht nur als Arbeitskräfte) Vorteile bringen. Daß sich solche Ausbildungsinhalte von Unternehmerseite den Vorwurf der Verschwendung von Geld und Zeit gefallen lassen müssen, zeigt den kurzsichtigen Interessensstandpunkt derer, die derartigen "Luxus" monieren.

Auch das steigende Angebot an offenen Stellen wurde durch diese Studie relativiert. Unzweifelhaft ist das Angebot an offenen Stellen gestiegen. Vielfach handelt es sich jedoch um prekäre Arbeiten wie Aushilfsjobs, befristete Stellen etc. Die Annahme solcher Jobs bewirkt oftmals die berühmte Abwärtskarriere. Wer solche Arbeitsplätze annimmt, ist über kurz oder lang wieder arbeitslos. Aufgrund der geringen Löhne für diese Stellen allerdings zu weitaus schlechteren Bedingungen. Wer solche Arbeitsplätze nicht annimmt - sofern sie sich nicht unter den Kollektivvertragsnormen befinden - riskiert die Sperre des Arbeitslosengeldes.

Diese Studie brachte auch das Dilemma einer an Anpassung orientierten AMV klar zu tage. Abseits der durch menschliche Unzulänglichkeiten hervorgebrachten Mißstimmigkeiten zwischen Kunden und MitarbeiterInnen der AMV (die "Beliebtheitswerte" der AMV liegen, gemessen an ihrem Einsatzfeld und den Rahmenbedingungen ihrer Arbeit, enorm hoch: 90 % der Befragten wurden nach ihrer Ansicht "freundlich und sachlich höflich" behandelt; 60 % hatten anzumerken, daß die BeamtInnen sich mit ihnen Mühe gaben) stehen strukturelle Probleme als Verursacher der im eigentlichen Sinn relevanten Probleme.

Eine AMV, die stets dem Stellenangebot hinterherläuft, bildet - ohne es auch subjektiv zu wollen - die bestehenden Ungleichgewichte des Arbeitsmarktes ab.

In Zeiten eines Überangebotes von Arbeitskräften sind die Anbieter der knappen Arbeitsplätze in der stärkeren Position. Die gutgemeinten

Versuche der AMV-MitarbeiterInnen, DienstgeberInnen von allzu überzogenen Ansprüchen abzubringen, sind in den meisten Fällen zum Scheitern verurteilt. Warum sollte der auch nachgeben, der abwarten kann, ob der Arbeitsmarktmärchenprinz nicht doch noch seinen Weg in seinen Betrieb finden werde. Für ihn kann auch der Umweg über die öffentliche Meinung eine durchaus sinnvolle Marktstrategie zur Aushöhlung der Verhandlungsmacht seiner Verhandlungspartner auf den Arbeitsmärkten (Stärke der Gewerkschaften, Höhe und Anspruchsvoraussetzungen für Ersatzleistungen bei Arbeitslosigkeit etc.) sein.

Auch fallen volkswirtschaftliche Rationalität und einzelbetriebliche Interessen nicht automatisch zusammen. Ein deutliches Beispiel dafür bildet der Lehrausbildungsbereich. Die Betriebe haben in den letzten Jahren weniger Lehrlinge ausgebildet, gleichzeitig aber den Mangel an FacharbeiterInnen beklagt. Unlogisch in Summe, individuell aber doch verstehbar rational. Warum soll gerade der Betrieb A die Ausbildungskosten in Kauf nehmen, wenn er hoffen darf, daß andere Betriebe und /oder die AMV diese Kosten ohnehin übernehmen und er sich die fertig ausgebildeten FacharbeiterInnen am Arbeitsmarkt günstig kaufen kann. Ein individuell durchaus probates Mittel, solange es nicht zu viele gleichzeitig anwenden. Das gilt mutatis mutandis auch für das Warten auf den Arbeitsmarktmärchenprinzen. Eine Arbeitskraft, die genau den betrieblichen Anforderungen entspricht und auch wenig kostet. Vor dem Hintergrund der nach wie vor hohen Arbeitslosigkeit neigen viele Dienstgeber noch immer zu der kurzschlüssigen Meinung, daß wenn sie nur lange genug warteten, ihnen dieses "Wundertier" in die Arme laufen müßte. Warum sollten sie sich daher mit den von der AMV vermittelten Arbeitskräften zufrieden geben, wenn sie sie nicht so dringend brauchen und mit etwas zuwarten Geld sparen könnten. Daß diese Rechnung allerdings nicht aufgeht, wird von ihnen erst sehr langsam erkannt.

In diesem Spannungsfeld versucht sich die AMV durch Qualifizierung und Vorauslese der Stellenbewerber der Wirtschaft gegenüber zu rechtfertigen und jenen Leistungsnachweis zu erbringen, der für die Finanzierung ihrer Aktivitäten notwendig ist. Erschwerend wirkt, daß gerade in Zeiten eines flagranten Arbeitskräfteüberangebotes die Vermittlung durch die Arbeitsämter für die Betriebe immer verzichtbarer wird.

Wegen der relativ geringen Einschaltquote der AMV (zur Zeit kommen rund 20 % aller Arbeitsaufnahmen in Österreich durch Einschaltung der AMV zustande), versucht die AMV ihr Image gegenüber den Betrieben mit allen Mitteln zu verbessern und das Arbeitsmarktservice als ein Rekrutierungsmedium darzustellen, das allen anderen Rekrutierungskanälen überlegen ist. Das nicht zuletzt, um dem anderen Teil ihrer Kunden, den Arbeitslosen, interessante Arbeitsangebote unterbreiten zu können. Diese "guten Stellen" werden der

AMV aber nur dann angeboten, wenn die Unternehmen daran glauben, daß die AMV sie auch mit entsprechend guten Leuten abdecken kann. Gleiches gilt auch für die Arbeitskräfte, die sich nur dann über die AMV anbieten, wenn sie die Hoffnung haben, über die AMV zu guten Stellen zu kommen.

Zu diesem Thema schreiben die AutorInnen der Studie:
"Um diese Stellenbekanntgabe durchzusetzen, müssen die Arbeitsämter arbeitsfähige und arbeitswillige Bewerber aufzuweisen haben. Um diesen Aufweis erbringen zu können, dürfen nicht Problemfälle zu den Betrieben geschickt werden, also dürfen nicht die Förderungsbedürftigen gefördert werden, zumindest nicht für den heiklen primären Arbeitsmarkt. Die Arbeitsämter brauchen vielmehr Prachtexemplare von jungen, gesunden, geeignet qualifizierten männlichen Arbeitssuchenden (die eine Beratung und Vermittlung durch das Arbeitsamt gar nicht so sehr benötigen). Dieses Dilemma zwischen Effizienz und sozialem Auftrag war dem Arbeitsamt dank seiner Doppelfunktion immer immanent. Die Strukturalisierung der Arbeitslosigkeit hat dies nur verstärkt. Bei geringerer Arbeitslosenzahl und geringerer Selektivität der Arbeitgeber konnte man Betrieben auch hin und wieder Problemfälle anbieten oder eine weibliche Facharbeiterin in einen Männerbetrieb schleusen. Der Substitionsspielraum war größer, bei Alter und Qualifikation wurden von Arbeitgeberseite her Konzessionen gemacht ... Jene Gruppen, die leicht und rasch vermittelt werden können, bereiten dem Arbeitsamtsbeamten begreiflicherweise ein Erfolgserlebnis und wirken sich positiv auf die Statistik aus. So poliert die AMV an ihrem Image, um ihre Daseinsberechtigung zu bekunden; ihre eigentliche Aufgabe, die Förderung der Schwachen kann sie nicht erfüllen, da dies gegen die Interessen der Arbeitgeber geht und es außerdem an Personalkapazität mangelt."[5]

Experimentelle Arbeitsmarktpolitik - Keine Lösung aller Probleme, aber ein tauglicher Versuch zu helfen

Gerade die Maßnahmen der experimentellen Arbeitsmarktpolitik (Aktion 8000, sozialökonomische Selbsthilfeeinrichtungen, selbstverwaltete Betriebe, Beratungs- und Betreuungseinrichtungen) sind eine Antwort auf die Probleme in dem Spannungsfeld zwischen Anpassung an Arbeitsmarktgegebenheiten und neuen Wegen zu neuen Arbeitsplätzen. Diese Maßnahmen sind nicht ausschließlich an den vorhandenen oder von der Wirtschaft projektierten Arbeitsplätzen orientiert, bereiten im Ergebnis aber Arbeitskräfte auch auf diese Arbeitsplätze vor.

Für ihre Einführung, ihren Ausbau[6] und ihre Weiterentwicklung waren folgende Bedingungen und Überlegungen maßgebend:

Die neuen Techniken in allen Wirtschaftsbereichen, deren Einsatz Voraussetzung für Konkurrenzfähigkeit und damit für wirtschaftlichen

Erfolg ist, stellen nicht nur neue, sondern auch höhere Anforderungen an die ArbeitnehmerInnen. Anforderungen im Bereich des technischen Wissens, das immer rascher veraltet, der psychischen Belastungsfähigkeit, der Anpassungsfähigkeit an sich rasch ändernde Bedingungen im Hinblick auf Arbeitsinhalte, Arbeitsort, Arbeitszeiten etc. Es muß nicht nur mehr gewußt, immer öfter umgelernt werden, sondern es werden auch zunehmend mehr Indikatorvariablen (zum Beispiel Schulzeugnisse als Hinweis auf Arbeitsmotivation und Leistungsfähigkeit), die auf die Disposition für diese Fähigkeit schließen lassen (mit aller Problematik solcher Schlüsse) wichtig. Das Überangebot an Arbeitskräften hat auch zu einem verstärkten Selektionsdruck auf die Arbeitnehmer geführt. Die funktionalen Anforderungen wurden in weitaus höherem Maß gesteigert, als es von den Erfordernissen des Arbeitsplatzes notwendig wäre, und Kriterien wie Elternhaus, Geschlecht, Aussehen, etc. die für die meisten Arbeiten eher unwesentlich - extrafunktional - sind, in verstärktem Maß eingeführt.

Das hat gemeinsam mit dem relativ hohen numerischen Arbeitsplatzdefizit zu einer deutlichen Segmentationstendenz des Arbeitsmarktes geführt. Sehr deutlich zeigt sich das Vorhandensein eines primären Arbeitsmarktes. Dieser Arbeitsmarkt funktioniert zu einem beträchtlichen Teil auch ohne Einschaltung der Arbeitsmarktverwaltung.

Dem gegenüber bildet sich ein immer deutlicherer Sockel an Personen heraus, die auf Grund biographischer Defizite, ihres Geschlechtes und der darauf beruhenden sozialisationsbedingten und enkulturativen Defiziten, ihrer regionalen Zugehörigkeit, fehlender Berufsausbildung und/oder Qualifikation auch in der Zeit eines (mäßigen) konjunkturellen Aufschwunges nicht bzw. nicht wieder am Arbeitsmarkt Fuß fassen können: Frauen, ältere ArbeitnehmerInnen, jüngere, sozial weniger angepaßte Menschen (wobei sehr fraglich ist, wer das zu beurteilen hat), Personen ohne aktuell umsetzbare Ausbildung, Personen bei denen der Verdacht besteht, daß sie zu wenig wissen, zu wenig belastbar sind, die zu wenig flexibel erscheinen. Dieser Gruppe, die in hohem Maße am Arbeitsamt präsent ist, muß zur Zeit die verstärkte Aufmerksamkeit der AVM gelten.

Unter dem Aspekt der Anpassung der Arbeitskräfte an die angebotenen Arbeitsplätze hält die Arbeitsmarktverwaltung seit Jahren zur Lösung dieser Anpassungsschwierigkeiten eine große Palette von Maßnahmen bereit. Das reicht von der Vermittlung über die Berufsberatung bis zum von der AMV finanzierten Besuch von Ausbildungsveranstalten (Kurse, Schulungen in Betrieben) und Beihilfen an Dienstgeber, wenn sie "problematische" Personen einstellen. Diese Maßnahmen sind primär an der Beseitigung sachlich-qualifikatorischer Defizite orientiert.

Trotz dieses breiten Angebots kann nicht allen Betroffenen geholfen werden. Viele erhalten auf Grund der oben genannten Kriterien keine

Chance auf dem regulären Arbeitsmarkt. Auch dann nicht, wenn die AMV durch vorangehende Qualifizierung und begleitende Einstellungsbeihilfen das Risiko für die DienstgeberInnen deutlich senkt. Sehr oft sind es extrafunktionale Kriterien oder Kriterien im Vorfeld der Arbeitsfähigkeit, die die Integration ins klassische Erwerbsleben verhindern und nicht alle, die keine Arbeit finden, haben die falsche oder keine Ausbildung. Bei einigen Arbeitssuchenden beeinträchtigen persönliche Probleme (Alkohol, Drogen, Resignation, mangelndes Selbstbewußtsein, Schulden etc.) die Versuche, in der Arbeitswelt Fuß zu fassen. Hier zu helfen ist nicht in allen Fällen Aufgabe der AMV. Allerdings ist es für die Arbeitsmarktverwaltung wesentlich, daß diese Probleme gelöst werden, da andernfalls alle weiterführenden Aktivitäten der AMV wie Berufsberatung, Vermittlung etc. unwirksam bleiben.

Diese Personen resignierend ihrem Schicksal zu überlassen, ist für die Volkswirtschaft langfristig die teuerste Variante und eine moralisch völlig inakzeptable Maßnahme, die auch allen Grundsätzen eines aufgeklärten Sozialstaates Hohn spricht.

Angesichts des in den letzten Jahren dominierenden Problems des quantitativen Arbeitsplatzdefizites und der rapid angewachsenen Gruppe von Personen, die wegen ihrer psychosozialen Probleme in dieser Arbeitsmarktlage so gut wie keine Chance auf einen Arbeitsplatz hatten, war die Ausweitung des Arbeitsplatzangebotes in Form von Transitarbeitsplätzen ein wichtiger Beitrag zur Lösung von Arbeitsmarktproblemen dieser Gruppe.

Diese Maßnahmen (Projekte) hatten zum einen die Aufgabe, die Arbeitsmöglichkeiten für jene Personen zu schaffen, die auf Grund des quantitativen Arbeitsplatzdefizits keine Chance mehr hatten zu arbeiten. Hier sollte Langzeitarbeitslosigkeit verhindert, zumindest aber unterbrochen werden. Zum zweiten soll Personen mit psychosozialen Defiziten durch das Training arbeitskultureller Grundfertigkeiten - zum Beispiel Pünktlichkeit, Beständigkeit bei der Arbeit, Verläßlichkeit, Arbeitseinsatz - der (Wieder)Zugang zum Arbeitsmarkt eröffnet werden.

Die Verbesserung der fachlichen Qualifikation trat dem gegenüber (ausgenommen Sonderprojekte wie UmweltberaterInnen, LandschaftsgärtnerInnen, Erzählte Lebensgeschichte etc.) eher in den Hintergrund bzw. wurde aus den Projekten herausgehalten und im Rahmen nachfolgender Individualmaßnahmen erledigt. Angesichts der oben genannten Probleme war schon die Schaffung zusätzlicher Trainings- und Transitarbeitsplätze allein ein bemerkenswerter Beitrag.

Durch die Verringerung quantitativer Arbeitsmarktprobleme gewinnen die immer deutlicher zutage tretenden beruflichen, qualifikatorischen und regionalen Diskrepanzen an Gewicht. Damit wird auch die berufliche und qualifikatorische Aus- und Weiterbildung neben den bisherigen Aufgaben immer bedeutsamer.

Das heißt allerdings nicht, daß alle Ausbildungs- und Weiterbildungsmaßnahmen innerhalb der Projekte abgewickelt werden. Die Verwendung der vorhandenen Schulungs- und Kurskapazitäten im Kursangebot der AMV und der beruflichen Erwachsenenbildung, aber auch von Betrieben, ist einerseits aus fachlichen (Ausbildungs-know-how), andererseits aus Kostengründen (nicht neue, nur selten genutzte Ausbildungskapazitäten schaffen, sondern bestehende Einrichtungen mitbenutzen) angezeigt.

In diesem Sinne lassen sich analytisch vier Projekttypen unterscheiden, die aber in der Praxis ineinandergreifen sollten.

Arbeitsplatzbeschaffungsmaßnahmen mit additiver Qualifizierung. Aus- und Weiterbildung, soweit sie über die Vermittlung arbeitskultureller Grundfertigkeiten hinausreicht, ist hier eher eine individuelle Lösung, die innerhalb oder außerhalb des Projektes als zusätzliche Maßnahme umgesetzt wird.

Einfache Qualifizierungsmaßnahmen, die neben der Bereitstellung von Arbeitsplätzen und der Qualifizierung im Hinblick auf arbeitskulturelle Grundfertigkeiten auf ganz spezifische Ausbildungsschwerpunkte in bestimmten Branchen und Berufen setzen, wobei diese Ausbildungsmaßnahmen eher unter dem FacharbeiterInnenniveau bleiben.

Projekte mit berufsausbildungsähnlichen bzw. mit regulären Berufsausbildungsmaßnahmen. Sie sind Arbeitsbeschaffungsmaßnahmen mit einer klaren Orientierung auf Berufsausbildung (Lehrabschluß) hin, bei denen die konkrete Arbeit primär Vehikel für die Ausbildung bzw. für die psycho-pädagogische Vorbereitung darauf ist, und die der Mitfinanzierung der Maßnahme (Eigenerwirtschaftung) dient.

Schon bisher eingesetzte Beratungs- und Betreuungsprojekte wie Frauenzentren, betreute Wohnheime etc., können auch zur Betreuung von Projektteilnehmern der vorher angeführten Projekttypen eingesetzt werden.

Dabei müssen die einzelnen Komponenten dieser Projekte wie Motivation, Stabilisierung der Persönlichkeit, Weckung und Hebung der Lernbereitschaft, Berufsorientierung und Berufsfindung, berufsbezogene fachlich theoretische Ausbildung und berufliche Praxis den individuellen Problemlagen der verschiedenen TeilnehmerInnen angemessen gestaltet werden.

Die arbeitsmarktpolitische Sinnhaftigkeit dieser Anstrengungen braucht an dieser Stelle nicht mehr betont zu werden. Hinzuweisen ist aber noch auf die fiskalischen Vorteile dieser Förderungsmaßnahmen für die öffentlichen Kassen.[7]

Dieses auf den ersten Blick erstaunliche Ergebnis wird bei näherer Betrachtung verständlich. Zielgruppe von Förderungsmaßnahmen wie der Aktion 8000 sind vorwiegend Langzeitarbeitslose. Sie hätten im Fall der Nichtförderung in der Regel Anspruch auf Leistungen nach dem Arbeitslosenversicherungsgesetz. Das mit Hilfe der Förderung entstehende Dienstverhältnis erspart der öffentlichen Hand die Zahlung dieser Leistungen. Gefördert wird überwiegend nur ein Teil der Kosten des Dienstverhältnisses. Bei rund drei Viertel der Maßnahmen beträgt diese Förderquote maximal 66 %. Der Rest der Gehaltskosten wird von dritter Seite finanziert.

Förderquoten unter 50 % "rechnen" sich für die öffentliche Hand auf jeden Fall. Die durch das Dienstverhältnis anfallenden Steuern, Abgaben etc., die für Fiskus, Sozialversicherung und Parafiski Einnahmen darstellen, sind in jedem Fall höher als der von der AMV getätigte finanzielle Aufwand für die Förderung. Bei einem Monatsbruttolohn von öS 12.000,- und der Annahme, daß die Person für die diese Förderung gewährt wurde, andernfalls drei Monate länger arbeitslos geblieben wäre (was eine sehr optimistische Schätzung darstellt), bringt das den öffentlichen Kassen (zu Lasten der AMV) einen Ertrag von öS 4.968,- p.a. Bei der Annahme von 12 Monaten Arbeitslosigkeit beliefe sich der Gewinn der öffentlichen Hand auf öS 63.000,- p.a. Bei der Förderung von 100 % der Lohnkosten eines Dienstverhältnisses mit 12.000,- und unter der Annahme von "ersparten" Notstandshilfezahlungen eines Jahres entstehen der öffentlichen Hand Kosten in der Höhe von lediglich öS 41.030,- p.a. Diesen Betrag kostet es, eine gesellschaftlich sinnvolle Tätigkeit zu finanzieren, die anständig entlohnt wird und die zur Beseitigung von menschlichem Leid ebenso beiträgt wie zur Verbesserung der wirtschaftlichen Kraft dieses Landes.

Die Zukunft der Arbeitsmarktpolitik - ohne adäquate Organisation keine Erfolge

Vor dem Hintergrund des oben gezeichneten Arbeitsmarktszenarios stellt sich die Frage nach den Umrissen einer Arbeitsmarktpolitik, die in der Lage ist mit diesen Problemen fertig zu werden.

Mit in Betracht zu ziehen sind die wirtschaftlichen Folgen der politischen Entwicklung in den Staaten des ehemaligen Ostblocks und in Jugoslawien. Die Notwendigkeit die Wirtschaft dieser Länder effizienter zu gestalten und ihre Produktivität zu erhöhen, wird zumindest zur zeitweisen Freisetzung von mehreren Millionen Arbeitskräften führen. Für diese Menschen aber auch für viele der in Beschäftigung verbleibenden wird Österreich als Arbeitsort hohe Attraktivität entfalten. Auf Grund des geringen Lebensstandards wird selbst das Lohnniveau in Niedriglohnbereichen für diese Personen anziehend wirken, sodaß eine starke Druckwirkung auf den österreichischen Arbeitsmarkt zu erwarten ist. Dem kommt von seiten der österreichischen Wirtschaft und auch privater Haushalte ein relativ hohes Interesse an billigen Arbeitskräften entgegen. Manche Äußerungen der letzten Zeit, die von der Anbindung an alte Traditionen zwischen den "Kronländern" und

Österreich reden, meinen wohl weniger Semmelweis, Kafka oder Kepler, sondern lassen Anklänge an das billige "böhmische Dienstmädchen" oder die Ziegelarbeiter im Wien der Gründerzeit vermuten, die aus allen Ländern der Monarchie kommend für wenig Geld den Reichtum der Wiener Bürger vermehrt haben.

Eine weitgehende Liberalisierung des Wirtschaftslebens im "Osten" verbunden mit einem geringen Lohnniveau wird vor allem für Betriebe, die auf Grund unattraktiver Arbeitsplatzangebote (Lohn, Arbeitszeit, Betriebsklima etc.) nur schwer Arbeitskräfte finden, eine nicht unbeträchtliche Anziehungskraft zur Verlagerung ihrer Produktion hinter den ehemaligen Eisernen Vorhang ausüben. Ähnliches wird für internationale Betriebsansiedelungen gelten, die Österreich bisher als günstigen Vorposten für "Ostgeschäfte" verwendet haben, nunmehr aber gleich zum Schmied anstatt zum Schmiedl gehen werden.

Auch diese Entwicklungen werden weitere Herausforderungen für die Arbeitsmarktpolitik darstellen, die in diesen Bereichen vorerst zu einer vernünftigen und handhabbaren Regelung der Ausländerbeschäftigung finden muß.

Grundsätzlich wird eine aktzeptable Arbeitsmarktpolitik von der Berücksichtigung zweier Komponenten ausgehen müssen.

Eine Arbeitsmarktpolitik, die die Probleme der Unternehmen unberücksichtigt läßt, wird sich von den Betrieben die Frage gefallen lassen müssen, warum sie denn für diese Politik zahlen sollten - die Betriebe bringen 50 % des Arbeitslosenversicherungsbeitrages auf. Der Rückgang der Geburtenzahlen, die unzureichende Lehrlingsausbildung (sie ist wohl von den einzelnen Betrieben selbst verursacht, macht sich aber dennoch als gesamtwirtschaftliches ?? [Problem ??] bemerkbar), die in den oftmals beklagten Qualifikationsdiskrepanzen und -mängeln zum Ausdruck kommt, sind Probleme, die überwunden werden müssen.

Von der anderen Seite aus gesehen, erscheint eine Arbeitsmarktpolitik, die die Lösung dieser Probleme auf dem Rücken der ArbeitnehmerInnen austragen will, die vom Ziel, alle Menschen, die es wollen, ins Erwerbsleben zu integrieren, Abstand nimmt, die den Einstieg ins Beschäftigungssystem durch Verschlechterung der Existenzsicherung bei Arbeitslosigkeit erzwingen möchte, als nicht tragbar. Es wäre auch volkswirtschaftlich gesehen, und das selbst bei nur mittelfristiger Betrachtung, ein Unfug, die Konkurrenzfähigkeit der österreichischen Wirtschaft durch niedrige Löhne sichern zu wollen. Das gilt insbesonders auch für die Variante, dem Arbeitskräftemangel in Niedriglohnbranchen durch die massive Ausweitung der AusländerInnenbeschäftigung abzuhelfen. Dadurch wird die notwendige Strukturanpassung (besonders in Krisenregionen) so lange hinausgezögert, bis sie als Katastrophe hereinbricht.

Jede Arbeitsmarktpolitik, die in diesen Spannungsfeldern erfolgreich operieren will, wird sich auch mit der Frage der Gestaltung der Arbeitsmarktverwaltung befassen müssen, jener Instanz, die diese Politik umsetzen soll. Dabei ist zu berücksichtigen, daß die Organisation, die Verwaltungsvorschriften, die in ihr gelten, die strukturelle Gliederung, die Motivation ihrer MitarbeiterInnen etc. wesentlich darüber bestimmen, welche Politik durch sie und mit ihr gemacht werden kann. Das heißt in anderen Worten, daß die Organisation der AMV an den Zielen der Arbeitsmarktpolitik ausgerichtet werden muß. Nicht zielkonforme Oranisationsregeln können die Erreichung der angestrebten Ziele der Arbeitsmarktpolitik nachdrücklich beeinträchtigen oder gar verhindern. Kameralistisch-betuliche Vorschriften, maßlose Instanzenzüge zur Absicherung aller Beteiligten und ähnliches machen ein flexibles und situationsorientiertes Verhalten der AMV gerade dem sich immer rascher wandelnden Wirtschaftsleben gegenüber unmöglich.

Die AMV, die gleichzeitig Instrument der Arbeitsmarktpolitik und auch ihr Vollzugsorgan ist, wird zur Bewältigung der Arbeitsmarktprobleme in einigen Bereichen wesentliche Reformen einleiten beziehungsweise weiterführen müssen. Von der Vielzahl an Notwendigkeiten seien nur zwei herausgegriffen.

Die Information über berufliche Möglichkeiten (im Sinne von Berufsberatung und Stellenvermittlung) ist zu verbessern. Dabei ist zu beachten, daß Berufswahleintscheidungen nicht punktuelle Vorgänge, sondern prozeßhafte Abläufe in den Lebensplänen der Menschen sind. Beispiele für derartige Schritte in die richtige Richtung sind die geplanten und teilweise schon eingeführten Berufsinformationszentren oder das vorerst nur auf einige Schulen des Weinviertels beschränkte Projekt "R 30", in dessen Rahmen der zu Eigeninitiative aktivierende Zugang in Fragen der Berufsplanung forciert wird. Dazu gehören aber auch die Verbesserung des Ausbildungsstandes der in diesen Bereichen tätigen MitarbeiterInnen. Auch in dieser Frage gibt es bereits einige sehr erfolgversprechende Überlegungen in Richtung einer mehrjährigen bedarfsgerechten Ausbildung der zukünftigen AMV-MitarbeiterInnen.

Ebenso muß die Flexibilisierung und Entbürokratisierung der Arbeitsmarktförderung weiter getrieben werden beziehungsweise müssen gegenteilige Strömungen vehement unterbunden werden. Ein kundenorientiertes und wirtschaftsnahes Dienstleistungsunternehmen, das in seinen Binnenstrukturen an die Kameralistik der Hoheitsverwaltung des späten 19. Jahrhunderts gebunden ist, kann, auch bei höchstem Einsatz aller seiner MitarbeiterInnen, den Anforderungen des Arbeitsmarktes und seiner KundInnen nicht gerecht werden.

Wenn es Aufgabe der AMV sein soll, die Nachjustierung am Arbeitsmarkt zu besorgen, rasch Ungleichgewichte zu beseitigen (wobei rasch, so Sicht der Kunden, Tage bis maximal Wochen meint), dann sind rein bürokratisch bedingte Verzögerungen von Monaten mehr als "geschäftsstörend". Derartige Verzögerungen, die von außen natürlich der AMV angelastet werden, ergeben sich zum Beispiel durch Debatten mit dem Finanzministerium über die arbeitsmarktpolitische Sinnhaftigkeit einer bestimmten Ausbildungsmaßnahme oder ob kleinen "Selbsthilfevereinen", die keine Eigenmittel haben, Geld vorschußweise angewiesen werden darf. Wenn es den MitarbeiterInnen mehr Nachteile als Vorteile bringt "Geschäfte zu machen", zum Beispiel Förderungen anzubieten, ist es nicht überraschend, wenn eine Kultur der Verwaltung von Arbeitslosigkeit entsteht. Eine Kultur in der mehr Zeit für das Entwerfen von Rechtfertigungen, warum die Kunden die "Produkte" der AMV nicht annehmen, verwendet wird als für den Verkauf dieser Produkte. Wenn anstatt der Verantwortungs- und Entscheidungsdelegation nach unten, die der Motivation der MitarbeiterInnen dienen und Entscheidungen im Interesse der KundInnen beschleunigen sollen, den Buchhaltungsvorschriften der Staatsverrechnung (die für die Abrechnung von im Bundesauftrag gebauten Amtsgebäuden oder Brücken konzipiert wurde und nicht für die Vergabe von arbeitsmarktbezogenen Förderungen) strenge Referenz erwiesen werden muß, sollte sich niemand wundern, wenn einerseits zusätzliches Personal gebraucht wird und die Motivation der MitarbeiterInnen ständig sinkt und andererseits sich nicht der erwünschte Erfolg der an sich richtig konzipierten Arbeitsmarktpolitik einstellt.

Gerade die Lösungen in diesen beiden Bereichen - Verbesserung des Arbeitsmarktservices und Flexibilisierung der Arbeitsmarktförderung - werden über die faktische Umsetzung der Arbeitsmarktpolitik entscheiden, die nicht besser sein kann als das Instrument mit dessen Hilfe sie verwirklicht werden soll. Das Gelingen dieser Bemühungen wird auch über das weitere Geschick der AMV entscheiden - keine vernünftige Gesellschaft wird sich auf Dauer eine ineffiziente "Arbeitsmarktverwaltung" leisten. Die Debatten über die Verantwortlichen als ernster Fingerzeig genommen werden. Es genügt nicht, diese Variante als politisch unerwünscht abzutun. Zur längerfristigen Absicherung einer sozial orientierten Arbeitsmarktpolitik und einer über kurzfristigen Kapitalverwertungsinteressen stehenden AMV müssen dieser AMV auch die notwendigen Voraussetzungen für ein effizientes und erfolgreiches Operieren eingeräumt beziehungsweise geschaffen werden.

Es wäre schade, wenn die Intentionen des Gesetzgebers, der mit dem Arbeitsmarktförderungsgesetz ein an sich sehr flexibles Instrument zur Beseitigung von Arbeitsmarktproblemen geschaffen hat, durch den Unverstand bürokratischer und problemferner Vorschriften konterkariert würden.

Anmerkungen

1) Gegenüber 1988 ist in Österreich die Zahl der Beschäftigten im Jahresdurchschnitt 1989 um 1,8 % oder 51.813 Personen (gegenüb4er 1987 um 76.933) auf 2.862.291 Personen gestiegen.
Die Zahl der über die AMV im Jahresdurchschnitt angebotenen offenen Stellen ist von 1988 auf 1989 um 14.415 (+ 46,2 %) auf 45.599 gestiegen. Insgesamt wurden über die österreichischen Arbeitsämter im Laufe des Jahres 1989 264.586 offene Stellen angeboten.
Die Zahl der im Jahresdurchschnitt 1989 bei den Arbeitsämtern vorgemerkten Personen betrug 149.177. Das ist um 9.454 weniger als 1988 (- 6 %) und um 15.291 weniger als 1987. Im Jahr 1989 waren allerdings 496.401 Fälle, in denen Menschen arbeitslos wurden, zu verzeichnen. Man vergleiche diese Ziffer, die die Betroffenheit von Arbeitslosigkeit wiedergibt, mit der Zahl der im Jahresdurchschnitt Arbeitslosen, die eine statistische Aggregation darstellt. Mit vernachlässigbarer Ungenauigkeit (nicht jeder Fall darf als Person gezählt werden, da bei Mehrfacharbeitslosigkeit - sofern zwischen den einzelnen Episoden mehr als 28 Tage liegen - die Fälle als verschiedene gezählt werden und so die Gleichung, jeder Fall sei eine andere Person, nicht ganz aufgeht) darf aber gesagt werden, daß knapp eine halbe Million ÖsterreicherInnen im Jahr 1989 unterschiedlich lange Erfahrungen mit Arbeitslosigkeit gemacht haben.
In Niederösterreich hat sich die Zahl der Arbeitsplätze von September 1988 auf 1989 um 12.068 (+ 2,8 %) auf 450.738 erhöht. Die Zahl der über die AMV angebotenen offenen Stellen hat sich im Jahresdurchschnitt von 1988 auf 1989 um 2.615 (+ 57,3 %) auf 7.178 erhöht. Im Laufe des Jahres 1989 wurden insgesamt 35.859 offene Stellen angeboten. Die Zahl der Arbeitslosen ist zwischen 1988 und 1989 im Jahresdurchschnitt um 2.354 (- 9,4 %) auf 22.732 zurückgegangen.
2) Die Presse vom 21./22. Oktober 1989, S. 1.
3) Lechner, Löffler, Reiter, Wagner: Vom Arbeitsmarkt gefordert; Regensburg, Transfer-Verlag 1988, S. 7 ff.
Thurow, Lester C.; Generating Inequalitiy. Mechanisms of Distribution in the U.S. Economy; New York, Basic Books 1975.
Wagner, Michael; Umverteilung und Lohnstruktur; Frankfurt, Campus 1981.
4) Im Frühjahr 1988 wurden an rund 5.300 (at random aus den bei den niederösterreichischen Arbeitsämtern vorgemerkten Arbeitslosen mit österreichischer Staatsbürgerschaft gezogen) Personen Fragebögen versendet. Rund 1.500 auswertbare Fragebögen kamen zurück.
Dieses Sample stimmt in seinen wesentlichsten Parametern im Bereich der Sozialdaten, der Ausbildung, der Qualifikation, der Vormerkdauer etc. mit der Grundgesamtheit aller in Niederösterreich bei den Arbeitsämtern vorgemerkten Personen überein.

5) Monika Pelz et al.; Studie "Arbeitslos in Niederösterreich", herausgegeben vom Verein zur Erforschung von Arbeitslosigkeit, 1988, S. 9 ff (erhältlich beim Landesarbeitsamt Niederösterreich, Abteilung IIIb - 1013 Wien, Hohenstaufengasse 2).

6) Im Bereich des Landesarbeitsamtes Niederösterreich wird die Zahl der Förderfälle im Rahmen der Aktion 8000, die 1988 rund 550 betrug, im Jahr 1989 auf knapp 1.200 Personen gesteigert werden - davon sind rund 47 % Frauen. Die Zahl der länger als 6 Monate vorgemerkten Arbeitslosen belief sich im Jahresdurchschnitt 1989 auf 6.445. Ihre Zahl konnte durch die Maßnahmen der experimentellen Arbeitsmarktpolitik gegenüber 1988 um rund 10 % verringert werden.

7) Interne Berechnungen des LAA NÖ/Abteilung IIIb auf Basis der seit 1987 bis Sommer 1989 abgewickelten Förderungen im Rahmen der Aktion 8000 - durchgeführt von Herrn Mag. Riedl.

Karl Wörister

ZUM STAND DER REFORMDISKUSSION UND DER FINANZIERUNG DER ALTERSSICHERUNG

Im Vorjahr wurde das hundertjährige Bestehen der Sozialversicherung gefeiert. Das bestehende System ist das Ergebnis eines schrittweisen Ausbaus, in dessen Rahmen immer mehr Gruppen von Erwerbstätigen einbezogen wurden. Oft wurden dabei spezielle Regelungen für die neu eintretenden Gruppen geschaffen, die bis jetzt erhalten sind und die unterschiedlichen Formen der Alterssicherung bestimmen.

Nachdem schon sehr früh für Beamte Pensionsregelungen geschaffen wurden, erhielten 1906 die Angestellten eine reguläre öffentliche Altersversorgung. Erst drei Jahrzehnte später wurden auch die Arbeiter während der nationalsozialistischen Herrschaft in das System einbezogen. Nach weiteren zwei Jahrzehnten (1956) wurde dann das Allgemeine Sozialversicherungsgesetz geschaffen, womit sich erst ein relativ umfassendes eigenständiges österreichisches System der Alterssicherung entwickelte. In diesem Gesetzeswerk wurden die Pensionen der Arbeitnehmer - mit Ausnahme der Beamten - einheitlich geregelt. Die ständische Gliederung blieb jedoch auf organisatorischer Ebene erhalten und bestimmte auch den weiteren Ausbau des Systems. Noch in den Fünfzigerjahren wurde mit dem Aufbau einer Altersversorgung für Gewerbetreibende und Bauern begonnen; diese wurde dann in den Siebzigerjahren weiterentwickelt und um Altersversorgungsregelungen für verschiedene Gruppen von Freiberuflern ausgeweitet. In den Achtzigerjahren wurden die Systeme innerhalb der Pensionsversicherung weitgehend vereinheitlicht (Ausnahme: Notarversicherung). Zwischen Pensionsversicherung und Beamtenversorgung kam es allerdings zu einer Auseinanderentwicklung. Auf organisatorischer - aber auch legistischer - Ebene blieb die ständische Gliederung bis jetzt erhalten. Es gibt sieben Pensionsversicherungsträger und fünf Pensionsversicherungsgesetze sowie viele gleichwertige Träger und Gesetze im staatlichen Bereich.

Zu erwähnen wäre noch, daß seit 1968 auch Familienangehörigen von Dienstgebern die Möglichkeit geboten wird, als Dienstnehmer im Familienbetrieb in die Sozialversicherung einbezogen zu werden (als Arbeitnehmer im ASVG). Es können nun fast alle Erwerbstätigen im Alter und bei Invalidität mit einer eigenen Pension rechnen.

Vielfalt der Leistungen

Witwen und Witwer erhalten Pensionen, unabhängig davon, ob sie eigene Versorgungsansprüche erworben haben, Waisen werden über Hinterbliebenenpensionen versorgt. Immer mehr Personen, derzeit schon bei 200.000, beziehen sogar zugleich eine Eigen- und Hinterbliebenenpension.

Kriegsopfer und deren Hinterbliebene haben teilweise oder zur Gänze eine Altersversorgung über eine Kriegsopferrente. Ca. 30.000 Alte und Invalide beziehen eine Dauerleistung von der Sozialhilfe zumeist in der Höhe des Richtsatzes für die Ausgleichszulage. Diese Leistung wird erst nach einer Bedürftigkeitsprüfung gewährt.

Vermutlich ca. 100.000 Menschen werden im Alter und bei Invalidität von Familienangehörigen (zumeist vom Ehepartner) versorgt. Eine weitere Gruppe alter Menschen ist wegen ihrer niedrigen Pensionen zumindest teilweise auf den Unterhalt durch Familienangehörige, aus dem Ausgedinge bei landwirtschaftlichen Betrieben oder durch den geschiedenen Partner angewiesen.

Etwa jede/r siebte Pensionist/in erhält die Pension aus der Beamtenversorgung - entweder vom Bund, einem Land, einer Gemeinde, der Bahn oder Post. Rechtsanwälte und Zivilingenieure wiederum haben im Rahmen ihrer Kammern Versorgungssysteme. Die Notare hingegen beziehen ihre Pensionen aus der Sozialversicherung, die ihnen auch besonders hohe Pensionen garantiert (Notarversicherung), für die sie aber keinen Bundesbeitrag beanspruchen.

Ein Teil der Pensionisten erhält zusätzlich zur ASVG-Pension noch eine Zusatzversorgung aus dem privaten oder halböffentlichen Bereich (Betriebspensionen, Zusatzpensionen der Bediensteten der Sozialversicherungsträger, des ORF und der Kammern); Ärzte erhalten über die Wohlfahrtsfonds ihrer Kammern noch eine Zusatzleistung. Politiker wiederum haben ein eigenes System (Bezügegesetze).

Daneben gibt es noch etliche reiche Leute, die nichts von alledem brauchen; sie haben keine Beiträge eingezahlt und leben im Alter von ihrem Vermögen bzw. den Erträgen ihres Vermögens.

Dies ist die Ausgangssituation für die weitere Entwicklung des Systems, das vor allem durch seine Uneinheitlichkeit charakterisiert ist.

Besonderheiten des österreichischen Pensionsversicherungssystems

Im Unterschied zu vielen anderen westlichen Industriestaaten ist das österreichische System der Alterssicherung noch durch zwei weitere Merkmale gekennzeichnet:

* Das öffentliche System garantiert Personen im mittleren Einkommensbereich (den meisten Männern, einem Teil der Frauen) eine ausreichende Sicherung des früheren Lebensstandards. Vereinzelte Gruppen von Gutverdienern haben sogar hohe Pensionen, die das Mehrfache des Durchschnittslohns bzw. das Zehnfache des Existenzminimums der Arbeitnehmer ausmachen.
In vielen anderen Staaten spielt die Eigenvorsorge bzw. der Einsatz des eigenen Vermögens zur Sicherung des Lebensstandards eine größere Rolle.
Die - nicht unbedingt notwendige - Kehrseite des österreichischen Systems kann darin gesehen werden, daß es - trotz des hohen Aufwands für Pensionen - für viele Menschen nur eine Grundsicherung über die Ausgleichszulage bzw. den Familienverband bietet.
Wenn auch in vielen Ländern die Standardsicherung stillschweigend (oder auch explizit im Rahmen einer zweiten oder dritten Säule) der Eigenvorsorge überlassen bleibt, gehört Österreich zu jenen Ländern, die die Grundsicherung in hohem Ausmaß - ebenso stillschweigend - der Familie überläßt.
* Das Pensionssystem wird zur Versorgung vieler älterer Arbeitsloser verwendet. Dadurch wird vielen Arbeitern und Angestellten nach einem arbeitsreichen Leben bei den gegebenen Selektionsmechanismen auf dem Arbeitsmarkt das Schicksal der Arbeitslosigkeit erspart - sie werden sehr früh zu "Pensionisten".
Auch viele Witwen werden bereits sehr früh dauerhaft aus dem Pensionssystem versorgt - was international durchaus keine Selbstverständlichkeit ist. Ca. 80.000 Bezieherinnen einer Witwenpension sind jünger als 60 Jahre.

Gründe für die Reformdiskussion

Die Vielfalt des Gesamtsystems und die Konsequenzen der angeführten besonderen Merkmale stellen gewissermaßen den Boden dar, auf dem sich die Reformvorstellungen entwickeln, bzw. schon entwickelt haben.

Im folgenden werden vier Faktoren beschrieben, die die Reformdiskussion der letzten Jahre ausgelöst haben:
1. die jeweils aktuelle Budgetpolitik
2. demografische Langfristprognosen
3. gegensätze innerhalb des Systems
4. einzelne Systemmängel.

ad 1. Budgetpolitik

Bestimmt von der jeweiligen Budgetpolitik stehen auch die Bundesmittel für die Alterssicherung immer wieder zur Disposition. Zu beachten ist hiebei, daß es zwei Arten von Budgetmitteln gibt:

* Der Aufwand für die Beamtenpensionen, vermindert um die Einnahmen aus dem besonderen Pensionsbeitrag der Beamten. Der entsprechende Aufwand wird in der volkswirtschaftlichen Gesamtrechnung auch als "Pensionsübernahme" bezeichnet; er gilt als Personalaufwand.
* Der Bundesbeitrag, der die Differenz aus Beitragseinnahmen und Aufwand in der Pensionsversicherung abdeckt.

Besonders öffentlichkeitswirksam wird nur der Bundesbeitrag zur Pensionsversicherung alljährlich vom Beirat für Renten- und Pensionsanpassung gemacht, der auch immer Prognosen für die nächsten Jahre erstellt. Ein starkes Anwachsen des Bundesbeitrages wird daher auch allzu leicht als Zeichen einer "Krise" der Pensionsversicherung betrachtet.

Sicherlich hat die Entwicklung des Bundesbeitrags zur Pensionsversicherung in den letzten Jahren strukturelle Probleme des Systems deutlich gemacht. Sie zeigte an, daß zwischen den regulären zweckgebundenen Beitragseinnahmen und dem Aufwand für die Pensionen eine wachsende Diskrepanz besteht. Dies bedeutet noch nicht, daß die Pensionen zunehmend unfinanzierbar werden. Ein sich daraus ergebender Handlungsbedarf ist jedoch unabweisbar, wenn dieser auch nur in der bewußten Entscheidung für eine stärkere Steuerfinanzierung münden sollte. - Im Augenblick ist die Entwicklung jedoch keineswegs dramatisch.

Der Aufwand für die Beamtenpensionen wird nicht entsprechend problematisiert; es wird erst gar kein vergleichbarer Bundesbeitrag ausgewiesen und es werden auch keine analogen Prognosen öffentlichkeitswirksam erstellt.

Weiters wäre zu berücksichtigen, daß ein Teil der Beamten in den Bereich der Länder und Gemeinden fällt und deren Pensionen nicht aus Bundesmitteln finanziert werden. Allerdings sind sie ebenfalls überwiegend steuerfinanziert; der Großteil der erforderlichen Steuermittel wird diesen Gebietskörperschaften auf dem Weg des Finanzausgleichs zugeteilt.

Auch die Aufwendungen für Zusatzpensionen der Bediensteten der Sozialversicherungsträger und der staatlichen Betriebe erfahren nicht jene Publizität, wie der Bundesbeitrag zur Pensionsversicherung. Sie werden letztlich aber auch aus Steuermitteln getragen. Für die Zusatzpensionen der Bediensteten der Kammern und des ORF sind keine Steuermittel erforderlich. Die Leistungen werden aus besonderen Beiträgen gedeckt, die auch teilweise den Charakter öffentlicher Abgaben haben.

Anhand der Daten aus der volkswirtschaftlichen Gesamtrechnung kann auch für den gesamten angeführten Bereich ein Äquivalent zum Bundesbeitrag in der Pensionsversicherung ermittelt werden.[1] Demnach liegt der Aufwand aus Steuern und steuerähnlichen Mitteln für die Finanzierung der Pensionen und Zusatzpensionen öffentlich Bediensteter etwa im Bereich des Bundesbeitrags (also jeweils etwas über 50 Milliarden Schilling für 1988).

ad 2. Demografische Langfristprognosen

In den Industriestaaten haben die Prognosen über die wahrscheinliche Entwicklung der Altersstruktur zu Überlegungen geführt, welche Konsequenzen dies für die Finanzierung des Pensionssystems hat. Ganz besonders gefördert wird diese Diskussion von der privaten Versicherungsgesellschaft und den Banken, die mit ihren regelmäßigen Appellen an das Verantwortungsbewußtsein der Politiker den Boden für eine Ausweitung ihres Geschäftsbereiches aufbereiten wollen.

Die politisch Verantwortlichen können sich dieser Diskussion nicht entziehen und müssen auf die Verunsicherung reagieren. Auch aus den demografischen Langfristprognosen ergibt sich daher ein gewisser Handlungsbedarf.

Neben jenen, die sich aufgrund eines - durchaus verständlichen - Mißtrauens gegenüber allen Langfristprognosen gar nicht mit eintsprechenden Konsequenzen auseinandersetzen wollen, können zwei grundsätzliche Reformlinien ausgemacht werden:

a) "Fallweise Anpassung":

Die Vertreter dieser Linie meinen, man könne das System jeweils mit kleineren Maßnahmen - wie etwa jenen der letzten Jahre - steuern. Diese Position erscheint prinzipiell einmal vernünftig. Das Problem dieser Strategie besteht allerdings darin, daß sie die bestehende Verunsicherung über die Zukunft des Systems nicht aus der Welt schaffen kann. Man muß ständig mit Überraschungen rechnen. Neben den demografischen Veränderungen spielen dabei Ungewißheiten hinsichtlich der wirtschaftlichen und politischen Veränderungen eine Rolle.

b) "Große Reform":

Obwohl die Reformen 1984 und 1987 den Berechnungen des Bundesministeriums für Arbeit und Soziales zufolge hinsichtlich des finanziellen Gleichgewichts sehr wirksam gewesen sein dürften, wird trotzdem weiterhin die Erwartung an die Politik herangetragen, das System der Alterssicherung müsse grundlegend reformiert werden. Was eine solche "große Reform" zu beinhalten hätte, wird nicht immer dazugesagt. Im rechten bzw. konservativen Lager wird immer wieder eine Erhöhung des Pensionsalters vorgeschlagen; im "fortschrittlichen" Lager (Sozialdemokraten, Grüne) wird die Idee der Wertschöpfungsabgabe - als zusätzliche Finanzierungsquelle - forciert. Die Möglichkeit der Volkspension wird nur da und dort vereinzelt erwähnt. Gelegentlich hört man auch, man möge teilweise oder gar zur Gänze auf das "Kapitaldeckungsverfahren" übergehen, was letztlich nur einer (Teil-)Privatisierung unseres Pensionssystems gleichkäme. Die Neuregelung der Betriebspensionen bzw. die Schaffung von Pensionskassen geht ein wenig in diese Richtung.

Allen Ideen einer großen Reform gemeinsam ist wohl die Einforderung glaubwürdiger Sicherheitsgarantien - in Form eines entsprechenden Pensions- und Finanzierungsmodells - für die Zukunft, die ja für das Funktionieren des immer wieder beschworenen Generationsvertrags wichtig sind. Soweit damit aber nur eine Privatisierung gemeint ist, können wohl nur leichtgläubige Menschen beeindruckt werden. Das Schicksal privater Kapitalanlagen ist wohl mindestens so ungewiß wie die Erfüllung politischer Versprechen.

ad 3. Gegensätze innerhalb des Systems (Uneinheitlichkeit)

Die Ungleichbehandlung der verschiedenen Pensionsgruppen im Rahmen der 1980er-Reformen wurde nun verstärkt Gegenstand politischer Auseinandersetzungen. Wenn auch seit längerem eine "Harmonisierung der Alterssicherung" Inhalt verschiedener Programme ist, haben sich Konkretisierungen dieser sehr allgemein gefaßten Zielsetzung als schwierig erwiesen. Selbst bei einem Randproblem, den Ruhensbestimmungen, gelang die Harmonisierung bis jetzt nicht. Neben den politischen Differenzen scheinen auch die rechtlichen Probleme in Richtung einer Vereinheitlichung fast unlösbar. So vertritt der Verfassungsgerichtshof die Meinung, Beamtenpensionen seien *arbeitsrechtlich abgesicherte* Leistungen, die sich von den übrigen Pensionen dadurch unterscheiden, daß der Staat über letztere auch einseitig verfügen könne. In diesem Fall wird der *Staat als Dienstgeber* gesehen, wie jeder andere auch, der seine Verpflichtungen, wie sie im Beamtenrecht (inkl. Pensionsgesetz für die Beamten) festgehalten sind, zu erfüllen habe. Eine einseitige Änderung käme einem Vertragsbruch gleich. Im Fall der Pensionen aus der Pensionsversicherung wird der Staat in seiner *Gesamtverantwortlichkeit* für alle Staatsbürger bzw. das Staatsganze gesehen.

In dieser Funktion kann der Gesetzgeber *sozialrechtliche* Zusagen einseitig wieder zurücknehmen. Eine gewisse - faktische - Zweiseitigkeit des Verhältnisses kann dann allerdings bei den Wahlen zum Ausdruck kommen. Die Gründung von Pensionistenparteien könnte schon als Zeichen in diese Richtung gesehen werden.

Insgesamt stellt sich die politische Situation derzeit so dar, daß ohne Einbeziehung des öffentlichen Dienstes bei künftigen Eingriffen in das Leistungsrecht Veränderungen kaum mehr tragbar erscheinen. Reformmaßnahmen nach dem Muster der Ersatzzeitenneuregelung für Schuldzeiten werden in Hinkunft wohl kaum mehr hingenommen werden: Der Abschaffung der beitragsfreien Anrechnung von Schulzeiten für die Pensionshöhe im Bereich der Pensionsversicherung, die im Jahre 1993 für alle Neuzugänge praktisch voll wirksam sein wird, folgte im Beamtenpensionsrecht nur ein sehr langfristig wirksamer Schritt; Hochschulzeiten werden nur bei jenen nicht mehr beitragsfrei berücksichtigt, die ab 1.7.1988 pragmatisiert wurden.

Eine Vereinheitlichung wird angesichts der bestehenden Rechtssprechung des Verfassungsgerichtshofes und der komplexen Struktur des Systems, in dem auch viele Gebietskörperschaften eigene Pensionssysteme haben, nicht leicht sein. Die konkreten Lösungsmodelle, die inzwischen vorgelegt wurden, sind ein erster Versuch, konkrete Leitlinien anzugeben. Die Vorschläge laufen im wesentlichen auf ein Zweisäulensystem hinaus, in dem den Beamten im Rahmen der zweiten Säule (Zusatzsystem) gehobenere Leistungsansprüche garantiert werden sollen - ähnlich den Betriebspensionen. Die erste Säule würde dem ASVG oder einem noch allgemeineren und stärker sozial verpflichteten System entsprechen, wie etwa einer Volkspension ("Mindestrente ohne Anwartschaft").

ad 4. Überwindung von Systemmängeln

Dieser Aspekt spielt in der derzeitigen Diskussion nur eine untergeordnete Rolle. Folgende Themen werden in der Reformdebatte immer wieder vorgebracht:

- *Mehrfachpensionsproblematik*: Das Anwachsen von Mehrfachpensionsleistungen an ein und dieselbe Person wird spätestens seit Beginn der Achtziger Jahre - mit der Schaffung der Witwerpension - als Problem gesehen. Es geht hiebei zumeist um das Zusammentreffen von Hinterbliebenenpensionen und Eigenpensionen (Alters- und Invaliditätspensionen). Zur Bewältigung dieses Problems wurden bis jetzt die *Partnerschaftspensionen* (Zusammenlegen zu einer Pension nach dem Tod des Ehepartners) und das sogenannte *Anrechnungsmodell*, wonach eine der beiden Pensionen gekürzt werden soll (eine Art von Ruhensbestimmung), vorgelegt.
  Eine weitere Alternative bestünde im Aufbau einer eigenständigen Alters- und Invaliditätsversorgung für alle Staatsbürger (auch für Hausfrauen) und einem gleichzeitigen Zurückdrängen der Witwen(r)-

pensionen auf einen kleineren Personenkreis (etwa erziehende Mütter und Väter). Dieses Modell, das bereits in einigen Ländern Wirklichkeit ist, wurde bis jetzt noch kaum diskutiert, könnte aber in nächster Zeit unter Umständen die Diskussion stärker bestimmen.

- *Mindestsicherung*: Als Resultat unseres bestehenden Bemessungssystems in der Pensionsversicherung kommen viele kleine Pensionen zustande, die eine unbefriedigende Existenzsicherung und keine Unabhängigkeit garantieren. Insbesonders Frauen sind - wegen ihrer niedrigen Löhne und Lücken im Versicherungsverlauf - davon betroffen. Für viele von ihnen, insbesondere den Arbeiterinnen, sind Alter und Invalidität mit einer Abhängigkeit vom Ehepartner verbunden.[2]
  Das bestehende Ausgleichszulagenrecht weist, wie andere österreichische Systeme der Mindestsicherung auch, der Familie bzw. dem Ehepartner eine wichtige Rolle bei der Existenzsicherung zu.
  Das wachsende Selbstbewußtsein bei Frauen und die zunehmende Instabilität der Ehen erfordern eine neue Form der Grundsicherung, die unabhängig vom Familienstand ist. In diesem Verteilungskampf der Geschlechter sind bereits eine Reihe von Ländern Österreich voraus.
  Die mangelhafte Grundsicherung ist nicht zuletzt einer der Gründe, warum in Österreich das Problem der Mehrfachpensionen so schwer zu lösen ist. Der Widerstand gegen Lösungsversuche wird häufig mit der Verweis auf die im Durchschnitt sehr kleinen Frauenpensionen begründet.
- *Sinkendes Pensionszugangsalter*: Diese Entwicklung ist vor allem auf die Zunahme der Invaliditätspensionen zurückzuführen. Betrug das durchschnittliche Pensionszugangsalter in der Pensionsversicherung 1970 noch 62 Jahre, so sank es bis 1980 auf 59 Jahre und liegt derzeit bei 58 Jahren. 1988 waren im Bereich der Pensionsversicherung 45 % der Männer und 60 % der Frauen, die in Pension gingen, jünger als 60 Jahre.[3] Die Gewährung einer Pension ist oft der einfachste Weg, wenn die Leistungsfähigkeit von Menschen für die Arbeitsplätze in den bestehenden Strukturen nicht mehr ausreicht. Dabei wird sogar noch ein beträchtlicher Teil von auf dem Arbeitsmarkt als schon invalid (bzw. zu alt) eingestuften Personen, auf die Versorgung durch die Arbeitslosenversicherung, zeitweise durch die Krankenversicherung oder auch an Familienangehörige verwiesen.
  Die Schaffung von entsprechenden Arbeitsplätzen und eines Angebots von Teilleistungen aus der Sozialversicherung könnte ein Beitrag dafür sein, daß der Pensionsversicherung nicht weiter allzuviel an Problemen aufgelastet wird.
- *Komplizierte Bemessungsgrundlage*: Seit 1984 wurde der damals 5jährige Bemessungszeitraum mehrmals verlängert und ist weiterhin Gegenstand der Diskussion. Die starke Abhängigkeit der Pensionshöhe vom Einkommen innerhalb eines relativ kurzen Zeitraumes ent-

spricht zwar dem Ziel der Lebensstandardsicherung; zugleich wurde sie aber auch als ungerecht empfunden, wenn in den letzten Jahren besonders starke Einkommensminderungen oder -steigerungen auftraten. Mißbräuche insbesonders bei Dienstverhältnissen innerhalb der Familie werden bei begrenzten Bemessungszeiträumen geradezu herausgefordert. Untersuchungen zeigten, daß vor allem bei den weiblichen Angestellten (darunter viele Unternehmergattinnen ...) die Beitragsgrundlagen in den letzten Jahren vor der Pension besonders anstiegen.[4]

Seit 1988 gibt es einen variablen Bemessungszeitraum zwischen 10 und 15 Jahren. Diese Regelung ist außerordentlich kompliziert, intransparent und widersprüchlich. Nachdem festgestellt wurde, daß längere Bemessungszeiträume im statistischen Durchschnitt eine niedrigere Bemessungsgrundlage (= errechnetes Durchschnittseinkommen im Bemessungszeitraum) ergeben, wurde mit der 44. ASVG-Novelle eine Regelung geschaffen, wonach bei Personen, die zum frühestmöglichen Zeitpunkt die Alterspension in Anspruch nehmen, ein längerer (15jähriger) Bemessungszeitraum angewendet wird als bei jenen, die noch länger erwerbstätig bleiben. Damit wollte man das durchschnittliche Pensionszugangsalter - auf eine "sanfte" Weise - anheben. Da nun der einzelne aber nicht weiß, ob er unter, über oder im statistischen Durchschnitt liegt, kann diese Konstruktion wohl kaum als zieladäquat bezeichnet werden.

Am sinnvollsten erscheint wohl die "Durchrechnung", also die Berücksichtigung aller Versicherungszeiten für die Ermittlung der einkommensbezogenen Komponente bei der Pensionsberechnung. Bei einem solchen Berechnungsmodus können sowohl soziale Härten als auch Manipulationen ausgeschlossen werden.

Auffallend in der letzten größeren Reformdebatte innerhalb der von Minister Dallinger eingesetzten Arbeitsgruppe "Längerfristige Finanzierung der Pensionsversicherung" war, daß sich die Änderungsvorstellungen vor allem auf Variationen des Bemessungszeitraums beschränkten. Nur eines von vier "Modellen" zielte auf eine qualitative Veränderung des Bemessungssystems. Dieses in der Minderheit gebliebene Modell sah eine degressive Berücksichtigung des früheren Einkommens vor, womit Einkommensschwächeren entgegengekommen werden sollte.[5]

Perspektiven

Die Diskussion geht im wesentlichen in zwei Zielrichtungen:

1. Sicherung der Finanzierung des Systems,
2. Reform der Leistungsstruktur und damit Umverteilung der bestehenden Leistungsansprüche.

Beide Ziele müssen zusammen gesehen werden. Sie bedingen einander wechselseitig:

- Ohne ausreichende Finanzierung sinkt der Spielraum für Umverteilungsmaßnahmen.
- Eine Verteilung, die den Legitimitätsvorstellungen der Menschen nicht entspricht, untergräbt die Bereitschaft, die erforderlichen Beiträge für das System zu leisten (ein Konflikt zwischen Legalität und Legitimität der Sozialleistungen kann derzeit beobachtet werden - nicht nur im Bereich der "Schmarotzer"diskussion).

Ein wirklich dauerhaft gesichertes Finanzierungssystem erfordert, daß die Mittel wirklich zweckgebunden sind und nicht als Manövriermasse der jeweiligen Budgetpolitik gesehen werden. Am besten wird dies durch besondere Pensionsbeiträge gewährleistet, womit derzeit im Bereich der Pensionsversicherung mehr als 70 % des Pensionsaufwandes finanziert wird. Neben individuell anwartschaftsbegründenden Beiträgen sind auch andere zweckgebundene Abgaben denkbar, wovon die Wertschöpfungsabgabe nur eine Möglichkeit unter anderen ist.[6]

Es müssen natürlich auch die psychologischen Voraussetzungen für eine gewisse Abgabebereitschaft gegeben sein. Dies bedeutet auch, selbst wenn man sich etwas anderes wünschen möchte, daß die Solidaritätsbereitschaft nicht überfordert werden darf. Eine ausgewogene Kombination von Versicherungs- und Sozialprinzip und ein transparenter Berechnungsmodus, in dem die soziale und versicherungsmäßige Komponente klar voneinander getrennt sind, könnten wohl ein entsprechendes Optimum garantieren. Das bestehende Pensionssystem entspricht diesen Kriterien kaum.

Im Sommer 1989 wurde von einer Arbeitsgruppe der sozialistischen Frauen ein Modell der Alterssicherung vorgelegt, das eine klare Trennung zwischen Mindestpension und "Erwerbspension" vorsieht. Auch das am letzten SPÖ-Parteitag beschlossene Papier geht, wenn auch nicht ganz so deutlich, in diese Richtung.

Das Ziel einer verbesserten Mindestsicherung wird auch von den beiden Oppositionsparteien immer wieder deutlich artikuliert. Inwieweit dieses Ziel tatsächlich erreicht wird, hängt nicht zuletzt von den Stärkeverhältnissen der einzelnen Bevölkerungsgruppen ab. Wenn ein solches reformiertes System nicht aufwendiger sein soll als das bestehende, dann bedeutet es generell eine Umverteilung von den höheren Pensionen zu den niedrigeren, von den Männern zu den Frauen, von den Mehrfachpensionisten zu den Einfachpensionisten (dies bedeutet wohl oft nur eine Umverteilung zwischen verschiedenen Lebensphasen, nämlich von der Zeit der Witwen(r)schaft hin zur Phase Partnerschaft, in der damit Abhängigkeiten verringert werden) und den Angehörigen des einen Pensionssystems (Beamte) zu jenen eines anderen (Pensionsversicherung). Wenngleich sich bei vielen die Umverteilungsmaßnahmen wechselseitig aufheben mögen, sind bei solchen Maßnahmen jedenfalls Konflikte unvermeidlich.

Eine besondere Herausforderung für die Sozialpolitik stellt die Frage des Pensionsalters dar. Eine Vereinheitlichung der unterschiedlichen Altersgrenzen ist wohl für die Zukunft unumgänglich. Eine gewisse Flexibilität bliebe ohnehin durch die Möglichkeit der Invaliditätspension gegeben.

Aber gerade für diesen Problembereich, Pensionierung wegen Invalidität, wird man in Zukunft neue Wege einschlagen müssen. Neben wirksamen gesundheitspolitisch präventiven Maßnahmen zur Verhinderung von vorzeitiger dauerhafter Arbeitsunfähigkeit wäre ein einfacheres und zugleich flexibleres Modell für den Übergang in die Pension bei abnehmender Leistungsfähigkeit wünschenswert; es wird auch für das dauerhafte Funktionieren des Pensionssystems erforderlich sein.

Derzeit bestehen neben den sehr unterschiedlichen Altersgrenzen für einzelne Bevölkerungsgruppen eine Reihe von teilweise konkurrierenden Leistungsangeboten: Krankengeld, Arbeitslosengeld, Notstandshilfe, Sonderunterstützung, (dauernde oder vorübergehende) Invalididätspension, vorzeitige Alterspension. Diese Leistungen, die von älteren Menschen häufig in Anspruch genommen werden, könnten sicher vereinfacht werden und auf sinnvollere flexible Formen des Übergangs in den entgültigen Ruhestand abgeändert werden. Vielleicht könnten für eine solche Reform Erkenntnisse der Grundeinkommensdiskussion verwendet werden. - Eine simple Anhebung des Pensionsalters wäre keine gute Lösung.

Anmerkungen

1) Vgl. "Das volkswirtschaftliche Pensionskonto 1988" in: Statistische Nachrichten 7/1989.
2) Vgl. Karl Wörister: Fakten zum Pensionsalter. In: Arbeit und Wirtschaft 1/1990.
3) Vgl. Karl Wörister: Versicherungsprinzip und Frauenpensionen. In: Arbeit und Wirtschaft 6/1988.
4) Vgl. Karl Wörister: Problemgruppe weibliche Angestellte. In: Soziale Sicherheit 10/1984.
5) Bundesministerium für Arbeit und Soziales: Langfristige Finanzierung der Pensionsversicherung. Wien 1988. S. 70 ff und S. 211 ff.
6) Vgl. Bruno Roßmann: Zur Finanzierung der Pensionsversicherung. In: Materialien zur Pensionsversicherung. Hg. vom Institut für Gesellschaftspolitik. Wien 1989.

Maria Orthofer-Samhaber

FAMILIENPOLITIK - ENTWICKLUNGEN UND TENDENZEN

1. Einleitung

Alle vier Jahre gerät die Familienpolitik - traditionellerweise eher als politischer Bereich minderen Ranges angesehen - ins Gerede. In Vorwahlzeiten avanciert sie regelmäßig zum medialen Thema. Die Ergebnisse der über die Tagespresse geführten "Diskussion" werden dann spätestens in der Regierungserklärung in äußerst globalen Formulierungen und unkonkreten Absichtserklärungen als gemeinsamer Standpunkt präsentiert. Aber der Realitätsgehalt der Ankündigung ist meist gering: Schon 1983 glaubten - der Berichterstattung vertrauend - viele, Väter hätten nun auch Anspruch auf Karenzurlaub. Trotz der wiederholten Bekenntnisse aller Parlamentsparteien zur Einführung eines "Parentalurlaubes" dauerte es noch sechs Jahre bzw. drei Wahlkämpfe bis Ende Dezember 1989 ein Gesetz verabschiedet wurde, das sich in seinen Inhalten nur unwesentlich von den unzähligen abgelehnten Gesetzesentwürfen unterscheidet.[1]

Das in der Regierungserklärung vom 28.1.1987 neben der verstärkten steuerlichen Berücksichtigung der Familie einzige (jedoch äußerst fragwürdige) Ziel, die Ehe und Familie innerhalb eines Jahres in der Verfassung zu verankern, ist bald begraben worden. Auch im Sommer 1989 haben die Parteien schwerwiegende "Familienpakete" geschnürt. Zur Diskussion standen schon im Herbst nur mehr zwei Programmpunkte: Die Erhöhung der Familienbeihilfe und die Verlängerung des Karenzurlaubes. Und die dann schnell hergestellte Einigung scheint typisch nicht nur für familienpolitische "Großereignisse": Die Familienbeihilfe wurde um öS 100,- für alle Kinder erhöht , so wie das in vorangegangenen Legislaturperioden auch geschehen ist. Als Ersatz für die "Mehrkinderstaffel" - eine der Hauptforderungen der ÖVP - wurde für die "armen Familien" ein Topf mit 750 Millionen Schilling gefüllt, die nur sehr schwer gerecht und ohne hohen administrativen Aufwand zu verteilen sind. Das zweite Karenzjahr haben die PolitikerInnen den Sozialpartnern zur weiteren Verhandlung in den Schoß gelegt. Und diese - an dem Problem nicht brennend interessiert - können die Materie noch einmal zum Wahlkampfthema werden lassen, obwohl nicht nur Anzeigen der Regierungsparteien in Tageszeitungen von einer Anspruchsberechtigung ab 1.7.1991 künden.[2]

In diesem Beitrag soll u.a. an diesen beiden zentralen Konfliktbereichen gezeigt werden, ob die Parteien so etwas wie ein familienpolitisches Konzept verfolgen, wie dieses aussieht und was in der tagespolitischen Auseinandersetzung davon übrig bleibt.

2. Materielle Familienförderung

Aus dem breiten Spektrum familienrelevanter Belange - die Familienpolitik kann als die größte "Querschnittsmaterie" bezeichnet werden[3] - soll vorweg die aktuelle materielle Familienförderung, dem für die Betroffenen am unmittelbarsten spürbaren Bereich, kurz umrissen werden.

In den letzten beiden Jahrzehnten haben sich die familienpolitisch motivierten Leistungen der öffentlichen Hand stark ausgeweitet, sodaß sie heute bereits 10 % aller inlandswirksamen Ausgaben des Bundes bzw. über 7 % des BIP (121,5 Mrd. S) ausmachen. Damit steht Österreich im internationalen Vergleich mit Griechenland und Luxemburg an vorderster Stelle. Für Familienpolitik im engeren Sinne bzw. für bundeseinheitlich geregelte Maßnahmen werden fast 50 Milliarden Schilling ausgegeben. Aus dem Familienlastenausgleichsfonds kamen 1989 39,5 Mrd. S, der Rest aus sonstigen Leistungen von Bund, Ländern und Sozialversicherung.[4]

Neben diesen direkten Geld- und Sachleistungen existiert eine "zweite Säule" der Familienförderung: die gesetzliche Mitversicherung in der Pensions- und Krankenversicherung bedeuten weitere 63,9 Mrd. Schilling.[5]

Eine "dritte Säule" stellen beträchtliche Erleichterungen für Familien im Rahmen der Einkommens- und Vermögensbesteuerung dar. Die ermäßigte Besteuerung des 13./14. Monatsbezuges (2 Mrd. S), Alleinverdiener-/Alleinerhalterabsetzbetrag mit Kinderzuschlag (1,5 Mrd. S) und Freibeträge im Rahmen der Vermögensbesteuerung (0,3 Mrd. S) machen zusammen 8,4 Milliarden Schilling Steuerausfall aus.[6]

3. Familienpolitische Leitlinien seit den 50er Jahren

Wenn auch die Familienpolitik der 2. Republik viele Ideen der Sozialpolitik vor und nach dem 1. Weltkrieg aufgreift und im Faschismus beschlossene Gesetze übernimmt, so soll doch unsere Suche nach einem familienpolitischen Konzept oder grundsätzlichen Positionen erst in den 50er Jahren, mit der Schaffung des Familienlastenausgleichsgesetzes (FLAG 1954/55) beginnen.

Damals standen sowohl sozial- wie auch bevölkerungspolitische Ziele im Vordergrund der Diskussion: In der programmatischen Grundsatzerklärung des Gesetzgebers heißt es, daß mit der Einführung von Transferzahlungen für jedes Kind ein *"Ausgleich der Familienlasten zwischen denjenigen zu erfolgen (hat), die die Lasten im Interesse der gesamten Gesellschaft zu tragen haben, jedoch bewußt oder unbewußt daraus Nutzen ziehen, daß andere es für sie tun".*[7]

Diese sozialpolitischen Argumente führten gleichzeitig zu gesellschafts- bzw. bevölkerungspolitischen Rücksichten und umgekehrt: *"Die scharfe Zurücksetzung und teilweise sogar Ausschließung der Familie von der allgemeinen und kontinuierlichen Erhöhung des Lebensstandards hat auch wirtschaftliche Gründe zum Hinschwinden der Familien- und Kinderfreudigkeit geschaffen. Seit die jeweils arbeitende Bevölkerung für den Lebensunterhalt der nicht oder nicht mehr Arbeitsfähigen Sorge trägt, stellt der Geburtenrückgang (...) das gesamte System der sozialen Sicherheit in Frage."*[8]

Der Ausgleich der finanziellen Mehrbelastung durch Kinder wurde also nicht nur als Forderung der sozialen Gerechtigkeit, sondern und vor allem auch als gesellschaftliche Existenznotwendigkeit gesehen.

3.1. Familienorientierte Verteilungspolitik der 50er und 60er Jahre

Mit welchen konkreten Maßnahmen wurde nun zugunsten kinderbetreuender Haushalte umverteilt?

* Die bis 1955 nur unselbständig Erwerbstätigen zugesprochene Kinderbeihilfe wurde auf alle Bevölkerungsschichten ausgedehnt, weil *"sowohl die ethischen wie auch die ökonomischen und sozialen Begründungen für den Familienlastenausgleich grundsätzlich für alle Familien gelten"*. Aus budgetären Gründen wurde vorläufig das erste Kind eines Selbständigen von der "völligen Gleichstellung" ausgeschlossen (= keine Subvention für den Stammhalter!).[9]
* Die Beihilfen wurden mit steigender Kinderzahl progressiv gestaffelt, weil - so lautete schon damals die Begründung - der Fehlbetrag zwischen den tatsächlichen Lasten und den ausgezahlten Beihilfen mit steigender Kinderzahl immer größer wird, solange es nicht möglich ist, die finanziellen Lasten vollständig auszugleichen. *"Jede andere Lösung würde eine ungerechtfertigte Benachteiligung gerade für die kinderreichen Familien mit sich bringen, somit für jene, die vor allem Anspruch auf den Ausgleich der Familienlasten haben."*[10]
* *"Damit die familienpolitischen Maßnahmen nicht nivellierend wirken und den Grundsatz des Leistungslohnes bzw. des Leistungsertrages nicht beeinträchtigen"* wurde gleichzeitig eine Einkommenssteuerermäßigung eingeführt, die *"bei Familienerhaltern in höheren Einkommensstufen stärker zum Ausdruck kommen sollte"*, um *"eine standesgemäße Erziehung und Erhaltung der Kinder zu ermöglichen"*.[11] Auch diese fiskalische Begründung war ab 1962 nach der Kinderzahl gestaffelt.

* Ab 1956 gab es eine für alle gleich hohe Geburtenbeihilfe, um die mit der Geburt verbundenen Kosten zu kompensieren. Neben den sozialen waren hier auch pronatalistische Effekte intendiert.

Das familienpolitische Konzept dieser Zeit bedeutete demnach weniger eine gesamtgesellschaftliche Umverteilung als eine *"schicht-spezifisch segregierte Umverteilung zwischen kinderbetreuenden und kinderlosen Haushalten mit ähnlich hohem Haushaltseinkommen"*[12]: Familien mit hohem Einkommen profitierten überproportional von Familienbeihilfen und Steuererleichterung.

Neben der allgemeinen Familienförderung sollten spezielle arbeits- und sozialrechtliche Begünstigungen für unselbständig erwerbstätige Mütter das Gebären und Aufziehen von Kindern erleichtern und dazu motivieren.

So wurde 1957 ein zwölfwöchiges Wochengeld in der Höhe des letzten Erwerbseinkommens sowie ein unbezahlter sechsmonatiger Karenzurlaub eingeführt, der 1960 auf ein Jahr ausgedehnt und mit Kündigungsschutz ausgestattet wurde. Der Erwerbseinkommensentfall sollte durch die Gewährung eines von Haushaltsgröße und -einkommen abhängigen Karenzurlaubsgeldes minimiert werden.

3.2. Familienorientierte Verteilungspolitik der 70er und 80er Jahre

Die Familienpolitik der sozialistischen Alleinregierung stellte eine grundsätzliche Abkehr von den Zielsetzungen der vorangegangenen zwei Jahrzehnte dar. Die Schaffung eines Lastenausgleichs mit egalitären Verteilungswirkungen ergänzt durch zielgruppen- und lebensphasenspezifische Maßnahmen waren die neuen Ziele der Regierungspartei.

Angestrebt wurden diese Ziele mit der schrittweisen Umgestaltung des kombinierten Beihilfen-Steuersystems zu einem alle Kinder gleichermaßen fördernden System direkter Geld- und Sachleistungen.

Da gerade einkommensschwache Gruppen die Hilfe am dringendsten benötigten, wurden die als ungerecht empfundenen Steuererleichterungen 1973/75 zu einem einheitlichen Absetzbetrag umgewandelt und 1977 bis auf kleinere Residuen[13] ganz abgeschafft.

Seither bekommen alle den Gesamtbetrag direkt auf die Hand, wovon etwa 300.000 Familien (600.000 Kinder), also all jene profitierten, die aufgrund fehlender oder zu geringer Steuerleistungen den Betrag nicht oder nicht voll ausschöpfen konnten (Arbeitslose, Studenten, Landwirte etc.).

Auch die Kinderstaffel - also höhere Familienbeihilfen für das zweite, dritte und weitere Kinder - wurde als falsch eingeschätzt, da gerade das erste Kind in der Regel am meisten kostet. Schrittweise wurde sie reduziert und 1981 durch eine Altersstaffel (0-10 und 10-27 Jahre) ersetzt.

Da die Beihilfen nicht sicherstellten, daß sie auch tatsächlich den Kindern zugute kommen, wurden eine Reihe von Sachleistungen im Bildungsbereich - Schulbücher, Schulfreifahrten, Schulfahrtbeihilfen, Schul- und Heimbeihilfen, Studienförderung etc. - eingeführt. Ein Teil der Bildungskosten sollte sozialisiert werden, um eine höhere Chancengleichheit für die nachwachsende Generation herzustellen.

Auf Grund des niedrigen Karenzurlaubsgeldes, das nur einen geringen Teil des vorher bezogenen Erwerbseinkommens ausmachte, waren nur drei von vier Frauen in der Lage, den Karenzurlaub auch wirklich anzutreten (1962: 73 % der Anspruchsberechtigten, heute sind es 95 %[14]). Deshalb wurde 1974 ein für alle anspruchsberechtigten Frauen deutlich erhöhtes, einheitliches, vom Familieneinkommen unabhängiges Karenzurlaubsgeld eingeführt.

Ein weiterer Kritikpunkt war, daß die Familienförderung nur bei "vollständigen" Familien ansetzte: Alleinstehende Mütter - so hieß es - haben oft trotz der Familienbeihilfe und des Karenzurlaubsgeldes keine andere Wahl, als arbeiten zu gehen, und ihr Kind in einer Säuglingskrippe unterzubringen. Ein um 50 % erhöhtes Karenzurlaubsgeld und die Sondernotstandshilfe für alleinstehende Mütter[15] sollten diese Ungerechtigkeit beseitigen. Der Unterhaltsvorschuß sollte all jenen Kindern helfen, deren Unterhaltsverpflichtete ihrer Aufgabe nicht oder nicht rechtzeitig nachkommen.

Neben dieser Unterstützung von alleinerziehenden Elternteilen - in der Regel handelt es sich um Mütter[16] - wurde noch die um 100 % erhöhte Familienbeihilfe für schwerbehinderte Kinder als zweite zielgruppenspezifische Maßnahme eingeführt.

Auch als Zeichen der Abkehr von der pronatalistischen Familienpolitik wurde der Geburtenbeihilfe eine gesundheitspolitische Zielsetzung unterlegt. Um in den Genuß der erhöhten Geburtenbeihilfe zu kommen, werden seit 1974 eine Reihe von Untersuchungen nach dem "Mutter-Kind-Paß" vorgeschrieben.[17]

Das familienpolitische Konzept der 70er Jahre strebte nach und bewirkte im Gegensatz zu den vorangegangenen Leitvorstellungen auch eine vertikale Umverteilung Richtung einkommensschwacher Familien. Bei diesen übersteigt seither das Transfereinkommen regelmäßig die Steuerleistung. Und trotzdem profitieren jene am meisten, die ihren Kindern die längste Ausbildung ermöglichen. Die selektive Förderung von alleinstehenden Müttern und Familien mit behinderten Kindern bedeutet aber auch eine Kostenersparnis für die öffentliche Hand, denn ein Krippen-, Heim- oder Pflegeplatz kostet mehr als die genannten Maßnahmen.

4. Was sind die neuen Ziele?[18]

Obwohl von der Zielgruppe relativ gut beurteilt[19], blieb die praktizierte Familienpolitik nicht unwidersprochen. Abgelehnt wurde sie von der damaligen parlamentarischen Opposition, also ÖVP und FPÖ sowie von der Bundeswirtschaftskammer und dem Katholischen Familienverband, die noch heute an ihren in den 50er und 60er Jahren vertretenen familienpolitischen Grundsätzen festhalten.

An drei zentralen Punkten scheiden sich also nach wie vor die Geister:

1. Soll die familiäre Situation in der Steuer stärker berücksichtigt werden und aus welchem Grund soll bzw. soll sie es nicht?
2. Werden die hohen finanziellen Belastungen von Mehrkinderfamilien ausreichend berücksichtigt oder ist die Kinderzahl nicht das für den sozialen Standard einer Familie maßgebende Kriterium?
3. Erziehungsgeld für alle Mütter oder Maßnahmen zur besseren Vereinbarkeit von Beruf und Familie?

4.1. "Familiengerechtes" Steuersystem

Steht auch in der Argumentation der Befürworter eines "familiengerechten" Steuersystems dessen "entnivellierende" Wirkung nicht mehr explizit im Vordergrund, so kann es mit der Forderung nach einer steuerlichen Begünstigung von Familienerhaltern doch nur um eine stärkere Förderung wohlhabender Familien, also um eine Umverteilung von unten nach oben, und damit um eine weitere soziale Differenzierung gehen. Denn wenn z.B. der Steuersatz eines Familienerhalters mit einem Bruttogehalt von 50.000,- pro Kind auch nur um 2 % reduziert wird, so macht das bei ihm 1000.- pro Monat und Kind aus, wogegen dies bei einem Bruttoeinkommen von 15.000,- nur 300,- betragen würde.

Wenn wirklich alle Familien gleichermaßen gefördert werden sollen, dann fragt sich, warum dieser Umweg über das Finanzamt eingeschlagen wird. Viel einfacher ist es, den entsprechenden Betrag über eine kräftige Erhöhung der Familienbeihilfe auszuzahlen.

Der Abgeordnete zum Nationalrat, Dr. Hans Hafner (ÖVP), argumentiert seine Forderung folgendermaßen: Alleinverdienerfamilien sind gegenüber berufstätigen Ehepaaren benachteiligt, weil diese nur **ein** steuerfreies Existenzminimum geltend machen können. Weiters zahlen Großfamilien auf Grund ihres großen Verbrauchs hohe Umsatzsteuern, die sie über die derzeitigen Familienbeihilfen nicht zur Gänze refundiert erhalten (um großzügig verbrauchen zu können, müssen aber erst einmal hohe Einkommen erzielt werden - diese fehlen allerdings den armen kinderreichen Familien). Darüber hinaus hält das geltende Steuersystem die Österreicher davon ab, ein drittes Kind zu bekommen, weil die Frauen unter diesen steuerlichen Umständen nicht von der Arbeit zu Hause bleiben wollen.[20]

Mit einem steuerfreien Existenzminimum für jedes Familienmitglied sollen diese Ungerechtigkeiten sowie bevölkerungs- und gesellschaftspolitische Fehlentwicklungen ausgebügelt werden.

Die FPÖ erweitert diese Argumentationskette um eine weitere Ungerechtigkeit: Durch die Individualbesteuerung muß ein alleinstehender Steuerzahler etwa gleich viel Steuern zahlen wie jemand, der mit gleichem Einkommen eine mehrköpfige Familie versorgen muß. Deshalb fordert sie neben dem steuerfreien Existenzminimum die Einführung eines die Steuerprogression deutlich mildernden Familiensplittings.

Mahlen auch die tagespolitischen Mühlen langsam, so konnten doch die Kritiker der ausschließlichen Familienförderung über direkte Geld- und Sachleistungen bereits bei der letzten, seit 1.1.1989 wirksamen Steuerreform den Fuß weiter in die Tür zu einem Steuersystem mit familienpolitischen Parametern schieben. Statt die aus den 70er Jahren verbliebenen Reste ganz abzuschaffen, wurden der Alleinverdienerabsetzbetrag (AVAB) erhöht (4000,-/Jahr), die für den AVAB unschädliche Einkommensgrenze des Ehegatten vervierfacht (40.000,-) und der Kinderzuschlag verdreifacht (1800,-/Kind und Jahr). Die SPÖ, bis zur Übergabe des Familienressorts an die ÖVP massive Gegnerin der Familienförderung über das Steuersystem, (weil "extrem ungerecht") verteidigt ihre Grundsätze nur mehr schwächlich, um ressortpolitische und damit auch parteipolitische Punkte zu sammeln. Um dem in schwarzen Händen liegenden Familienministerium einen Trumpf zu rauben, verläßt man auch eigene Grundsätze und präsentiert sich als familienfreundliches rotes Finanzministerium.

4.2. Staffelung der Familienbeihilfe nach der Kinderzahl?

Die 1954 bei der Beschlußfassung des FLAG für die Mehrkinderstaffel gefundene Begründung gilt für die ÖVP und den Katholischen Familienverband heute mehr denn je. Da wir von dem Ziel, die finanziellen Lasten, die Kinder den Familien verursachen[21], *"sofort vollständig auszugleichen"* nach wie vor weit entfernt sind, *"wird der Fehlbetrag zwischen den tatsächlichen Lasten und den ausgezahlten Beihilfen mit steigender Kinderzahl immer größer. Es ist daher erforderlich, daß die Beihilfen für jedes weitere Kind progressiv steigen".*[22]

Im Arbeitsübereinkommen (ÖVP/SPÖ 1987) und im Familienmanifest der ÖVP (1989) wird der "soziale" Charakter dieser Forderung noch stärker betont: So wird eine *"Staffelung der Familienbeihilfe nach sozialen Gesichtspunkten unter Berücksichtigung der wirtschaftlichen Lei-*

stungsfähigkeit" gefordert. Konkret war die Erhöhung der Familienbeihilfe ab dem dritten Kind gemeint, *"da v.a. die Familien mit mehreren Kindern oft in die Armutsgrenze abrutschen"*.

Die SPÖ hält dem entgegen, daß der von der Familienbeihilfe pro Kind nicht gedeckte Betrag umso geringer wird, je mehr Kinder jemand hat. Obwohl sachlich richtig - Kinderkostenanalysen zeigen, daß bis zu einem bestimmten Einkommen die Ausgaben pro Kind mit steigender Kinderzahl sinken, weil die Familien nicht mehr Geld ausgeben können, als ihnen zur Verfügung steht - ist das Argument noch lange nicht sozial. Einer Abschätzung der Anzahl von Kindern in Familien mit einem gewichteten Pro-Kopf Einkommen unter dem Ausgleichszulagenrichtsatz[23] zufolge, sind sehr wohl Mehrkinderfamilien (3 und mehr Kinder) absolut und relativ am stärksten von der Armutsgefährdung betroffen: 80 % der alleinverdienenden Arbeiterfamilien mit vier oder mehr Kindern, und noch immer 50 % jener mit drei Kindern fallen unter die fragliche Grenze. Auch den Bauern geht es nicht besser. Ebenfalls hohe Armutsgefährdung liegt bei den kinderreichen Angestellten und Beamten mit 50 - 70 % vor.

Dieselbe Abschätzung gibt aber auch dem Argument der SPÖ recht, daß nicht nur die Kinderzahl für die Armutsgefährdung ausschlaggebend ist, sondern auch die Einkommenssituation. Daß fast ebensoviele Kinder in finanziell gut situierten Mehrkinderfamilien leben wie in beengten finanziellen Verhältnissen, ist ein Beweis dafür, daß ein konsumschwacher Familientyp (Mehrkinderfamilien) in Kombination mit einer hohen Sozialschicht durchaus über dem Gesamtdurchschnitt liegen kann, wogegen bei Mehrkinderfamilien in unteren Sozialschichten häufig Armutsgefährdung auftritt.[24]

So fallen z.B. 40 % der Arbeiterfamilien mit zwei Kindern und sogar 17 % jener mit nur einem Kind - AlleinerzieherInnen sind hier besonders stark betroffen - in die unterste Einkommenskategorie, wogegen nur 15 % der Angestelltenfamilien mit drei Kindern so niedrige Pro-Kopf-Einkommen haben.

Die Zahlen geben also den einen wie den anderen recht. Wenn sowohl Familien mit einem Kind ebenso wie kinderreiche Familien unter dem allgemein akzeptierten Existenzminimum leben, dann soll die Frage nicht danach gestellt werden, welche Gruppe größer und welche ärmer ist, sondern was Familienförderung sein soll: Teilweise Abgeltung der Kinderkosten oder eine Sozialleistung, mit der der Staat eine Einkommensumverteilung zugunsten der sozial Schwächeren mit dem Ziel vornimmt, alle Kinder zumindest annähernd gleich zu fördern. Beide Parteien reklamieren für sich beide Funktionen und meinen doch unterschiedliche Zielgruppen. Wenn die SPÖ sagt, daß "dem Staat jedes Kind gleich viel wert sein muß" oder daß "jeder, der für ein Kind zu sorgen hat, gefördert werden muß", dann geht sie davon aus, daß die Familienbeihilfe rein auf das Vorhandensein von Kindern ohne

Rücksicht auf die finanzielle Situation der Familie abstellt. Wenn jedoch die ÖVP eine Mehrkinderstaffel fordert, spricht die SPÖ von "Mutterkreuzverleihungen" und von viel ärmeren Gruppen, nämlich den Alleinerzieherinnen oder Arbeitern mit nur einem Kind, welche die besondere Unterstützung viel dringender benötigen. Aus der Familienförderung wird im Handumdrehen eine Sozialhilfe oder man nennt es Lobbyismus für die eigene Wählerschicht (manchmal gewinnt man auch den Eindruck, daß purer Neid dahintersteckt: bevor man riskiert, daß die anderen mehr bekommen könnten, nimmt man in Kauf, daß auch die eigenen Schichten leer ausgehen).

Umgekehrt spricht die ÖVP ständig von den armen Mehrkinderfamilien und will sie über das Steuersystem gefördert wissen, einer Einrichtung, die tatsächlich nur den besser Situierten zugute kommt. Auch hier werden lediglich die Interessen der eigenen Klientel vertreten: für Bezieher mittlerer und höherer Einkommen die Berücksichtigung der Kinderzahl bei der Lohn- und Einkommenssteuer, für die Bauern die einkommensunabhängige Mehrkinderstaffel der Familienbeihilfe und generell geht es um die Restaurierung der Alleinverdienerfamilien mit mehreren Kindern.

Und so tat sich die Regierung im Herbst 1989 schwer, ihr familienpolitisches Paket zu schnüren: Die SPÖ konnte der leicht administrierbaren Mehrkinderstaffel nicht zustimmen, weil diese den Bauern und Gewerbetreibenden um 50 Millionen Schilling mehr als eine einheitliche Anhebung der Beihilfen gebracht hätte und den Unselbständigen und Pensionisten um 50 Millionen weniger.

Die ÖVP konnte der einheitlichen Anhebung nicht zustimmen, weil sie sich auf die "soziale Staffel" festgelegt hat. Man erhöhte daher generell um 100 Schilling und für die "sozial Bedürftigen" - Mehrkinderfamilien, Alleinerzieher, Sozialrentner - wurden die im Fonds angesparten 750 Millionen bereitgestellt. Hätte man die Beihilfen um 150 S erhöht, würden die mit der getroffenen Regelung Protegierten vielleicht etwas weniger bekommen, aber sicher und ohne sich beim Finanzamt dafür anstellen und ihre Armut nachweisen zu müssen.[25]

4.3. Erziehungsgeld oder Maßnahmen zur leichteren Vereinbarkeit von Beruf und Familie

Auf den ersten Blick präsentieren sich die Parteien in ihren familienpolitischen Programmen alle - v.a. aber ÖVP und FPÖ - äußerst liberal. Denn programmatisch werden Maßnahmen für jeden Lebensentwurf gefordert: ganz, teilweise oder gar nicht berufstätig - jede Frau/Familie soll nach ihrer Fasson glücklich werden können.

Auch die SPÖ ist im Sommer 1989 - nach einem Vorstoß der Arbeiterkammer - von dem schon recht langweiligen Beharren auf dem Status quo abgerückt: Es werden neuerdings Teilzeitregelungen für Eltern von Kindern unter drei Jahren mit teilweisem Lohnausgleich und Rückkehrgarantie auf die Vollzeit und auch eine Verlängerung des Karenzurlaubes auf drei Jahre angestrebt (Ziele, die jedoch noch immer weit hinter dem schwedischen Vorbild zurückbleiben).

Die Parteien sind also ideologisch und verbal einen Schritt aufeinander zugegangen. Für die SPÖ ist nicht mehr jede Regelung, die nicht volle und ununterbrochene Berufstätigkeit der Frau und Unterbringung der Kinder in institutionellen Betreuungseinrichtungen heißt, von vorneherein "frauenfeindlich". Und für die ÖVP ist nicht mehr jede berufstätige Mutter eine egoistische "Rabenmutter" und die Kinder (und in der Folge die Gesellschaft) scheinen nicht mehr automatisch der Verwahrlosung preisgegeben, wenn sie nicht bis ins hohe Alter ausschließlich von der Mutter betreut werden.

Dennoch dürfte die Umsetzung der einander angenäherten Standpunkte in konkrete Maßnahmen nicht einfach werden, weil sich im Detail doch unterschiedliche Schwerpunkte zeigen. Und wenn sich auch die Frauenorganisationen der Parteien in Vielem weitgehend einig sind, so stehen doch die Interessen der Bundeswirtschaftskammer einer raschen Einigung in wesentlichen Bereichen entgegen.

Für die SPÖ ist z.B. eine Ausdehnung des Karenzurlaubes auf zunächst zwei Jahre sinnvollerweise nur unter der Voraussetzung der Arbeitsplatzgarantie denkbar, die die Wirtschaft aber auf keinen Fall geben will. Ob die weitergehenden Forderungen der SPÖ nach einer Verlängerung des Kündigungsschutzes nach dem Karenzurlaub von derzeit vier auf 20 Wochen (damit die Frauen einen neuen Anspruch auf Arbeitslosenunterstützung erwerben können) sowie ein Karenzurlaubsgeld in voller Höhe die Verhandlungen der Sozialpartner überleben werden, ist äußerst fraglich.

Auch die zweite Forderung beider Regierungsparteien, die nach einem gesetzlichen Anspruch auf Teilzeitarbeit bis zum dritten Lebensjahr des Kindes mit Rückkehrgarantie auf den Vollzeitplatz und teilweisem Lohnausgleich bis zu einer gewissen Einkommenshöhe wird auf sich warten lassen. Denn wenn auch die Bundeswirtschaftskammer die "Teilzeit für Frauen für eine gute Lösung für die Familien" hält, so könne sie "nicht verpflichtend verordnet werden".[26] D.h., die Frauen sollen sich um die sozial- und arbeitsrechtlich sowie finanziell ungesicherten Teilzeitarbeitsplätze zu den von der Wirtschaft diktierten Bedingungen anstellen.

Wie auch in den anderen bereits referierten Bereichen geht es auch hier nicht nur um eine "Politik für die Familie" und darin um rein sachlich begründete Interessensgegensätze sondern um eine Politik der Standesvertretung: die SPÖ auf Seiten der unselbständigen Erwerbstätigen und der AlleinerzieherInnen, die ÖVP auf Seiten der Selbständigen, Bauern und Hausfrauen.

Nur so ist es zu verstehen, wenn die Abgeordnete zum Nationalrat Helga Rabl-Stadler sagt, daß sie auf keinen Fall einem zweiten Karenzjahr zustimmen werde, weil es v.a. erst einmal den "Klassenunterschied" zwischen den unselbständig und selbständig Erwerbstätigen (die keinen Karenzurlaubsanspruch haben) auszubügeln gelte. Mit ähnlichen Argumenten wurde sechs Jahre der wahlweise und/oder geteilte Karenzurlaub verhindert. Und auch die Erziehungsgelddebatte schlägt in dieselbe Kerbe. Es sollen auch Mütter, die keinen Anspruch auf ein Karenzurlaubsgeld haben, Geld bekommen, zumindest in dem Ausmaß, in dem der FLAF die Karenzurlaubsgeldbezieherinnen unterstützt: *"Ein Ausschluß von nicht unselbständig beschäftigten Müttern aus Leistungen des Familienlastenausgleichsfonds ist nicht haltbar"* (ÖVP-Familienmanifest).

Die SPÖ hingegen argumentiert, daß das Karenzurlaubsgeld eine Kompensation für den Einkommensentgang und darüber hinaus eine Sozialversicherungsleistung darstelle. Frauen, die keinen Anspruch auf Karenzurlaubsgeld haben, waren in der Regel auch vor der Geburt des Kindes nicht berufstätig (Hausfrauen) und haben daher keinen Einkommensentgang bzw. können kein Beschäftigungsverbot einhalten (Bäuerinnen, gewerblich Selbständige etc.). Außerdem seien die letzteren nicht willig, einen Beitrag in die Sozialversicherung und einen höheren Beitrag an den FLAF zu leisten.[27] Es erhalten Bäuerinnen und gewerblich Selbständige ohnehin schon ohne Beitragsleistung und ohne Anwartszeit 28.000,- Betriebshilfe (= Wochengeld), wogegen Arbeitnehmerinnen 13 Wochen Anwartszeit und Mindestansprüche haben und ein Arbeitsverbot einhalten müssen.

Auch hier gilt es, wieder eine Frage zu entscheiden: Soll allein die Tatsache, ein Kind in einem bestimmten Alter zu haben, genügen, um Anspruch auf staatliche Unterstützung zu erhalten, dann müssen alle Frauen ein "Erziehungsgeld" unter gleichen Voraussetzungen, d.h. mit oder ohne Beitragsleistungen in eine Versicherung, erhalten. Soll sie aber weiterhin wie alle Leistungen der Arbeitslosen- und Pensionsversicherung an einem Arbeitsverhältnis und Anwartschaften anknüpfen, dann ist es unsinnig, wenn diejenigen, die nicht in diesen Topf einzahlen, neidvoll schreien, daß sie etwas ihnen Zustehendes nicht bekommen, daß sie diskriminiert seien.

5. Zusammenfassung

Alle Parteien wollen also nur das Beste für die Familien und dennoch unterscheiden sie sich in den konkreten Vorstellungen gravierend. Treten alle vier Parlamentsparteien theoretisch für die größtmögliche Freiheit in der Wahl zwischen Berufstätigkeit und Familienzeit für Männer und Frauen ein, so setzen sie sehr unterschiedliche Prioritäten.

Die SPÖ und die Grünen forcieren "Berufstätigenprogramme", die es beiden Elternteilen ermöglichen sollen, ohne allzugroße sozial- und arbeitsrechtliche Verluste und/oder Belastungen Beruf und Familie miteinander verbinden zu können. Sie setzen auf Partnerschaft und Aufhebung der geschlechtsspezifischen Arbeitsteilung, auch wenn sie nach meinem Geschmack noch immer am Arbeitsplatz als dem allein seligmachenden Ort hängen und v.a. die SPÖ wenig Bereitschaft zeigt, von der gesellschaftlich "herrschenden Fiktion" des an der männlichen Erwerbs-Biographie orientierten "Normalarbeitsverhältnisses"[28] abzurücken. Es kann also der SPÖ - und hier v.a. den Frauen - eine gewisse autoritäre Neigung nicht abgesprochen werden, wenn sie immer genau wissen, was für die Frauen gut sei, emanzipierend wirke und was ihnen schade.

Die Prioritäten der ÖVP hingegen laufen auf eine Zementierung der herrschenden Verhältnisse, wenn nicht sogar auf den Versuch, das Rad der Geschichte zurückzudrehen, hinaus: Familienförderung über die Steuer, Honorierung der Gebärfreudigkeit mittels Mehrkinderstaffel ohne Ansehen der finanziellen Verhältnisse der Familie haben eindeutig bevölkerungspolitischen Charakter. Die seit 1. Jänner 1990 wirksame Ausdehnung der Sondernotstandshilfe auf verheiratete Frauen soll den "ehefeindlichen" Impetus der "Alleinerzieherinnenmaßnahmen" aufheben. Mit dem Erziehungsgeld will man darüber hinaus den Frauen die Berufstätigkeit billig abkaufen - denn mehr als ein Almosen kann es mit den vorhandenen budgetären Mitteln ohnehin nicht sein -, wodurch ein eindeutiger gesellschaftspolitischer Impuls in die falsche Richtung gesetzt wird.

Anmerkungen

1) Der Kreis der Anspruchsberechtigten wurde von den Vätern der Kinder unselbständig berufstätiger Mütter auf jene gewerbetreibender Mütter und Bäuerinnen ausgedehnt. Väter von Kindern einer "Hausfrau" bleibt weiterhin der Anspruch versagt.
2) Z.B. Neue Kronenzeitung, 14.1.1990, S. 37.
3) Die Regierung definiert Familienpolitik folgendermaßen: *"Familienpolitik hat die Aufgabe, die Lebensbedingungen der Familien zu verbessern und an der Schaffung einer kinderfreundlichen Gesellschaft mitzuwirken.*
Die Bundesregierung sieht Familienpolitik als wichtigen Bestandteil einer umfassenden Gesellschaftspolitik. Sie reicht von der Sicherung von Arbeitsplätzen über die Humanisierung des Arbeitslebens bis zur Förderung des Wohnens, vom Ausbau des Gesundheitsdienstes - wie beispielsweise seinerzeit durch das bewährte Modell des Mutter-Kind-Passes - bis zur gesunden Umwelt. Sie schließt den Kampf gegen die Armut ebenso ein wie das aktive Bildungs- und Kulturgeschehen."

Bundespressedienst (Hg.): Erklärung der Bundesregierung vor dem Nationalrat von Bundeskanzler Dr. Franz Vranitzky, 28. Jänner 1987.

4) Aus dem Familienlastenausgleichsfonds (FLAF), der zu 65 % aus Arbeitgeberbeiträgen (4,5 % der Lohnsumme) zu 30 % aus Anteilen der Lohn- und Einkommenssteuer und aus kleinen Beiträgen der land- und forstwirtschaftlichen Betriebe (2 %) sowie der Länder (3 %) gespeist wird, werden folgende Leistungen finanziert:
Familienbeihilfen: 30 Mrd.; Schülerfreifahrten, Schulfahrtbeihilfen, Schulbücher, Schülerunfallversicherung: 5 Mrd.; Familienberatung, Geburtenhilfe, Mutter-Kind-Paß: 1,7 Mrd.; 50 % vom Wochengeld; Karenzurlaubsgeld, Betriebshilfe an Bäuerinnen und selbständig Erwerbstätige: 2,8 Mrd.; Karenzurlaub als beitragsfreie Ersatzzeit in der Pensionsversicherung (642 Mio) Pensionsversicherung für Pflegepersonen von Schwerstbehinderten (50 Mio), Unterhaltsvorschüsse (550 Mio).

5) Fleischmann/Kitzmantel/Moser: Zur Diskussion um die Familienpolitik. BMF, August 1989.

6) Ebd.

7) Bericht und Antrag des Finanz- und Budgetausschusses, 419. d. Beilagen z. d. Sten. Prot. d. NR, VII. GP (Beratungen zur Beschlußfassung des FLAG 1954), S. 2.

8) Ebd., S. 1.

9) Ebd., S. 1.

10) Ebd., S. 1.

11) Vgl. ebd.

12) Münz, R.: Familienpolitik gestern - heute - morgen, Salzburg 1984, S. 174.

13) Der verbliebene Alleinverdienerabsetzbetrag wurde 1982 auf Alleinerzieher/innen ausgedehnt.

14) Münz, R./Neyer, G./Pelz, M.: Frauenarbeit, Karenzurlaub und berufliche Wiedereingliederung. Veröffentlichung des Österreichischen Instituts für Arbeitsmarktpolitik, Heft XXX, Linz 1986, S. 151.

15) Die Sondernotstandshilfe wurde im "Familienpaket 1989" auch auf verheiratete Frauen ausgedehnt, deren Kindesväter kein Einkommen beziehen.

16) 1981 gab es 158.142 "Teilfamilien" mit 223.776 zu erhaltenden Kindern; davon sind etwa 10 % alleinerziehende Väter. 13,9 % aller Kinder unter 15 Jahren leben in Familien mit nur einem Elternteil.

17) Der Erfolg des Untersuchungsprogramms - an der Säuglingssterblichkeitsrate gemessen - wird von den zuständigen Familienpolitikern und Ärzten gerne als überwältigend bezeichnet: von 0,20 % im Jahre 1975 ist die Säuglingssterblichkeit auf 0,09 % im Jahre 1987 gesunken.
(Damit werden auch die Kosten von 460 Millionen Schilling aus dem FLAF [weitere 230 Mio S, = 1/3, zahlen die Träger der gesetzlichen Krankenversicherung] gerechtfertigt. Meiner Meinung nach wären aber die gesamten Kosten von den Krankenversicherungen zu tragen; die Mittel aus dem Fonds bedeuten eine Umverteilung von den Familien zu den Ärzten bzw. Versicherungen).

Betrachtet man allerdings einen längeren Zeitraum, so relativiert sich der erste Eindruck: Von 1946 bis 1974 ist die Säuglingssterblichkeit nämlich auch von 0,81 % auf 0,23 %, also im gleichen Ausmaß ohne das spezielle Untersuchungsprogramm gesunken. In den skandinavischen Ländern und in Holland sind die Daten noch erfreulicher, jedoch mit einer Gesundheitspolitik, die auf Hausgeburt, Betreuung durch Hebammen und umfassende Geburtsvorbereitung setzt.

18) a) Familienmanifest: ÖVP, Familienkongress, Linz, 1989.
b) Familienpolitische Maßnahmen (Familienpaket) SPÖ, 1989. Überlegungen zu einer gerechten Familienpolitik. Johanna Dohnal. Informationsmappe SPÖ-Frauen, 1989.
c) Gesellschaftspolitisches Programm der FPÖ, 1989.
d) Reformprogramm der Grünen. Fünf Schritte zu mehr sozialer Gerechtigkeit. August 1989.

19) Bei einer Befragung zeigten sich 43 % mit der Familienförderung der 70er Jahre zufrieden, für 22 % war sie nicht großzügig genug und 35 % hielten sie - v.a. die Ausgaben für Schulbücher, Geburten- und Heiratsbeihilfen für zu verschwenderisch.
Vgl. Münz, R. (Hg.): Leben mit Kindern. Wunsch und Wirklichkeit, Wien 1985, S. 207.

20) Referat gehalten anläßlich einer Enquete des BMUJF zum Thema "Die wirtschaftliche Situation der Familien in Österreich", 10. März 1989.

21) Nach der vom ÖStZ herausgegebenen Fortrechnung der Kinderkostenanalyse 1980 kostete ein Kind in einer Familie mit einem Ausgabenrahmen von öS 19.000,- 5440,- bzw. öS 6280,- (über 10 Jahren). Für zwei Kinder wird in einer Familie derselben Einkommenskategorie nur mehr öS 7180,- bzw. öS 7960,- und für drei Kinder öS 8910,- bzw. 10.420,- ausgegeben. Die Familienbeihilfe beträgt hingegen öS 1300,- für Kinder unter 10 Jahren und öS 1550,- für jene über 10.

22) Bericht und Antrag des Finanz- und Budgetausschusses, 419. d. Beilagen z.d. Sten. Prot. d. NR, VII. GP (Beratungen zur Beschlußfassung des FLAG 1954), S. 2.
Schmitz, Wolfgang: Wer ist da "asozial"?, Die Furche, Nr. 31/4. August 1989.

23) Orthofer-Samhaber, M.: Abschätzung der Anzahl von Kindern in Familien mit einem gewichteten Pro-Kopf-Einkommen unter dem Ausgleichszulagenrichtsatz. BMUJF, Sept. 1989.
Nach den Hochrechnungen fallen etwa 570.000 Kinder (= 1/3 aller Kinder) unter die als Armutsgefährdung definierte Grenze eines gewichteten Pro-Kopf-Einkommens von 4900,- öS. Diese teilen sich wie folgt auf: 425.000 in Familien alleinverdienender und alleinerhaltender unselbständig Beschäftigter, 36.000 Kinder in Zweiverdienerfamilien, 94.000 bei Bauern und 13.000 bei Selbständigen ohne Arbeitnehmer.

24) Konsumerhebung 1984, Sozialstatistische Auswertungen. Beiträge zur österreichischen Statistik. Hg. vom Österreichischen Statistischen Zentralamt, Heft 817, 1986.

25) Anspruch auf "Familienzuschlag" von öS 200,- pro Kind und Monat haben jene Personen, deren Familieneinkommen öS 96.000,- (mit einem Kind) nicht übersteigt; für jedes weitere Kind erhöht sich dieser Betrag um jährlich öS 18.000,- Der Zuschlag wird auf Antrag (Formulare beim Finanzamt) gemeinsam mit der Familienbehilfe ausbezahlt.

26) L. Maderthaner, Wirtschaftsbund-Obmann in einem Interview, Der Standard, Nov. 1989.

27) Der FLAF wird beinahe zur Gänze aus Dienstgeberbeiträgen und Anteilen der Einkommens- und Umsatzsteuern finanziert; diese sind als Lohnverzicht bzw. -bestandteil der Unselbständigen zu verstehen; der Beitrag der land- und forstwirtschaftlichen Betriebe ist mit 91 Mio S im Vergleich zu den an diese Gruppe zurückfließenden Beträgen lächerlich gering.

28) Mückenberger, U.: Die Krise des Normalarbeitsverhältnisses, in: ZfSozialreform 7+8/1985, S. 424 ff. Zit. nach: Geissler, B./Pfau, B.: Frauenförderung mittels Arbeitszeitverkürzung, in: WSI Mitteilungen 7/1989, S. 383 ff.

Nikolaus Dimmel

ESSEN STATT ARBEITEN? ZUR RECHTSPOLITISCHEN BEDEUTUNG EINER VERFASSUNGSRECHTLICH GEWÄHRLEISTETEN GRUNDSICHERUNG

1. Garantierte Grundsicherung - Ausweg aus der Krise des Sozialstaates?

Pointiert ausgedrückt findet die Entstehung von Verarmungsrisiken in Österreich seit 1981 in geringfügiger Abwandlung eines bonmots von Anatol France ihren Grund darin, daß "das (Sozialversicherungs)Gesetz in seiner erhabenen Gleichheit den Armen ebenso wie den Reichen (offen läßt), Brot zu stehlen und unter Brücken zu schlafen". Erdrückend sind die Befunde, denen zufolge die Systematik der lohnarbeitszentrierten Risikenvorsorge[1] und des sozialversicherungstechnischen Äquivalenzprinzips[2] graduell abgestuft in Armut münden,[3] denen zufolge das überbeanspruchte kommunale Sicherungssystem der Sozialhilfe zunehmend restriktiver wird und mittels repressiver Verweigerungsstrategien, unbestimmter Rechtsbegriffe, Regreßdrohungen, Subsidiaritätsansprüche und erweiterter Zumutbarkeitsbestimmungen beim notwendigen Einsatz der eigenen Arbeitskraft Ansprüchen seiner Klientel "vorbeugt".[4] Soziale Demontage findet aber nicht nur durch den Einsatz von Generalklauseltechniken,[5] sondern auch mittels schlichter Entregelung statt.[6] Die Vergesellschaftung von Arbeitsmarktrisiken durch *ubiquitär* vermittelte gesellschaftliche Gewährleistungen in Form einer verstetigten staatlichen Risikenkompensation[7] funktioniert nicht mehr. Seit geraumer Zeit nun dringt deshalb die Rede von einer "Entkopplung von Arbeiten und Essen"[8] an das Ohr des Gesetzgebers - dem diese Debatte um ein Recht auf staatlichen monetären Transfer nun so neu auch wieder nicht ist - wobei bezeichnend bleibt, daß sich die Proponenten der Grundsicherung - vom garantierten Mindesteinkommen bis zur bedarfsorientierten "Sockelung" bereits bestehender Transfers - um die rechtliche Implementation ihrer Idee herzlich wenig gekümmert haben. Daß die normative Festschreibung eines Rechts auf Grundsicherung demgegenüber aufs engste mit rechtspolitischen, aber auch verfassungsrechtlich-strukturellen Aspekten verknüpft werden muß, ist Gegenstand der folgenden Ausführungen:

Gretchenfrage der Auseinandersetzung um eine soziale Mindestsicherung aller "dropouts" der Beschäftigungskrise, aber auch der Rentner, Hausfrauen, Invaliden, Auszubildenden usw., ist einmal deren Höhe. Diese wiederum ist Resultat gesellschaftlicher Umverteilungskonflikte. Ob eine Mindestsicherung auf niedrigem Niveau als Zwang zur Annahme von Lohnarbeit in atypischen, sozial- und arbeitsrechtlich prekär abgesicherten Beschäftigungsverhältnissen dient oder als Grundsicherung auf hohem Niveau Verarmungsrisiken absorbiert, kaufkraftfähige Nachfrage umverteilt und gesellschaftlich-notwendige, aber nicht entgoltene Arbeiten attraktiver gestalten soll, ist eine Frage der Verfügung über soziale Macht und ökonomische Ressourcen. Ob eine Grundsicherung ein Subsistenz- als Existenzminimum festschreibt oder als Instrument der Umverteilungspolitik fungiert, indem es den Staat mittels Rechtsanspruchs auf eine bestimmte Politik der Rekrutierung des Steueraufkommens und eine entsprechende Umverteilung "von oben nach unten" festzulegen ermöglicht, ist ebenso eine Frage des Gewichtes gesellschaftspolitischer Entwicklungspfade im Interesse der organisierten Arbeitnehmerschaft.

Unverkennbar gehört es zu den Implikationen einer sozialen Mindestsicherung, Defizite der Beschäftigungspolitik mittels monetärer Transfers abzudecken. Böse Zungen mögen behaupten, es handle sich um einen fliegenden Wechsel vom Vollbeschäftigungsparadigma zu Klientelisierung des Wahlvolks mittels Sozialtransfer. In jedem Fall handelt es sich hiebei, wie bei Sozialpolitik generell, um eine Abfederung lohnarbeitsspezifischer Risikolagen ex post. Was nun bedeutet eine Grundsicherung für den gewerkschaftlichen Anspruch auf Arbeitszeitverkürzung und Arbeitsumverteilung? Was bedeutet er für das gewerkschaftliche Organisations- und Drohpotential, für die Kartellierung der Arbeitskraft? Ohne eine Beantwortung dieser "Strategiefragen" bleibt jedes Implementationsszenario einer Grundsicherung notwendig spekulativ.

Vereinfacht gesagt lassen sich zwei Schienen der Grundsicherungsdebatte ausmachen: Einerseits der Vorschlag eines garantierten Mindesteinkommens in Form einer negativen Einkommenssteuer, eines Bürgergeldes bzw. einer Sozialdividende, welche sowohl aus ordoliberaler als auch aus ökologisch-egalitärer Sicht, gleichwohl auf unterschiedlichem Leistungsniveau, das Transfersystem vereinheitlichen und vom Lohnarbeitsprozeß abkoppeln. Andererseits der Vorschlag einer bedarfsorientierten Sockelung bestehender Transferbrücken, wobei sowohl die Zweiteilung in Sozialversicherung und Sozialhilfe als auch die versicherungstechnischen Arbeitsprinzipien der Ein/Auszahlungsäquivalenz sowie der Festschreibung differenzierter Anspruchsvoraussetzungen beibehalten werden. Beide Varianten beinhalten demzufolge gegensätzliche Optionen gewerkschaftlich-orientierter Sozialpolitik. Denn unabdingbar muß die konkrete Verhandlung des Niveaus der Grundsicherung innerhalb bestehender Institutionen, Rechtsformen und Konstellationen zwischen korporierten Akteuren erfolgen. Deshalb ist jede Grundsicherungskonzeption untrennbar mit Fragen gewerkschaftlicher Organisationspolitik verbunden, muß sich an Strategien der Arbeitsumverteilung mittels Arbeitszeitverkürzung messen und anhand des Kriteriums der Integrationsfähigkeit abhängiger Arbeitsverhältnisse unter die Klammer arbeits- und sozialrechtlicher Schutzgesetze prüfen lassen. Demgegenüber verkennt eine geschichtsphilosophisch verheißene Entkopplung von Arbeiten und Essen die klassenbezogene Dynamik des Umverteilungskonfliktes, der zugleich ein Konflikt um die Verfügung über Ressourcen und damit um Macht bzw. Hegemonie ist.

Für den vorliegenden Zusammenhang reicht es hin, thesenförmig festzuhalten, daß der Versuch, den Konflikt zwischen Arbeit und Kapital auf die Ebene einer garantierten Alimentierung der Subsistenz der Opfer der Beschäftigungskrise zu *verlagern*, sich gewerkschaftlichen Interessen gegenüber kontraproduktiv verhält. Im Folgenden wird deshalb die Perspektive einer Grundsicherung im Bezugssystem sozialstaatlicher Inklusion[9] durchgehalten.

Nicht nur die strategische Option, sondern auch die unterschiedliche Implementationsperspektive legt den Schluß nahe, daß ein Recht auf Mindestsicherung als Sockel und nicht als Mindesteinkommen gestaltet werden sollte. Erfordert doch ein garantiertes Mindesteinkommen andere Implementationsstrategien als eine bedarfsorientierte gesockelte Grundsicherung, insbesondere deshalb, weil ersteres das versicherungstechnische Äquivalenzprinzip zur Gänze ersetzt, die rechtliche Konstruktion des auf Ein/Auszahlungsäquivalenz, Generationenvertrag und ununterbrochenen Arbeitsbiographien beruhenden Sozialversicherungsverhältnisses umpolt und bestehende detaillierte Transferbrücken für spezifische Risikolagen vereinheitlicht, also auf einen Transfer vorbehaltlich eventuell pauschalierter Zulagen reduziert. Eine Sockelung dagegen setzte an den bereits vorhandenen Transferbrücken der Sozialversicherung und Sozialhilfe an, indem die bereits vorhandenen Durchbrechungen des Äquivalenzprinzips - der vertraglich gesicherten Anwartschaft auf Leistungen - wie sie bereits jetzt schon in Form der Ausgleichszulage für Pensionisten, und der ausgleichenden Erhöhung der Nettoersatzquote beim Arbeitslosengeld,[10] welche Niedrigeinkommensbezieher begünstigt, bestehen, auf der Höhe eines generellen Armutsausschließungsstandards auf allen Transferbrücken festgeschrieben würde. Wo eine Mindesteinkommenskonstruktion das Sozialversicherungsprinzip "in toto" beseitigte, begnügte sich eine gesockelte Grundsicherung also mit der Ausweitung bereits vorhandener Perforationen des Äquivalenzmechanismus. Hinzu kommt schließlich, daß ein garantiertes Mindesteinkommen aller Voraussicht nach einen "circulus vitiosus" zwischen sinkenden Beitragsaufkommen und negativen Arbeitsmarkteffekten initiieren würde,[11] wogegen eine bedarfsorientierte Grundsicherung an einer Stabilisierung des Beitragsaufkommens der Sozialversicherung orientiert bliebe.[12]

Unbeschadet der unterschiedlichen strategischen Optionen muß konzediert werden, daß *alle* Varianten einer Abkopplung sozialer

Sicherungsansprüche von individuell geleisteten Sozialversicherungsbeiträgen, unabhängig von ihrer Reichweite, darauf basieren, daß das Äquivalenzprinzip durchbrochen wird und ein "Recht" auf staatlich alimentierte Subsistenz statuiert wird. Gleichwohl spielt die Qualität des Eingriffs in die bestehende Verfassungsstruktur in der rechtspolitischen Diskussion eine gewichtige Rolle.

2. Rechtsform und Implementationsprobleme eines Grundrechts auf soziale Mindestsicherung

Was in der Grundsicherungsdebatte gemeinhin als "Recht" auf soziale Mindestsicherung firmiert, muß, auch in Form einer gesockelten Transfer-Grundsicherung, um als Rechtsanspruch gegen den Staat als Leistenden, der über das Objekt des Anspruchs, nämlich monetäre Ressourcen, verfügt, als "verfassungsmäßig gewährleistetes Recht", mithin: als Grundrecht formuliert werden. Grundrechte im spezifisch juristischen Sinn bedeuten aber Präziseres als bloß "wichtige Rechte". Als verfassungsmäßig gewährleistete Rechte müssen sie vom Einzelnen vor dem Verfassungsgerichtshof gegen individuelle hoheitliche Verwaltungsakte (Art 144. B-VG) sowie gegenüber Gesetzgebung (Art. 139 B-VG) und der Verordnungsgewalt (Art. 140 B-VG) der Vollziehung[13] durchgesetzt werden können. Eminente Bedeutung kommt also der Durchsetzbarkeit eines sozialen Grundrechts auf Mindestsicherung, seiner Justitiabilität, zu.[14] Erst der Rechtsschutz nämlich erzeugt einen positiven Status des einzelnen gegenüber dem Staat. Sozialrechtliche Verpflichtungen werden erst dann zu "Rechtsverbürgungen", wenn ihnen unmittelbare Rechtsverbindlichkeit zuerkannt wird. Kurz: Justitiabilität ist Voraussetzung der Sanktionierbarkeit eines sozialen Grundrechts. Also müssen individuelle Klage- und Beschwerderechte[15] vor staatlichen Instanzen eingerichtet werden, soll eine Mindestsicherung durchsetzbar sein.

Für die spezifische Rechtsform einer Grundsicherung bedeutet das, daß sie nicht bloß programmatisch formuliert werden darf, sondern unmittelbar rechtsverbindlich sein muß. In den Figuren verfassungsrechtlicher Rechtssetzungstechniken dargestellt lassen sich nun mehrere Varianten einer Implementation mit jeweils unterschiedlicher Effizienz identifizieren.[16] "Kompetenznormen" bleiben als bloße Ermächtigungen an den Gesetzgeber im Fall der ausbleibenden Gebrauchnahme sanktionslos und sind deshalb inadäquat. Ebenso verhält es sich mit einer "Sozialstaatsklausel" wie in Art. 20, 28 Bonner Grundgesetz normiert. Auf eine verfassungsrechtlich verankerte "Staatszielbestimmung", wie sie in Art. 1 Abs. 1 des Bundesverfassungsgesetzes über den umfassenden Umweltschutz enthalten ist, ist kein unmittelbar durchsetzbares Recht auf das Tätigwerden des einfachen Gesetzgebers.

Ein "Gesetzgebungsauftrag" an den Gesetzgeber bliebe vor allem deshalb Makulatur, weil selbst der Verfassungsgerichtshof im Falle des Untätigbleibens des Parlaments die Grundrechtsoption auf Mindestsicherung nicht konkretisieren dürfte. Leistungsansprüche, die durch die Säumigkeit des Gesetzgebers nicht gesetzlich festgeschrieben oder verfassungswidrig formuliert wurden, können auch mit dem Instrument der Normenkontrolle durch den Verfassungsgerichtshof nicht suppliert werden.[17] Einzig eine "Einrichtungsgarantie",[18] die den Kernbereich öffentlich-rechtlicher Institutionen garantiert, indem sie jede einfachgesetzliche Regelung aber auch individuelle Rechtsakte, welche diese Einrichtung beseitigen oder die Mitgliedschaft in ihr diskriminieren würden, der Prüfungskompetenz des Verfassungsgerichtshofs unterzieht, würde der Einrichtung einer Transferbrücke ohne Versicherungsäquivalenz Bestand verschaffen. Eben dies ist im übrigen Gegenstand des Art. 1 Abs. 1 des Entwurfes zu einem Bundesverfassungsgesetz über das Recht auf Sozialversicherung und Sozialhilfe.[19]

Um eine Grundsicherung aber nicht nur als Institution, sondern auch als Armutsvermeidungsstandard zu realisieren, muß darüber hinaus aber auch die individuelle Durchsetzbarkeit des sozialen Grundrechts gewährleistet werden, um die Klientel des Sozialstaats in Konflikten um die Höhe, die Bezugsdauer oder die Anspruchsberechtigung mit prozessualer Rechtssubjektivität auszustatten.[20] Sowohl, um gesetzgeberische Untätigkeit bzw. Fehltätigkeit aber auch individuelle Rechtsakte zu korrigieren bzw. zu bekämpfen, ist ein einklagbarer subjektiver Anspruch auf Leistung erforderlich. Hier ist der Gesetzgeber bereits richtungsweisend tätig geworden und hat im Art. 1 Abs. 2 des bereits erwähnten Entwurfes eines Bundesverfassungsgesetzes über das Recht auf Sozialversicherung und Sozialhilfe hinsichtlich des Rechts auf Sozialhilfe ein subsidiäres, verfassungsgesetzlich gewährleistetes subjektives Recht vorgesehen. Die Subsidiarität besteht hiebei gegenüber den aus dem System der Sozialversicherung ableitbaren Ansprüchen.

Ein weiteres Moment spricht für die Verkopplung einer Einrichtungsgarantie mit einem individuellen Klagerecht: Das zentrale implementationsstrategische Problem einer Einrichtungsgarantie besteht darin, sie gleichzeitig nach "vorne" bzw. "oben" hin ausbaufähig zu erhalten *und* zu vermeiden, durch eine zu hohe normative Dichte von Detailregelungen eine "Verfassungsreform in Permanenz" zu verursachen. Je finaler deshalb eine Grundsicherung als Einrichtungsgarantie gefaßt wäre, desto größer wäre auch die Gefahr einer "Versteinerung". Daraus resultiert notwendig die Tendenz, die Unbestimmtheit und Ergänzungsbedürftigkeit eines sozialen Grundrechts von der Verfassungsauf die einfachgesetzliche Ebene zu verschieben, womit die Sicherungsqualität wiederum dem opportunistischen Kalkül parlamentarischer Mehrheiten überantwortet würde. Um den einfachen Gesetzgeber ständig darauf hin kontrollieren zu können, ob er der Dynamik sozialer Ungleichheit gerecht wird, wird deshalb ein subjektives Recht, über welches einfachgesetzliche Norminhalte gerichtlich meß- und überprüfbar würden, als klagbarer Anspruch auf konkrete Leistungen in den Grundrechtskatalog einzubauen sein.[21] In dieselbe Kerbe schlägt das Bauprinzip der österreichischen Bundesverfassung, Verfassungsrechtsfortbildung durch Richterrecht, also Spruchpraxis des VfGH, (noch?) auszuschließen, indem dieser darauf beschränkt bleibt, seine Kontrollfunktion nur in Form der Vernichtung von Rechtsakten ausüben zu können.[22] In Konsequenz bedeutet dies, daß ausgebliebene Rechtsetzungsakte des Gesetzgebers durch richterliche Tätigkeit nicht ersetzt werden können. Auch ein soziales Grundrecht auf Grundsicherung kann, wie angedeutet, aufgrund des Gewaltenteilungsprinzips nicht mittels verfassungsrichterlichen Erkenntnisses durchgesetzt werden. Die Verfassung fungiert vielmehr als Katalog von Entscheidungsregeln für den VfGH und andere Staatsorgane.

Soll die funktionale Trennung von Verfassungsgesetzgeber und Verfassungsgerichtshof, welcher zweifellos enorme demokratiepolitische Bedeutung zukommt[23] beibehalten werden, bedarf ein Grundrecht auf Grundsicherung also einer Einrichtungsgarantie in Verbindung mit einem subjektiven Recht auf Leistung. Rechtspolitisch hätte dies nicht nur eine fortdauernde einfachgesetzliche Konkretisierung, sondern auch eine Reihe von Vereinheitlichungsmaßnahmen zur Folge. Ein einmal eingezogener Sockel, ob als Mindestlohn oder als Grundrente in Fortschreibung des Ausgleichszulagenrichtsatzes, ob als Sockelung des Arbeitslosengeldes, der Notstandshilfe oder als bundesweit vereinheitlichter bedarfsorientierter Sozialhilferichtsatz erzwänge über den Gleichheitssatz eine Kette von Adaptionsschritten. Sowohl das Zwangsvollstreckungsrecht, das Ehe- und Kindschaftsrecht, das Abgabenrecht, das individuelle Arbeitsrecht, das Kollektivvertragsrecht und eine Reihe weiterer Materien wären davon betroffen. Augenfällig machte es wenig Sinn, in Ausführung eines Grundrechts auf Ausschluß der Verarmungsdrohung bspw. einen Mindestlohn zu estimieren und gleichzeitig die Pfändungsfreigrenze von öS 3.700,- zuzüglich 3/10 des verbleibenden Nettogehaltes beizubehalten.

Dieser Entwicklungspfad sieht sich jedoch realiter bescheidenen Ansätzen zur Ausdifferenzierung eines sozialen Grundrechtskatalogs gegenüber. Vorauseilend gehorsam werden auch sozialdemokratische Grundrechtsdebattanten nicht müde, die ökonomische Abhängigkeit sozialer Grundrechte zu betonen.[24] So hat das Redaktionskomitee der Grundrechtekommission bei der Formulierung eines Grundrechtes auf soziale Sicherheit auch die Aufnahme folgender Bestimmung vorgesehen: "Auf Gesetz beruhende soziale Rechtspositionen dürfen unter Wahrung des Systems der institutionellen sozialen Einrichtungen nur insofern aufgehoben und abgeändert werden, als es wichtige soziale und wirtschaftliche Gründe erforderlich machen."[25] Eben zur Tür hinaus dringt das Lamento über die Perforation der liberalen Grundrechte durch Umverteilungsverpflichtungen des Staates wieder beim Fenster herein. Womit jegliche Rechtsverbürgung Makulatur geworden wäre: Zwar bliebe das Institut der Sozialversicherung als Einrichtungsgarantie aufrecht, aber die Leistungshöhe wäre variabel, demzufolge kein Anspruch auf einen Armutsausschließungsstandard bestünde. Das Bemühen hintan zu halten, prozessuale Institutionen zu schaffen, mithilfe derer der einfache Gesetzgeber dazu verhalten werden könnte, die Rechtsordnung der dynamischen Entwicklung[26] gesellschaftlicher Desintegrationsprozesse anzupassen, findet vielerlei Haltegriffe: Zwar hat sich Österreich in Art. 12 Z 3 der Europäischen Sozialcharta verpflichtet, "sich zu bemühen, das System der sozialen Sicherheit fortschreitend auf einen höheren Stand zu bringen", womit zwar ein *Rückschrittsverbot*[27] statuiert wäre, doch beinhaltet dieses gleich zwei Untiefen: Einmal existiert keine eindeutige Rechtsprechung des Verfassungsgerichtshofs zum Wesensgehalt der Sozialversicherung,[28] also dazu, was durch einfachgesetzliche Maßnahmen nicht zu beseitigender Inhalt derselben ist.[29] Bezeichnenderweise beinhaltet der bereits erwähnte Entwurf für ein Grundrecht auf Sozialversicherung und Sozialhilfe gleichsam präventiv kein Rückschrittsverbot. Darüber hinaus böte auch ein durch eine "Notstandsklausel" relativiertes Rückschrittsverbot Raum, um regressive Wirtschaftsdynamiken im Leistungssystem fortzuschreiben. Unschwer ist zu erkennen, daß Verfassungspolitik und Konjunktursteuerung hier nahtlos ineinander übergehen.

Ob Reformen der Sozialversicherung also durch solidarischen Ausgleich der Beitragszahler oder durch Erschließung neuer Finanzierungsquellen bewerkstelligt werden sollen, läßt sich mithilfe des bestehenden Normen- und Entscheidungsbestandes nicht klären. Vielmehr genießen selbst wohlerworbene Rechte im Rahmen der Sozialversicherung keinen verfassungsrechtlichen Schutz. Mit Bundesverfassungsgesetz BGBl 1987/281 ist die rückwirkende Beseitigung von Ruhebezügen mittels einfachen Gesetzes, sofern die Neuregelung nicht unsachlich und damit gleichheitswidrig ist, zulässig.[30] Insofern die Grundrechtskommission des Bundeskanzleramts auf die Verankerung eines Willkürverbotes und eines kategorialen Rückschrittsverbotes im bereits erwähnten Grundrechtsentwurf verzichtet hat, drängt sich der Schluß auf, daß die "gleichheitswidrige rückwirkende gravierende Beseitigung wohlerworbener Rechte durch einfaches Gesetz zulässig sein soll".[31] Eine Eigentumsgarantie sozialer Rechtspositionen besteht demzufolge derzeit nicht.[32]

Sowohl Verfassungsgesetzgeber als auch Verfassungsgerichtshof decouvrieren sich als "falsche Adressaten" einer verfassungsmäßig gewährleisteten Grundsicherung. Insbesondere die Judikatur des Verfassungsgerichtshofs ist dezidiert auf die Wesensgehaltsabgrenzung liberaler Grundrechte orientiert.[33] Unabdingbar erscheint deshalb die Einrichtung von Institutionen bzw. Staatsorganen, welche, dem individuellen Rechtsanspruch der Klientel politisch vorgelagert, nicht nur für Rechtssetzungsinitiativen und Sozialpolitikplanung zuständig sein könnten, sondern auch Höhe, Verteilungseffizienz und Dynamik der Grundsicherung kontrollieren sollten. Der Volksanwaltschaft vergleichbare Überwachungseinrichtungen,[34] die parallel zu den Vollzugsorganen Implementation und Legislation rückkoppelten, wären in diesem Zusammenhang denkbar.[35] E. Loebenstein[36] schlug eine grundrechtlich gefaßte Verfassungsnorm auf Mitsprache bei der Vergabe staatlicher Sozialleistungen vor, die sich m.E. auf Betroffene, deren Lobbies, Korporationen, Träger der freien Wohlfahrt ebenso wie auf Kammern und Gewerkschaften bei der Vergabe staatlicher Sozialleistungen erstrecken könnte. Erst die Institutionalisierung einer derartigen Struktur etwa in Form ministerieller Beiräte mit gesonderter Kompetenz versähe ein individuelles Beschwerderecht, um die Bedarfsgerechtheit einer Grundsicherung auf dem Wege eines individuellen Petitionsrechtes durch den Verfassungsgerichtshof prüfen zu lassen, mit der adäquaten Mobilisierungswahrscheinlichkeit.[37] Selbstredend müßte die Durchsetzung eines individuellen Rechtsanspruchs auf Sozialtransfer von sämtlichen Verfahrenskosten befreit sein, und dürfte, um jegliche strategische Option einer repressiven "bargaining-strategy" zwischen Klientel und zuerkennender Einrichtung von vorneherein auszuschließen, keine aufschiebende Wirkung im Hinblick auf die Leistung der Grundsicherung bedingen. Darüber hinaus müßten Anspruchsberechtigte und ihre Lobbies vergleichbar der Verbandsklage des Konsumentenschutzgesetzes unmittelbar nebeneinander zur Einbringung eines Prüfungsantrags aktiv legitimiert sein. So diente die subjektive Antragslegitimation zur Armutsprävention, wogegen Korporationen rechtsfortbildende Präzedenzfälle mit größerem rechtspolitischem Aufwand durchfechten könnten. Der hoffnungsfrohe Ansatz, "soziale Grundrechte so offen, elastisch und dynamisch zu formulieren, daß sie sozialpolitische Impulse für den einfachen Gesetzgeber auslösen können"[38] erweist sich sohin als äußerst voraussetzungsvoll.

3. Zur rechtspolitischen Dimension eines Grundrechts auf Mindestsicherung

Grundrechte bilden als Kernbestand bürgerlicher Verfassungen Kompromisse zwischen Klassen ab.[39] Historisch bedingt versteht sich der österreichische Grundrechtskatalog als Gebrauchsanweisung einer freien Marktwirtschaft,[40] in den ihre antihegemonialen Positionen einzuschreiben die sozialdemokratische Arbeiterbewegung nicht fähig war.[41] Bis dato ist eine Sozialisierungsperspektive - als Perspektive der Vergesellschaftung sozialer Risken sowie der Verstaatlichung von Betrieben - deshalb verfassungsmäßig zwar nicht ausgeschlossen, ebensowenig aber auch Bestandteil des B-VG. So lange die Frage der gesellschaftliche Kontrolle über Produktionsanlagen mittels wachsender kaufkraftfähiger Einkommen paralysiert werden konnte, blieb auch der Umverteilungskonflikt eingefroren und entthematisiert. Seit 1981 gehört es wohl zu den Treppenwitzen der Geschichte der Arbeiterbewegung, daß zeitgleich zur Zerschlagung der verstaatlichten Industrie, der Refamilialisierung und Reprivatisierung sozialer Sicherungsleistungen, einer angebotsorientierten Politik der Budgetkonsolidierung, der regionalen Peripherisierung von Krisengebieten sowie der Reprivatisierung von Renditen abwerfenden Teilen der öffentlichen Wirtschaft, um nur Schlaglichter zu nennen, die Sozialdemokratie eine rechtspolitische Offensive um den Einbau eines Katalogs sozialer Grundrechte führte, deren "telos" sich pikanterweise darauf beschränkt, bereits vorhandene Institutionen wie die Sozialversicherung mit der Aura der Einrichtungsgarantie zu versehen sowie die Sozialhilfe zwar als subjektives Recht aber ohne Anspruch auf Ausschluß eines Verarmungsrisikos zu gestalten. Faktische Umverteilung von unten nach oben soll symbolisch durch ein nicht-mobilisierbares Recht der Umverteilung von oben nach unten legitimiert werden. Diese Politik sozialen Designs ohne sozialer Sicherung hat Tradition: Trotzdem Österreich 1963 der Europäischen Sozialcharta beigetreten ist und diese 1969 ratifiziert hat,[42] 1973 den Pakt der Vereinten Nationen über wirtschaftliche, soziale und kulturelle Rechte (1966) 1973 unterzeichnet und 1978 mit Erfüllungsvorbehalt i.S.d. Art. 50 Abs. 2 B-VG ratifiziert hat, ist der Einbau sozialer Grundrechte in die Verfassung, so scheint es, mit dem Selbstverständnis sozialdemokratischer Ordnungspolitik unvereinbar.

Doch selbst der/m in den Untiefen verfassungsrechtlicher Exegese Unbewanderten springt sogleich ins Auge, daß das Ausbleiben der Positivierung sozialer Grundrechte nicht darin begründet liegt, daß liberale und soziale Grundrechte aufeinander abgestimmt werden müssen oder daß der Staat, wie das Hauptargument der Gegner sozialer Grundrechte lautet, die volle Verfügung über die Anspruchsgegenstände eines subjektiv-öffentlichen Rechts haben müßte. Dieser Einwand griffe wohl nur bei einem durchsetzbaren Recht auf Arbeit, einem Grundrecht auf Beschäftigung.[43] Alle anderen derzeit zum Rechtskreis der sozialen Grundrechte zählenden verfassungsmäßig gewährleisteten Rechte, nämlich:

- lohnarbeitsbezogene Grundrechte[44] wie freie Berufswahl, staatliche Beschäftigungspolitik, Kündigungsschutz, Mindestlohn, Gleichbehandlung uam.
- auf soziale Sicherheit bezogene Grundrechte wie Mutterschutz, Schutz von Schwangeren, Jugendlichen, Kindern, staatliche Wohnbauförderung, Bildung, soziale Sicherheit uam.

sind dem Wesensgehalt liberaler Grundrechte kompatibel. Daß der Grund der rechtspolitischen Partiallähmung, wenn es um die Transformation von international eingegangenen Verpflichtungen zum Einbau sozialer Grundrechte in die österreichische Verfassung geht, nicht in der Tücke der Verfassungstechnik, sondern im Kontext der Verteilung des gesellschaftlichen Reichtums liegt, tritt idealtypisch am Fall der verfassungsmäßig gewährleisteten Grundsicherung zu Tage: Eine Sockelung bereits bestehender Transfers auf einem nachfragesteuernden, auf der Grundlage eines Wohlfahrtssurvey errechneten Niveaus hätte gerade über die damit verbundenen Folgekosten einer umfassenden Adaption vom Lohnpfändungsgesetz bis zu Unterhaltsregelungen eine massive Budgetbelastung und daraus resultierende höhere Anforderungen an die Konfliktorientierung der Umverteilungspolitik zur Folge. Es sei denn man wollte die Frage der Armutsprävention im schmalsinnigen Horizont solidarischer Verteilung innerhalb der Lohnabhängigeneinkommen "lösen".

Letztlich geht es bei der Festschreibung einer materiellen und sozialkulturellen *Teilhabe* am gesellschaftlichen Reichtum um die verfassungsmäßige Institutionalisierung eines Entwicklungspfades, der die Akkumulation privaten Reichtums am Teilhaberecht der abhängig Arbeitenden relativiert - und damit zur Verteilungspolitik der 80er Jahre gelinde gesagt querliegt. Einem individuell durchsetzbaren Armutsvermeidungsstandard als verfassungsmäßig festgeschriebenem Anspruch auf Umverteilungspolitik zugunsten der abhängig Beschäftigten bzw. nicht-mehr-Beschäftigten ausweichend, scheint sich das sozialpolitische Konfliktpotential der Sozialdemokratie gleichsam komplementär zur Entwicklung eines verfestigten Armutspotentials auf die Formulierung formschöner aber folgenloser B-VG-Entwürfe zu verlagern, ein Vorgang, den man individualpsychologisch als "Verdrängung" zu deuten geneigt wäre, würde er sich nicht als beinahe systematischer Verzicht auf eine Politik gesellschaftlicher Integration entlarven.

Anmerkungen

1) Vgl. S. Leibfried/F. Tennstedt: Armenpolitik und Arbeiterpolitik. Zur Entwicklung und Krise der traditionellen Sozialpolitik der Verteilungsformen; in: dies. (Hg.): Politik der Armut und Die Spaltung des Sozialstaats, Frankfurt 1985, S. 64-93, hier S. 88 ff; U. Mückenberger: Zur Rolle des Normalarbeitsverhältnisses bei der sozialstaatlichen Umverteilung von Risiken; in: Prokla 64 (1986), S. 31-45.
2) Zu den Defensivstrategien der Sozialversicherung vgl. E. Talos: Sozialpolitik in Österreich seit 1970; in: E. Fröschl/H. Zoitl (Hg.): Der österreichische Weg 1970-1985, Wien 1986, S. 93-115, hier S. 108 ff; ders.: Tendenzen der aktuellen österreichischen Sozialpolitik - Anknüpfungspunkte für ein garantiertes Grundeinkommen?; in: Forschungsberichte aus Sozial- und Arbeitsmarktpolitik Nr. 16 - Basislohn/Existenzsicherung. Garantiertes Grundeinkommen für alle?, Wien 1987, S. 167-180.
3) Vgl. G. Fischer/E. Talos: Materielle Versorgung bei Arbeitslosigkeit; in: E. Talos/M. Wiederschwinger (Hg.): Arbeitslosigkeit. Österreichs Vollbeschäftigungspolitik am Ende?, Wien 1985, S. 231-254; E. Talos: Gesellschaftsspaltung in Österreich? Aktuelle Tendenzen am Arbeitsmarkt und in der Sozialpolitik; in: E. Natter/A. Riedlsperger (Hg.): Zweidrittelgesellschaft. Spalten, Splittern oder Solidarisieren, Wien 1988, S. 71-105.
4) Vgl. K. Althaler/F. Lechner/A. Volst: Kommunale Sozialpolitik als Armutsverwaltung am Beispiel der Sozialhilfe der Gemeinde Wien; in: K. Althaler/S. Stadler (Hg.): Risse im Netz. Verwaltete Armut in Österreich, Wien 1988, S. 72-98, insb. S. 85 ff.
5) Vgl. W. Pfeil: Rechtliche und politische Aspekte des österreichischen Sozialhilfesystems; in: N. Dimmel/A. Noll (Hg.): Recht und Politik, Wien 1988, S. 75-96, insb. S. 82 ff.
6) Vgl. R. Voigt: Sozialpolitik zwischen Verrechtlichung und Entstaatlichung; in: Leviathan 1981, S. 62-86, insb. S. 77 ff.
7) Vgl. U. Mückenberger: Thesen zur Funktion und Entwicklung des Sozialrechts; in: Kritische Justiz 1976, S. 339-358, insb. 353 f.
8) Vgl. G. Vobruba: Die Entflechtung von Arbeiten und Essen. Lohnarbeitszentrierte Sozialpolitik und garantiertes Grundeinkommen; in: M. Opielka/G. Vobruba (Hg.): Das garantierte Grundeinkommen, Frankfurt 1986, S. 39-52; ders.: Arbeiten und Essen. Die Logik im Wandel des Verhältnisses von gesellschaftlicher Arbeit und existentieller Sicherung im Kapitalismus; in: S. Leibfried/F. Tennstedt (Hg.): Politik der Armut und die Spaltung des Sozialstaats, Frankfurt 1985, S. 41-64.
9) Vgl. C. Sachsse: Verrechtlichung und Sozialisation. Über die Grenzen des Wohlfahrtsstaates; in: Leviathan 1986, S. 528-545, hier S. 529.
10) Novelle des Arbeitslosenversicherungsgesetzes lt. Kontraste, März 1989, S. 13.
11) Vgl. W. Hanesch: Armutspolitik in der Beschäftigungskrise, Wiesbaden 1988, S. 216.

12) Vgl. W. Hanesch: Grundsicherung für Arbeitslose. Eine sozialpolitische Reformstrategie in der Beschäftigungskrise; in: R. Heinze/B. Hombach/H. Schärf (Hg.): Sozialstaat 2000. Auf dem Weg zu neuen Grundlagen der sozialen Sicherung, Bonn 1987, S. 171-182, hier S. 178 f.

13) Vgl. T. Öhlinger: Soziale Grundrechte; in: O. Martinek et. al. (Hg.): Arbeitsrecht und soziale Grundrechte. FS Floretta, Wien 1983, S. 271-287, hier S. 276.

14) Vgl. E. Loebenstein: Soziale Grundrechte und die Frage ihrer Justitiabilität in: O. Martinek et. al. (Hg.): Arbeitsrechte und soziale Grundrechte. FS Floretta, Wien 1983, S. 209-235. insb. S. 212 ff.; R. Machacek: Die Justitiabilität sozialer Grundrechte; in: O. Martinek/G. Wachter (Hg.): Arbeitsleben und Rechtsordnung. FS Schnorr, Wien 1988, S. 521-555, insb. S. 547 ff.

15) Individualbeschwerde i.S. der BVerf-Nov BGBl 1975/302.

16) Vgl. G. Holzinger: Grundrechtliche Gewährleistung von Sozialversicherung und Sozialhilfe; in: BKA-Verfassungsdienst (Hg.): Soziale Grundrechte: Sozialversicherung, Sozialhilfe. Beiträge zum Verfassungsrecht Bd. 3, Wien 1988, S. 9-17, insb. S. 11 ff.

17) Vgl. B. Funk: Sozialstaat und Bundesverfassung; in: ZAS 3 (1988), S. 92-95, hier S. 94; R. Machacek: Die Justitiabilität sozialer Grundrechte, S. 551.

18) Vgl. O. Lang: Der Einbau sozialer Rechte, insbesondere eines Rechtes auf Gesundheit, in die österreichische Verfassung; in: O. Martinek et. al. (Hg.): Arbeitsrecht und soziale Grundrechte. FS Floretta, Wien 1983, S. 187-207, insb. S. 198 ff.

19) Vgl. BKA-Verfassungsdienst: Soziale Grundrechte. Sozialversicherung, Sozialhilfe. Beiträge zum Verfassungsrecht Bd. 3, Wien 1988, S. 49.

20 Vgl. E. Loebenstein: Justitiabilität sozialer Grundrechte, S. 213 unter Verweis auf Art. 6 MRK und Art. 14 der UN-Konvention über bürgerliche und politische Rechte.

21) Vgl. E. Loebenstein: Justitiabilität sozialer Grundrechte, S. 217

22) Vgl. Wielinger: Gesamtreform der Bundesverfassung - Gesamtreform des Verfassungsverständnisses? In: Rechtswissenschaftliche Fakultät der Universität Graz: Reformen des Rechts. FS zur 200-Jahr-Feier, Graz 1979, S. 561-579, insb. S. 574 ff.

23) Verfassungsrecht durch richterliches Erkenntnis ist im Rahmen des B-VG keine Rechtsquelle, vielmehr Auslegungsrichtlinie; indirekt aber wird die Judikatur des Verfassungsgerichtshofs über den Verfassungsdienst des BKA in Legislationsvorhaben, die Tätigkeit der Grundrechtskommission usf. transformiert - vgl. hiezu M. Welan: Der Verfassungsgerichtshof; in: A. Pelinka/M. Welan: Demokratie und Verfassung, Wien 1971, S. 211-262, hier S. 225. Daß sog. "judge-made-law", womit der Verfassungsgerichtshof, der ja jeglicher demokratischen Legitimation qua Wahlmechanismen entbehrt, gesellschaftspolitisch relevante Themen jederzeit an sich ziehen könnte, nur scheinbar entpolitisiert ist, vielmehr aber **entdemokratisie-**

rende Wirkung zeitigt, hat unlängst P. Römer (Im Namen des Grundgesetzes. Eine Streitschrift für Demokratie, Hamburg 1989, S. 131 ff) vor Augen geführt.

24) Vgl. J. Cerny: Sozialpolitik durch Grundrechtsreform; in: FS Rosenzweig. Dimensionen und Perspektiven des Rechts, Wien 1988, S. 51-73, hier S. 59.

25) Zit. n. H. Klecatsky: Diskussionsbeitrag; in: BKA-Verfassungsdienst (Hg.): Soziale Grundrechte: Sozialversicherung, Sozialhilfe, Wien 1988, S. 20.

26) Vgl. E. Loebenstein: Die Drittwirkung der Grundrechte im Privatrecht; in: FS Strasser, Wien 1983, S. 769-773, hier S. 771 f.

27) Gegengleich ist ein Fortschrittsgebot in Rezeption des ILO-Übereinkommens 102 über Mindestnormen sozialer Sicherheit in Art. 12 Z 3 der Europäischen Sozialcharta eingebaut.

28) Vgl. G. Schnorr: Der Standort des Sozialrechts in der österreichischen Rechtsordnung; in: L. Adamovich/P. Pernthaler (Hg.): Auf dem Weg zur Menschenwürde und Gerechtigkeit. FS Klecatsky Bd. 2, Wien 1980, S. 885-910, hier S. 908; H. Klecatsky: Das Recht auf soziale Sicherheit in der österreichischen "Reform der Grund- und Freiheitsrechte"; in: M. Novak/D. Steurer/H. Tretter (Hg.): FS Ermacora, Wien 1988, S. 309-326, hier S. 318.

29) Vgl. zum Wesensgehalt von Grundrechten, der durch Gesetze weder beseitigt, indirekt in seiner Wirkung aufgehoben noch ausgehöhlt werden darf: K. Spielbüchler: Grundrecht und Grundrechtsformel. Anmerkungen zur Praxis des VfGH; in: O. Martinek et. al. (Hg.): Arbeitsrecht und soziale Grundrechte, Wien 1983, S. 9-27, hier S. 24 f.

30) Der Umstand, daß es hiebei um die rückwirkende Aufhebung von kumulierten Ruhebezügen von Politikern ging, soll nicht darüber hinwegtäuschen, daß der Nationalrat damit den ersten Ansatz eines verfassungsrechtlichen Vertrauensschutzes auf soziale Sicherheit wieder eingeebnet hat.

31) H. Klecatsky: Das Recht auf soziale Sicherheit in der österreichischen "Reform der Grund- und Freiheitsrechte", S. 322.

32) Vgl. hingegen für die BRD: C. Sieveking: Der verfassungsrechtliche Eigentumsschutz sozialer Rechtspositionen; in: Zeitschrift für Sozialreform 1983, S. 691-711, insb. S. 699 ff.

33) Vgl. L. Adamovich: Die Effektivität der Grundrechte; in: M. Novak/D. Steurer/H. Tretter (Hg.): FS Ermacora, Wien 1988, S. 233-247, insb. S. 234.

34) Vgl. P. Oberndorfer: Soziale Verantwortung im österreichischen Verfassungsrecht; in: A. Mock/H. Schambeck (Hg.): Verankerung in Staat und Gesellschaft, Wien 1977, S. 297-313, hier S. 311 ff.

35) Vgl. B. Becher: Recht und sozialpolitische Selbststeuerung; in: R. Voigt (Hg.): Recht als Instrument der Politik, Opladen 1986, S. 279-301, insb. S. 284 ff; R. G. Heinze/Th. Olk: Sozialpolitische Steuerung - von der Subsidiarität zum Korporatismus; in: M. Glagow (Hg.): Gesellschaftssteuerung zwischen Korporatismus und Subsidiarität, Bielefeld 1984, S. 162-194.

36) Vgl. E. Loebenstein: Soziale Grundrechte und die Frage ihrer Justitiabilität, S. 234.

37) Vgl. zur Bedeutung einer institutionalisierten Rechtsdurchsetzungsstruktur: R. Rogowski: Rechtsgläubigkeit oder die Antizipation vermuteter Rechtsfolgen, in: R. Voigt (Hg.): Verrechtlichung. Analysen zur Funktion und Wirkung von Parlamentarisierung, Bürokratisierung und Justitialisierung sozialer, politischer und ökonomischer Prozesse, Königstein 1980, S. 251-260.

38) J. Cerny: Sozialpolitik durch Grundrechtsreform, S. 69.

39) Vgl. H. Klenner: Studien über Grundrechte, Berlin/DDR 1964, S. 33 ff.

40) Während das B-VG eine marktwirtschaftliche Sozial- und Wirtschaftsordnung inhaltlich gewährleistet, ist ihm keinerlei Anordnung über eine bestimmte Sozial- und Wirtschaftspolitik zu entnehmen, wie K. Korinek: Die verfassungsrechtliche Grundlegung der österreichischen Wirtschafts- und Sozialordnung, in: A. Mock/H. Schambeck (Hg.): Verantwortung in Staat und Gesellschaft, Wien 1977, S. 245-277, insb. S. 251 f. verdeutlicht.

41) Vgl. M. Matzka: Sozialdemokratie und Verfassung; in: ders. (Hg.): Sozialdemokratie und Verfassung, Wien 1985, S. 9-156, insb. S. 69 ff; B. Hornyk: Das Grundrechtekonzept der österreichischen Sozialdemokratie; in: M. Matzka (Hg.): Sozialdemokratie und Verfassung, Wien 1985, S. 189-208, insb. S. 193 f.

42) Österreich hat die Europäische Sozialcharta bislang in folgenden Bereichen in seine Rechtsordnung übernommen: Landarbeitsgesetznovelle BGBl 1974/782 in Fortschreibung des Art. 7 der Sozialcharta; Nachtschicht-Schwerarbeitsgesetz BGBl 1981/354 in Übernahme des Art. 2 Abs. 4 Sozialcharta; Gleichbehandlungsgesetz BGBl 1979/108; mehrere zwischenstaatliche Abkommen in Entsprechung Art. 12 Abs. 4 Sozialcharta.

43) Vgl. H. Floretta: Gedanken zu einer Verankerung eines verfassungsmäßig garantierten Rechts auf Arbeit; in: Dimensionen und Perspektiven des Rechts. FS Rosenzweig, Wien 1988, S. 133-156, hier S. 152; J. Cerny: Recht auf Arbeit; in: R. Rack (Hg.): Grundrechtsreform, Wien 1985, S. 197-202, hier S. 200; R. Dollinger: Das Recht auf Arbeit im wirtschaftlichen und politischen Wandel; in: O. Martinek et. al. (Hg.): Arbeitsrecht und soziale Grundrechte. FS Floretta Wien 1983, S. 131-143, hier S. 136.

44) Vgl. grundsätzlich P. Badura: Grundfreiheiten der Arbeit. Zur Frage der Kodifikation sozialer Grundrechte; in: D. Blumenwitz/A. Randelholzer (Hg.): FS F. Berber, München 1973, S. 11-45, insb. S. 20 ff; P. Pernthaler: Die arbeitsrechtlichen Rechtsetzungsbefugnisse im Lichte des Verfassungsrechtes; in: W. Schwarz et. al. (Hg.): Möglichkeiten und Grenzen der Rechtsordnung. FS Strasser, Wien 1983, S. 3-20, insb. S. 10 ff; R. Machacek: Die Justitiabilität sozialer Grundrechte, S. 547 f.

Helmut Wintersberger

VOM WOHLFAHRTSSTAAT ZUR WOHLFAHRTSGESELLSCHAFT; Das Beispiel der Pflege für ältere Menschen[1]

Die Krise des Wohlfahrtsstaates ist vor rund 10 Jahren thematisiert worden. Haben anfänglich noch viele geglaubt, die in den Jahrzehnten nach dem Zweiten Weltkrieg aufgebauten Systeme sozialer Sicherheit werden nicht in Mitleidenschaft gezogen, so hat sich in der Zwischenzeit angesichts der Realität in West und Ost die Ansicht durchgesetzt, daß neue Wege in der Sozialpolitik beschritten werden müssen. Neoliberale und neokonservative Tendenzen haben deutlichen Aufwind erhalten. Dieser Beitrag versucht in den ersten vier Abschnitten ein neues sozialpolitisches Paradigma zu entwickeln, welches quer zu den traditionellen ideologischen Strömungen liegt: Begriffe wie "welfare mix" und "Wohlfahrsgesellschaft" stehen dabei im Mittelpunkt. In einem letzten Teil wird das in den vorangegangenen Abschnitten erarbeitete theoretische Instrumentarium auf das Pflegeproblem älterer Menschen angewendet.

1. Die Krise des Wohlfahrtsstaates als Krise fordistisch-keynesianischer Regelung

Die herrschenden Regulationsmodelle von Produktion und sozialer Sicherheit befinden sich im Umbruch. Die hintergründigen Ursachen dafür sind in einem Balanceverlust des fordistisch-keynesianischen Regulationsmodells zu sehen, welches die ökonomische, soziale und politische Entwicklung der westlichen Industrieländer seit dem Zweiten Weltkrieg beherrscht hat. Standardisierte Massenproduktion, Kostensenkungen für Güter des Massenkonsums und Lohnsteigerungen implizierten nicht nur entsprechende Ausweitungen der Nachfrage nach eben diesen Massengütern, sie ermöglichten auch eine massive staatliche Umverteilungspolitik und schufen damit die Grundlage für den modernen Wohlfahrtsstaat. Zwar waren und sind die beiden Regulierungsbereiche Produktion und Sozialkonsum durch äußerst verschiedene Eigenschaften und Gesetzmäßigkeiten charakterisiert: Der Produktionsbereich unterliegt der Sphäre der Eigentumsrechte, der Sozialkonsum der Sphäre der Bürgerrechte; der Produktionsbereich ist weitgehend depolitisiert, die Entscheidungskompetenzen sind weitgehend atomisiert, einer Globalsteuerung ist dieser Bereich daher nur bedingt zugänglich; der Sozialkonsum hingegen ist politisiert und einer unmittelbaren Globalsteuerung zugänglich. Trotz dieser Unterschiede haben die zwei Regulierungsbereiche in der Nachkriegszeit bis in die frühen siebziger Jahre hinein erstaunlich gut zusammengearbeitet. Insbesondere in betont korporativistischen Ländern hat die erlebte Erfahrung von mindestens einer Generation von Politikern, Unternehmern, Gewerkschaftern, Wirtschafts- und Sozialwissenschaftern zu einer deutlichen Überschätzung der Stabilität dieses fordistisch-keynesianischen Regulationsmodells geführt.

Seit Mitte der siebziger Jahre scheint jedoch nichts mehr zu laufen. Das ehemals für stabil gehaltene Gleichgewicht hat sich nicht nur als labil herausgestellt, es scheint unter den geänderten wirtschaftlichen und gesellschaftlichen Randbedingungen überhaupt keine Gleichgewichtslösungen im traditionellen fordistisch-keynesianischen Regulationsmodell mehr zu geben. Akzeptable Lösungen für die eine Systemhälfte implizieren inakzeptable Konstellationen für die andere Systemhälfte und umgekehrt. Für notwendig erachtete Umstrukturierungsvorgänge in der Produktionssphäre kollidieren mit arbeitsrechtlichen Errungenschaften, die für unantastbar gehalten wurden. Auf arbeits- und sozialrechtliche Bestandserhaltung abzielende Strategien behindern genau jene Umstrukturierungsvorgänge in der Produktion, die aus ökonomischer Sicht für notwendig gehalten werden. Der kurze Traum immerwährender Prosperität ist ausgeträumt.

Welche Schlußfolgerungen werden aus der aufgetretenen Inkompatibilität des fordistisch-keynesianischen Modells gezogen? Deutlichen Aufwind haben zweifellos neoliberale Ansätze erhalten, die auf Deregulierung sowie Privatisierung und Individualisierung des Sozialkonsums abzielen. Seltener sind Standpunkte, welche die Modellstruktur über die Einbeziehung politischer Regulationsformen auch des Produktionsbereiches sowie sozialer Produktivität und institutioneller Innovationen reparieren wollen. Fast verschwunden scheinen "paläosozialistische" Positionen zu sein, die die gegenwärtige Krise westlicher Wohlfahrtsstaaten als Krise der kapitalistischen Gesellschaftsformation interpretieren. Dies ist vor allem aus zwei Gründen überraschend: Erstens haben die klassischen marxistischen Theoretiker von Marx bis Gramsci in diesem Punkt eine präzise Prognose abgegeben. Durch Verbesserung der Methode der realtiven Mehrwertproduktion wird der Kapitalismus - sofern er nicht eher durch den Sozialismus abgelöst wird - notwendigerweise in die Epoche der fortgeschrittenen Automation, und damit in eine Periode anhaltender Krise eintreten. Zweitens ist es überraschend, daß gegen Ende der Sechziger Jahre, als sich kaum jemand die Krise des Kapitalismus vorstellen konnte, Millionen von Angehörigen der Intelligenz in westlichen Industriestaaten seinen Untergang einläuten wollten, während heute angesichts von Millionen von Arbeitslosen in eben diesen Ländern klassische marxistische Parteien im Abwind und neomarxistische Bewegungen fast völlig verschwunden sind. Im Gegensatz zum herrschenden Zeitgeist plädiere ich für die Analyse der gegenwärtigen Krisenerscheinungen als Krise der kapitalistischen Gesellschaftsformation, was jedoch nicht mit der Anwendung verkürzter Zusammenbruchstheorien verwechselt werden soll.

2. Der traditionelle Wohlfahrtsstaat als Produkt der Formalisierung: Möglichkeiten und Grenzen

Außerdem erscheint es mir angezeigt, den Prozeß der industriellen Revolution, der Herausbildung des entwickelten Kapitalismus und des modernen Wohlfahrtsstaats einer inversen Lektüre zu unterziehen. Die klassische (bürgerliche und marxistische) Ökonomie erweckt manchmal den Eindruck, als hätten diese Prozesse beim Nullpunkt begonnen. Übersehen werden dabei gewisse destruktive Aspekte der Modernisierung, insbesondere die Vernachlässigung bzw. Unterdrückung des bis dahin gewichtigsten Wirtschaftssektors: der informellen Haushaltsproduktion. So betrachtet erscheint die Entwicklung des modernen Wohlfahrtsstaates weniger als Prozeß der Vergesellschaftung bisher privatwirtschaftlich abgedeckter Risiken, sondern vielmehr als Prozeß der Formalisierung von im Rahmen informeller Haushalts(re)produktion erbrachten Leistungen, wie dies nachfolgend schematisch erläutert wird (s. Diagramm 1).

Ausgangspunkt ist die vorkapitalistische informelle Haushaltsproduktion und -reproduktion. Der ideale Wohlfahrtsstaat ist durch totale Subsumption von informellen Reproduktionsleistungen unter Marktbeziehungen bzw. unter den öffentlichen Sektor charakterisiert. Die Realität des reifen Kapitalismus ist jedoch durch das dritte Schaubild repräsentiert: der Residualbereich "informelle Tätigkeiten" ist noch immer deutlich ausgeprägt, der ideale Wohlfahrtsstaat in weiter Ferne. Diese Tatsache wird auch in einer von R. Rose für Großbritannien durchgeführten empirischen Untersuchung klar belegt. Mit aller Deutlichkeit zeigt sich darin die Relevanz aller drei Sektoren: Markt, Staat und Haushalt für die Wohlfahrt der britischen Bevölkerung (s. Tab. 1).

Auffallend ist die Monopolstellung des Haushaltes bei persönlichen sozialen Diensten für Kinder und ältere Menschen. Hier werden meines Erachtens die Grenzen der Formalisierbarkeit informeller Tätigkeiten zumindest unter gegebenen wirtschaftlichen und gesellschaftlichen Gegebenheiten sichtbar. Dafür sind vor allem zwei Gründe maßgebend. Erstens, die Kumulation von steigenden Arbeitskosten und geringen Rationalisierungsmöglichkeiten, wie sie für den Bereich persönlicher sozialer Dienste typisch ist, führt bei weiterer Ausweitung mancher Dienste zu einem überproportionalen Kostenanstieg. Die Produkte sind über den Markt nicht mehr vermarktbar bzw. für den öffentlichen Sektor in der gegenwärtigen Situation kaum mehr verkraftbar.

Diagramm 1:

1. The ideal starting point: the precapitalist way of reproduction

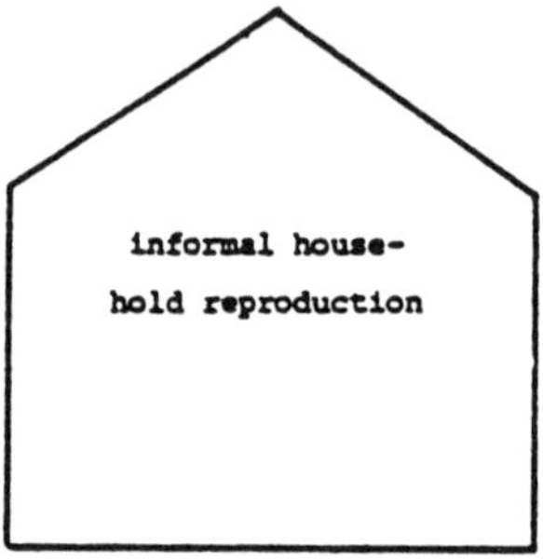

2. The ideal goal: the perfect welfare state

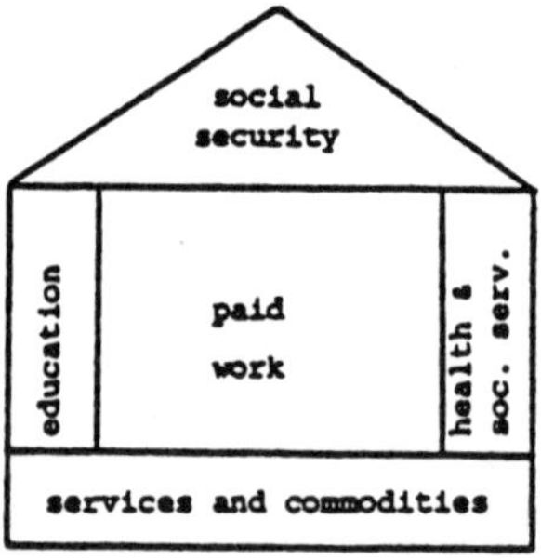

3. Mature capitalism: the imperfect welfare state

Tabelle 1: The multitude of contributions to the "Welfare Mix" in Great Britain today (Source: Richard Rose)

	State	Market	Household
	(% of the overall welfare production)		
Three major sources			
Income	28	30	32
Transportation	22	55	24
Housing			
Provision	28	13	59
Maintenance	11	44	45
Two major sources			
Food	2	56	41
Health	56	7	37
Monopoly position			
Personal social services			
Children	7	8	85
Elderly	2	2	96
Education	94	6	0

Zweitens können wir bei Substitutionsprozessen von Produktionsfaktoren das Gesetz der abnehmenden Grenzrate der Substitution zugrunde legen. Das heißt, bei der Substitution informeller Leistungen durch formelle Dienste wird zunächst der "lukrative" Teil des Substitutionsprozesses wirksam. Der Beitrag von 20 berufstätigen Müttern zur Volkswirtschaft ist sicherlich größer als die Kosten welche deren 25 bis 30 Kinder bei "Intensivhaltung" in einer Kindertagesstätte verursachen. Doch je weiter der Substitutionsprozeß vorangetrieben wird, desto weniger einträglich wird der Prozeß. Man denke nur an die Kosten der Betreuung kranker Kinder oder an die Kosten von Pflegekindern, welche außerhalb ihrer biologischen Familie erzogen werden. Freilich ist es mir nicht möglich, das Gesetz der abnehmenden Grenzrate der Substitution informeller durch formelle Leistungen quantitativ empirisch zu belegen, oder gar zu beweisen, daß mit der Entwicklung des modernen Wohlfahrtsstaates die Grenzen, bis zu denen vernünftigerweise substituiert werden kann, bereits überschritten wurden. Da informelle Arbeit keinen Preis hat, könnten quantitative Kalküle nur über den Umweg sozialer Folgekosten geführt werden, und diese werden in vielen Fällen nur langfristig erkannt, was ihrer Operationalisierbarkeit ebenfalls im Wege steht. Als Indizien können jedoch bestimmte Entwicklungen in einzelnen kapitalistischen und sozialistischen Ländern

Diagramm 2:

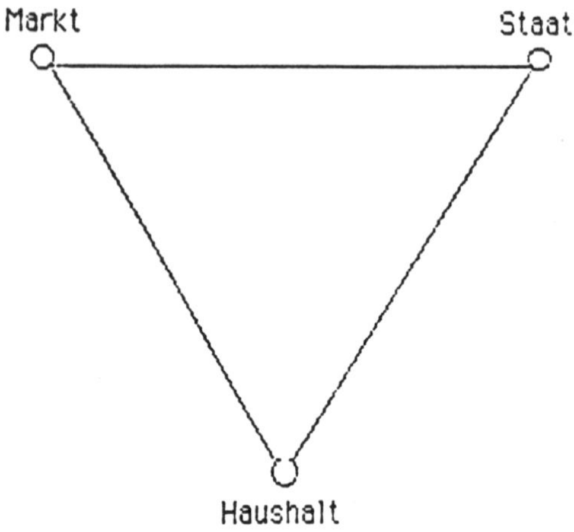

genommen werden, in denen während der letzten Jahre die Möglichkeit des Karenzurlaubs für Eltern (bzw. Mütter) von Kleinkindern auf drei Jahre ausgeweitet wurden. Auch die Finanzierungsprobleme moderner Wohlfahrtsstaaten ebenso wie der gegenwärtige Auftrieb für neokonservative und neoliberale Positionen können als Indizien dafür genommen werden, daß das klassische Paradigma von Wohlfahrtsstaatlichkeit derzeit an seinen Grenzen angelangt ist.

Eine Schlußfolgerung kann daraus mühelos und ohne ideologische Verrenkungen gezogen werden: Ist es nach aller empirischer Evidenz als gegeben anzusehen, daß der Haushalt in der Produktion der gesamten Wohlfahrt der Bevölkerung eine unverzichtbare Rolle einnimmt, und eine solche auch in Zukunft einnehmen wird, so ist es ein Gebot, den Haushalt im theoretischen Modell von Wohlfahrtsstaatlichkeit sichtbar zu machen. Dies ist in den jüngsten Arbeiten des Europäischen Zentrums ansatzweise mit der Einführung eines Wohlfahrtsdreiecks geleistet worden. Dabei markieren die Ecken des Dreiecks die drei Säulen des Wohlfahrtsstaates westlicher Prägung: Haushalt, Markt und Staat.

3. Das Wohlfahrtsdreieck zwischen Markt, Staat und Haushalt

Haushalt wird zumeist mit Familie synonym verwendet, und in der Tat erfreut sich die Familie in allen entwickelten Industriestaaten eines steigenden Ansehens. So beabsichtigte die derzeitige Familienministerin zunächst, die Familie in der Verfassung zu verankern, eine Reform, die den Familien nichts bringt und den Staat nichts kostet. Wie schwierig es ist, Leistungen an kinderreiche Familien - wenn auch nur völlig unzureichend - zu erhöhen, hat die koalitionsinterne Auseinandersetzung zwischen der Familienministerin und der SPÖ im Sommer 1989 gezeigt. Auch in den meisten osteuropäischen Ländern ist geradezu eine Euphorie über die Familie als "Grundeinheit der Gesellschaft" ausgebrochen. Ansonsten erinnert man sich der Familie insbesonders dann, wenn es darum geht, soziale und finanzielle Bürden auf sie abzuladen. So hat zum Beispiel das Prinzip der Subsidiarität unwidersprochen Eingang in die Warschauer Deklaration der Europäischen Sozialministerkonferenz gefunden. Zwar wurde das Subsidiaritätsprinzip dort vom Vertreter der Regierung der BRD mit schönen und einnehmenden Worten definiert, wir wissen jedoch, daß die Verwirklichung dieses Prinzips für die betroffenen Familien weniger romantisch aussieht.

Aus historischer Sicht betrachtet, hat die traditionelle Familie im wesentlichen drei Funktionen erfüllt: Sie war erstens Produktionsstätte, sie sicherte zweitens die Ordnung nach innen und außen, und sie war drittens auch Gemeinschaft. Zwei dieser Funktionen sind, wie wir gesehen haben, in den letzten beiden Jahrhunderten auf einer höheren Ebene deutlich ausdifferenziert worden. Die Funktion der Produktion ist auf das ökonomische System übergegangen, der Markt hat sich dort als wesentlicher Regulationsmechanismus für wirtschaftliches Handeln etabliert. Die Ordnungsfunktion ist zusammen mit der Bereitstellung der technischen sowie bestimmter sozialer Infrastrukturen auf die verschiedenen Ebenen des Staates übergegangen. Nur was die dritte, gemeinschaftliche Funktion der Familie betrifft, ist im selben Zeitraum eher eine Regression als eine Weiterentwicklung zu beobachten. Wirtschaftlicher, sozialer und kultureller Wandel haben die traditionellen Familienzusammenhänge erodiert; und der derzeit dominierende Familientyp ist zu klein und zu schwach, um sich in kritischen Lebenssituationen als Solidargemeinschaft zu bewähren, sofern nicht eine befriedigende Absicherung durch das System sozialer bzw. - entsprechende finanzielle Mittel vorausgesetzt - privater Dienste erfolgt.

Hier zeigt sich deutlich der Zynismus mancher rechter Reformer, die sich bisweilen als Familienfreunde bekennen, in Wirklichkeit jedoch nur danach trachten, die öffentlichen Haushalte zu entlasten, und die Familien zusätzlich zu belasten. So kommt es, daß derzeit ein beachtlicher Teil von alleinerziehenden Müttern mit ihren Kindern unter der Armutsgrenze leben, so mag sich aber auch die wachsende Zahl von Männern erklären, die in den Strudel von Arbeitslosigkeit über Alkoholismus, Trennung von der Familie bis zur "Nicht-Seßhaftigkeit" hinabgezogen werden. Andererseits wäre es jedoch - wie wir gesehen haben - gefährlich, würden sich die Familien voll auf die Leistungen des

Wohlfahrtsstaates verlassen. Dieser Weg könnte sich als linke Illusion erweisen.

Zwei Auswege aus dieser Situation erscheinen mir möglich: Der erste Ansatz besteht in einer progressiven Weiterentwicklung des traditionellen Wohlfahrtsstaates zu einer Wohlfahrtsgesellschaft, wie sie zur Zeit in einer Reihe von nordeuropäischen Ländern (z.B. Schweden und Finnland) diskutiert wird. Dieser Ansatz trägt der Kritik am Wohlfahrtsstaat insoweit Rechnung, als versucht wird, Elemente von Paternalismus, Bürokratisierung und Entfremdung zu eliminieren, und dafür Demokratisierung, Bürgerbeteiligung und Selbsthilfe einzubringen.

Diagramm 3:

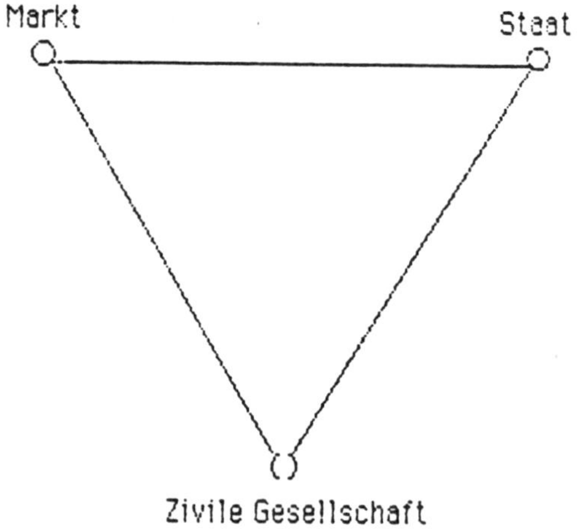

Das Paradigma der Wohlfahrtsgesellschaft ist ebenfalls durch ein Wohlfahrtsdreieck charakterisiert, dessen untere Ecke man mit "ziviler Gesellschaft" bezeichnen könnte. Stärkung und Ausbau der "zivilen Gesellschaft" ist demnach nichts anderes als die Ausdifferenzierung der gemeinschaftlich-solidarischen Funktion der Familie auf höherer Ebene. Allgemein läßt sich zur Idee der Wohlfahrtsgesellschaft kritisch anmerken, daß das Konzept der "zivilen Gesellschaft" relativ abstrakt ist, und damit über die Implementierbarkeit dieses Ansatzes wenig gesagt werden kann. Im besonderen muß hervorgehoben werden, daß jene Länder, in denen "Wohlfahrtsgesellschaft" konzeptualisiert worden ist, durch ein vergleichsweise hohes Maß an Wohlfahrtsstaatlichkeit ausgezeichnet sind, was - verbunden mit der dort herrschenden günstigen wirtschaftlichen Lage - eine, wenn auch nicht glatte, so dennoch stetige Weiterentwicklung des Wohlfahrtsstaates nicht unbedingt als Illusion erscheinen läßt. Die Übertragbarkeit des Ansatzes auf andere Länder läßt sich jedenfalls nicht unterstellen.

Der zweite Ansatz ist pragmatischer als der erste. Ausgehend vom bestehenden Wohlfahrtspluralismus, wie er sich naturwüchsig zwischen Staat, Markt und Haushalt etabliert hat, wird das Projekt eines beabsichtigten und geplanten "welfare mix" abgeleitet. Der Beitrag der Familien zur Wohlfahrt der Bevölkerung soll - wie bereits ausgeführt - entresidualisiert werden. Er soll anerkannt und dort, wo es angzeigt ist, durchaus auch finanziell abgegolten werden. Die verschiedenen Ressourcen sollten in einem komplementären Verhältnis zueinander stehen; der jeweilige "welfare mix" sollte optimal in bezug auf die betreffene Problemlage abgestimmt sein.

Diagramm 4:

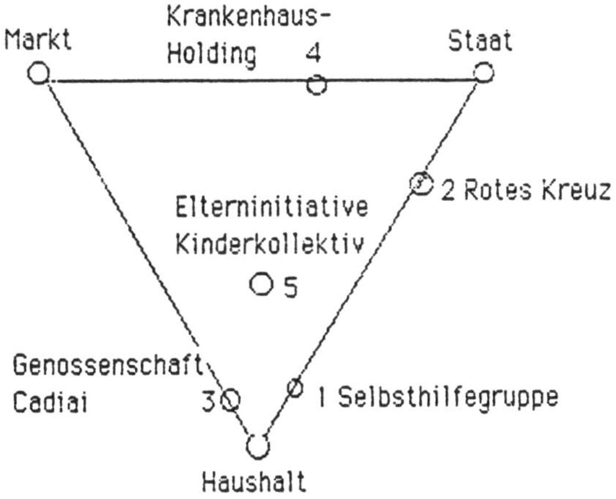

Auch in diesem Diagramm werden die drei Ecken des Wohlfahrtsdreiecks durch die drei Säulen des Wohlfahrtsstaats westlicher Prägung markiert: Staat, Markt und Haushalt. Das Diagramm versucht aber auch Zwischenpositionen auf den Schenkeln des Dreiecks exemplarisch darzustellen. Punkt 1 auf der Achse zwischen Haushalt und Staat markiert eine kleine Selbsthilfegruppe; Punkt 2 auf derselben Achse, jedoch näher beim Staat, eine klassische, nicht-staatliche Organisation der "freien Wohlfahrt" wie z.B. das Rote Kreuz, die Caritas, die Volkshilfe, das Soziale Hilfswerk oder das Diakonische Hilfswerk. Punkt 3 wiederum repräsentiert ein einkommensorientiertes Privatunternehmen neuer Art, wie z.B. CADIAI in Bologna, eine auf genossenschaftlicher Basis organisierte Fraueninitiative, die im Bereich der Hauskrankenpflege eine Marktnische gefunden hat; und Punkt 4 eine Krankenhaus-Holding, die vom zuständigen Rechtsträger (z.B. Bundesland Steiermark) den Auftrag übernommen hat, den Einsatz öffentlicher Mittel auf privatwirtschaftlicher Rechtsgrundlage und nach Kriterien betriebswirtschaftlicher Rationalität sicherzustellen.

Die konsequente Weiterentwicklung des "welfare mix" würde jedoch heißen, daß wir uns nicht nur auf die Eckpunkte des Dreiecks konzentrieren, daß wir nicht nur Mischpositionen auf den Schenkeln des Dreiecks in Betracht ziehen, sondern daß vor allem das Innere des Dreiecks relevant wird; das heißt Mischpositionen zwischen allen drei Ressourcen der Wohlfahrt: beispielsweise eine Elterninitiative für einen Alternativkindergarten mit bezahltem Personal, öffentlicher Unterstützung und der Verpflichtung zu unbezahlter Arbeit durch die Eltern selbst (Punkt 5).

4. Wohlfahrtsstaat und Wohlfahrtsgesellschaft - ein Paradigmenwechsel

Die beiden Wege, "welfare society" und "welfare mix", stehen keineswegs im Widerspruch zueinander. Entwicklungsstand einer Nation, die Vorliebe für große gesellschaftspolitische Ideen oder aber für machbare praktische Reformen werden jeweils das eine oder andere Konzept in den Vordergrund stellen. Die Implementation der "welfare society" ist über die praktische Anwendung des "welfare mix" vermittelt, während der "welfare mix" der Orientierung auf eine "welfare society" bedarf, um nicht im Strom neokonservativer oder neoliberaler Ansätze zu versanden.

Die Postulate einer neuen Wohlfahrtspolitik stehen jedoch im Widerspruch zu einigen Merkmalen des herrschenden wohlfahrtsstaatlichen Paradigmas. Auf einige davon werde ich im folgenden kurz eingehen: Erkennen wir an, daß es Grenzen der Formalisierbarkeit von Arbeit und sozialen Diensten gibt, so muß es auch Grenzen der Regulierbarkeit bzw. Verrechtlichung dieser Bereiche geben. Zwar bin ich mir der Tatsache bewußt, daß der Rechtsstaat ebenso wie der Wohlfahrtsstaat eine wesentliche Errungenschaft unserer Zeit ist, daß es einen Fortschritt darstellt, wenn die Klienten des Sozialstaats nicht Bittsteller sondern Träger von Rechtstiteln sind. Andererseits kommt es in Zeiten des Umbruchs immer öfter zu Situationen, in denen Entscheidungsträger es unter Hinweis auf die rechtliche Lage unterlassen, vernünftige Entscheidungen zu treffen. Neue Formen der Bürgerbeteiligung sowie der Interessensvertretung scheinen auch auf Änderungen im Bereich der Rechtsstaatlichkeit hinzuweisen.

Ein ähnlicher Gegensatz ist der zwischen Kausalität und Finalität. Geht es um die Erreichung vernünftiger Ziele, oder geht es um die Prüfung von Anspruchsberechtigungen. Nehmen wir zum Beispiel aus dem Bereich der Behindertenpolitik die Frage nach den Rehabilitationsansprüchen. Diese hängen davon ab, ob die Behinderung im Krieg oder bei der Arbeit erworben wurde, bzw. ob die Behinderung angeboren oder Folge einer Krankheit oder eines Freizeitunfalls ist. Bei Anwendung des Finalitätsprinzips würde die Frage nach der Art der Behinderung, nach den Möglichkeiten und Interessen des Behinderten selbst im Vordergrund stehen.

Ein dritter Gegensatz zu den oben formulierten Postulaten ist in dem vom Verwaltungsrecht umschriebenen Subsidiaritätsprinzip zu sehen. Diese bürokratische Deformation von Subsidiarität erscheint mir bisweilen noch wesentlich problematischer zu sein, als die von der christlichen Soziallehre formulierte. Sie besteht darin, daß Behörden bis zum äußersten versuchen, ihre Kompetenzen negativ gegeneinander abzugrenzen, wenn es darum geht, finanzielle oder Sachleistungen zu erbringen. Der Irrweg der Hilfesuchenden zwischen den verschiedenen Rechtsträgern ist dem des "Hauptmanns von Köpenick" nicht unähnlich. Man denke nur an die verschiedenen im Arbeits- oder Sozialrecht enthaltenen Gesetzesfallen, die behinderte oder chronischkranke Arbeitnehmer im Niemandsland zwischen theoretischer Arbeitsfähigkeit und praktischer Nicht-Vermittelbarkeit gefangen halten, oder die es Beziehern von Notstands- oder Sozialhilfe nicht erlauben, vorübergehend auch schlechter bezahlte Arbeiten anzunehmen, da sie dadurch nicht nur ihre reguläre Unterstützung verlieren, sondern unter Umständen auch Verschlechterungen für die Zukunft in Kauf nehmen müssen.

Ein vierter Gegensatz besteht zwischen dem Produkt, der sozialen Dienstleistung, und dem Prozeß, deren Erstellung. Dabei macht es keinen Unterschied, ob es sich um einen privaten oder öffentlichen Dienst handelt. Denn die öffentliche Verwaltung ebenso wie die Privatwirtschaft haben ihre Organisationsprinzipien leider von der Armee entlehnt. Hierarchische Befehlsstrukturen sind ein fast unabdingbares Merkmal dieser Organisationen. Andererseits gibt es einen reichen Fundus von Büchern und Aufsätzen über soziale Dienste, die die Notwendigkeit von interprofessioneller Zusammenarbeit und Klientenbeteiligung hervorheben. Diese Konzepte wären eine wesentliche Voraussetzung für die Humanisierung sozialer Dienste. Allerdings sind diese Anforderungen meines Erachtens nicht mit den dort herrschenden militärisch-bürokratischen Organisationsformen kompatibel. Andere alte und neue Organisationsstrukturen, die bisweilen mit der Bezeichnung Sozialökonomie zusammengefaßt werden, wie z.B. gemeinnützige Vereine, Genossenschaften und Partnerschaften, könnten bessere Voraussetzungen für die Erstellung sozialer Dienste bieten, als dies die traditionell hierarchisch organisierten privaten oder öffentlichen Einrichtungen tun. Und dort, wo es eine lebendige Tradition von Sozialökonomie gibt, wie beispielsweise in Italien, ist in den letzten Jahren des Umbruchs ein ganzer Sektor von Genossenschaften im Bereich der sozialen Dienste entstanden. Sie haben sich dort nicht nur als wettbewerbsfähig erwiesen, sondern sie sind inzwischen auch zu einem anerkanntn Partner vor allem der Regional- und Lokalverwaltungen geworden, die sich bei Erfüllung schwieriger Aufgaben im Bereich persönlicher sozialer Dienste der Genossenschaften bedienen.

Ein fünfter Widerspruch zwischen den Postulaten alter und neuer Sozialpolitik mag um das Prinzip der Gleichheit entstehen. Der moderne Wohlfahrtsstaat ist mit dem Ziel angetreten, bestehende soziale Unterschiede weitgehend abzubauen. Er ist in manchen Ländern diesem Ziel sehr weit gerecht geworden (wie z.B. in Schweden), in anderen meilenweit davon entfernt. Entgegen den Beteuerungen unserer Politiker sowie entgegen dem subjektiven Empfinden unserer Bevölkerung ist Österreich ein Land mit markanten sozialen Ungleichheiten und Ungerechtigkeiten geblieben. Ansätze von Deregulierung, Flexibilisierung und Dezentralisierung sowie die Entwicklung von neuen Formen der Konfliktaushandlung im Bereich der Gesellschaftspolitik bergen jedoch die Gefahr des Entstehens von neuen Ungleichheiten, die sich im schlimmsten Fall mit den alten positiv überlagern können. Dieses Dilemma des Umbaus der Sozialpolitik verdient meines Erachtens allergrößte Aufmerksamkeit, soll es nicht zu einer Spaltung und Polarisierung der Bevölkerung kommen. Anzeichen dazu werden in der gegenwärtigen Debatte um die "Sozialschmarotzer" sichtbar, bei der die Armen gegen die Ärmsten ausgespielt werden. Es ist hoch an der Zeit, den Kampf gegen Sozialschmarotzer an der Spitze der Pyramide zu beginnen, z.B. bei Politikern mit mehrfachen Einkommen oder Pensionen, und nicht bei den Beziehern von Mindestpensionen, Notstands- oder Sozialhilfe.

5. Die Entwicklung von Pflegebedarf und Pflegepotential am Beispiel älterer Menschen

Kaum ein Problem beherrscht die heutige sozialpolitische Diskussion so sehr, wie die Frage nach der Versorgung und Pflege unserer älteren Mitbürger, vor allem der pflegebedürftigen über 80jährigen. Auch das Europäische Zentrum beschäftigt sich seit einiger Zeit mit diesem Problem. Im folgenden möchte ich an Hand einiger Thesen meine Sichtweise von den Problemstellungen und Lösungsmöglichkeiten kurz entwickeln.

These 1

Aus demographischer Sicht wird meistens das Phänomen der zahlenmäßigen, absoluten und relativen Zunahme der älteren Menschen, d.h. der über 60jährigen in der Gesellschaft in den Mittelpunkt des Interesses gerückt. Dieses Phänomen ist weltweit zu beobachten, ich beschränke mich jedoch im folgenden auf entwickelte Industriestaaten, bzw. auf Ost- und Westeuropa sowie Nord-Amerika.

Tabelle 2: Nicht erwerbstätige Personen über 60 Jahre

	Total (thousands)[1]			Ratio to active population (per 1.000)			Percentage ot the total population		
	1950	1985	2025	1950	1985	2025	1950	1985	2025
Developed regions	60.401	155.549	289.499	156	274	455	7,3	13,3	20,7
North America	13.076	33.701	68.520	185	260	433	7,9	12,8	19,8
Japan	3.630	11.337	26.483	99	190	435	4,3	9,4	20,1
Eastern Europe	5.602	14.321	25.589	122	247	387	6,3	12,8	19,5
Northern Europe	7.620	13.883	18.368	228	342	466	10,5	16,8	22,0
Southern Europe	7.915	20.232	34.496	172	356	552	7,3	14,2	21,6
Western Europe	12.786	26.032	39.324	229	367	638	10,4	16,9	26,2
Australia, New Zealand	943	2.330	5.204	227	264	425	9,3	12,3	19,4
USSR	8.828	33.713	71.514	94	235	408	4,9	12,1	19,4

1) The figures have been rounded off to the nearest thousand without adjustment to group totals, which have been rounded off independently. Therefore, the sum of the component parts could differ slightly from the totals.

Quelle: ILO-Information, vol. 23, no. 1.

Nach Untersuchungen der ILO in Genf (ILO-Information, volume 23, no. 1, Febr. 1987) betrug der Anteil der über 60jährigen ohne Erwerbseinkommen im Jahre 1950 7,3 %, im Jahre 1985 13,3 % und er wird im Jahre 2025, sofern es keine Trendänderung gibt, 20,7 % betragen. In einigen westlichen Industriestaaten wird bis zum Jahre 2025 die Zahl der über 60jährigen ohne Erwerbseinkommen je 1.000 Beschäftigte auf über 700 hinaufschnellen (so z.B. in der BRD auf 701 und in den Niederlanden auf 756), eine Entwicklung, die insbesondere die Experten für die Finanzierung unserer Systeme der sozialen Sicherheit beunruhigt.

These 2

Ein meines Erachtens jedoch gravierenderes Phänomen ist die in Gang befindliche interne Verschiebung in der Klasse der über 60jährigen hin zu den sehr alten Menschen, den über 80jährigen. Während diese Gruppe in der Vergangenheit kaum ins Gewicht gefallen ist, macht sie heute in den entwickelten Industrieländern bereits 25 Millionen aus, und ihre Zahl wird sich bis zum Jahre 2025 auf fast 50 Millionen verdoppeln. Dieser Prognose liegen Berechnungen der Vereinten Nationen zu Grunde (UN-Periodical on Aging, volume 2, no. 2). Die absolute und relative Zunahme dieser Bevölkerungsgruppe stellt deshalb eine größere Herausforderung an unsere Gesellschaft dar, weil aufgezeigt werden kann, daß sich hinter dieser Zahl eine große Menge von Personen verbirgt, die im Unterschied zur Mehrzahl der 60- und 70jähigen nicht mehr in der Lage sein werden, überwiegend für sich selbst zu sorgen, und vielfach auch keine Familienangehörigen haben werden, die diese Betreuung übernehmen könnten. Daher wird auf die Gesellschaft, den Staat, die Gemeinden und nichtstaatliche Wohlfahrtsträger im Zusammenhang mit der Betreuung dieser Menschen eine große Aufgabe zukommen.

These 3

Diesen zwei demographischen Bemerkungen möchte ich noch eine dritte hinzufügen: so wie viele andere soziale und sozial-demographische Phänomene, ist auch das vorliegende Phänomen des "Alterns unserer Gesellschaften" nicht geschlechtsneutral. Es betrifft vor allem die Frauen, und zwar in mehrfacher Hinsicht.

a) Bei den über 80jährigen liegt das Verhältnis von Frauen zu Männern etwa 2:1 (UN-Periodical 85).
b) Zumeist wird bei der Beschreibung dieses sozial-demographischen Phänomens darauf hingewiesen, daß die Pflegeproblematik erst durch die geänderte Rolle der Frau im Erwerbsleben entstanden ist. Man könnte manchmal dazu veranlaßt werden, daraus den Schluß zu ziehen, es sei die "gottgewollte" Aufgabe der Frauen, sich neben der Pflege der Kinder auch um ältere pflegebedürftige Familienangehörige zu kümmern. Mit dem Einstieg in das Erwerbsleben entzögen sich die Frauen jedoch ihren eigentlichen Aufgaben.
c) Dieser Eindruck wird häufig auch dadurch unterstrichen, daß auch bei den staatlichen und anderen gemeinschaftlichen Pflegediensten Frauen zumeist überrepräsentiert sind. D.h. wie immer die gesellschaftliche Entwicklung aussieht, die Erbringung von Pflegeleistungen bleibt weitgehend eine Domäne der Frauen (Cherry Russell "Ageing as a Feminist Issue").

These 4

Unabhängig von der Beurteilung sozial-demographischer Entwicklungen ist es meines Erachtens jedoch von größter Wichtigkeit, die Frage, welche die Betreuung älterer Bürger aufwirft, nicht losgelöst von der Diskussion um den Wohlfahrtsstaat insgesamt zu betrachten, wie ich sie in den ersten vier Abschnitten dieses Aufsatzes eingeführt habe. Eine Befragung der Vereinten Nationen im Zusammenhang mit der Durchführung des Vienna Plan of Action on Ageing (1982) ergab, daß sich fast alle Regierungen in der ECE-Region selbstzufrieden mit der Entwicklung der sozialen Sicherheit und der finanziellen Unterstützung für ältere Menschen äußerten; die Mehrzahl der Regierungen auch mit dem Ausbau öffentlicher formeller Dienste für ältere Menschen; nur eine Minderheit von Ländern nahm jedoch in positiver Weise Bezug auf die Flexibilisierung der Bestimmungen betreffend die Erwerbsarbeit älterer Mitbürger (ein Thema, das mich in diesem Rahmen hier nicht beschäftigen wird), sowie die Förderung informeller Pflegeleistungen durch die Familie, die Nachbarschaft und freiwillige Organisationen. Diese vergleichende Auswertung von Fragebögen durch die Vereinten Nationen stellt meines Erachtens eine unbeabsichtigte Reihung von Prioritäten durch die Regierungen dieser Länder dar.

Offensichtlich herrscht der Glaube vor, daß fast alle Probleme finanziell zu lösen sind. Dies trifft sicher nicht auf ältere Menschen zu, die einer intensiven Pflege bedürfen; man bräuchte sehr viel Geld dazu und eine auf Gleichheit der Bürger ausgerichtete Gesellschaft kann dieses Problem nicht auf dem Wege finanzieller Umverteilung für alle bedürftigen Bürger zufriedenstellend leisten. Die zweite Illusion des Wohlfahrtsstaates besteht darin, daß man - wie bereits ausgeführt - lange geglaubt hat, alle sozialen Probleme, wenn schon nicht mit Geldleistungen, so durch formelle, häufig staatliche Dienste aus der Welt schaffen zu können. Diese staatlichen Dienste sind zumeist durch ein hohes Maß an Institutionalisierung, Bürokratisierung und Professionalisierung gekennzeichnet und finden in unserem Fall Ausdruck in den großen Altersheimen und Pflegekrankenhäusern, wie sie in Österreich sowie in anderen Ländern zu finden sind, wie z.B. auch in Schweden, wo der Zukunftsforscher Marten Lagergren aufgezeigt hat, daß die Sicherung der Wohlfahrt älterer Mitbürger auf diesem Wege selbst in einem reichen Land wie Schweden in Zukunft nicht mehr machbar sein wird (Marten Lagergren: Time to Care in the Advanced Welfare State).

These 5

Lagergren beschränkt sich jedoch nicht darauf, auf die Unlösbarkeit des Pflegedilemmas im traditionellen Sinn hinzuweisen, sondern er zeigt auch auf, in welcher Richtung das System reformiert werden müßte. Erstes und wichtigstes Prinzip müßte es seiner Ansicht nach sein, das Auftreten dieser Probleme möglichst zu vermeiden, d.h. die Pflegeprobleme näher an ihrer Quelle zu lösen. Es ist dies ein Plädoyer für bessere Gesundheitsvorsorge und Stärkung der Präventivmedizin, was viele Pflegebedürfnisse unnötig machen würde, da deren Ursachen durch gesellschaftliches und/oder individuelles Handeln beseitigt werden können. Das zweite Prinzip wendet sich an die älteren Menschen selbst: Es legt das Augenmerk auf informelle Pflege, als Ersatz für formelle, professionalisierte Pflegeleistungen, d.h. mehr Pflegeleistungen können und sollen in Eigenhilfe übernommen werden. Das dritte Prinzip wendet sich an die politisch Verantwortlichen, die Pflegeberufe und wiederum an die Pflegebedürftigen selbst. Es betont die Verstärkung der demokratischen Kontrolle. Ansätze zu stärkerer demokratischer Kontrolle und Bürgerbeteiligung gibt es bereits in einigen Ländern. So hat man z.B. in Frankreich die Einrichtung von Beratungsorganen bei Altersheimen verfügt, die sich aus den Bewohnern der Heime selbst, deren Familienangehörigen, dem Pflegepersonal und schließlich dem Management zusammensetzen (EURAG-Informations, no. 3, March 1986).

These 6

Es bedarf keiner besonderen Betonung, daß Reformansätze bei der Betreuung älterer Bürger eine sinnvolle Zusammenarbeit verschiedener Dienste, insbesondere von sozialen und Gesundheitsdiensten bedürfen. Im besonderen bei älteren Menschen ist die Abgrenzung zwischen sozialen und gesundheitlichen Problemen zumeist künstlich, und das Gebot zur intersektoralen Kooperation, wie es die Weltgesundheitsorganisation anläßlich der Weltkonferenz über primäre Gesundheitsversorgung in Alma Ata 1978 formuliert hat, stellt bei der Betreuung älterer Menschen eine "conditio sine qua non" dar. Die erwähnte Tagung in Alma Ata hat jedoch auch möglichst klientennahe Betreuungsformen vorgeschlagen, und das heißt - angewendet auf unsere Problemstellung - die Betreuung älterer Menschen im eigenen Wohnbereich. Das ist ein Thema, mit dem sich das Europäische Zentrum ebenfalls bereits vor Jahren beschäftigt hat (Anton Amann: Open Care for the Elderly). Zwei Vorbehalte möchte ich jedoch an dieser Stelle anbringen:

1. Der Übergang zur Pflege im eigenen Wohnbereich darf keine Entlassung öffentlicher Stellen aus ihrer Verantwortung für die Pflege älterer Menschen bedeuten. Traditionelle Pflegeinstitutionen dürfen nicht einfach ersatzlos zugesperrt werden, sondern es bedarf der begleitenden Einrichtung von sozialen Stützpunkten auf lokaler Ebene, sowie von alternativen Diensten, wie z.B. "Essen auf Rädern", Haushaltshilfe, medizinische Betreuung durch Gemeindeschwestern, usw.
2. Es ist zu berücksichtigen, daß der Kostenvorteil der Pflege im eigenen Wohnbereich von der nötwendigen Pflegeintensität abhängt, wie untenstehendes Schema zeigt. Vor überspannten Erwartungen in Richtung einer Kostenentlastung muß daher gewarnt werden.

Diagramm 5: Hauskrankenpflege und Pflegeheim;
Tageskosten in Abhängigkeit von der Pflegeintensität

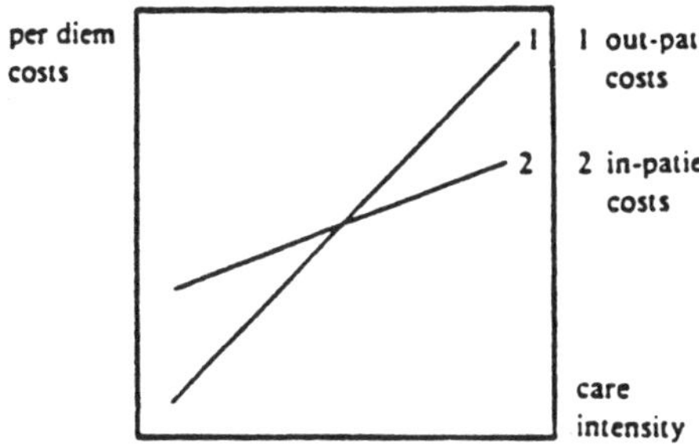

(Quelle: Gesundheitsverwaltung des Kantons Zürich)

These 7

Sowohl die Kostensenkungseffekte, aber vor allem auch die Tendenzen zur Humanisierung der Pflege für die älteren Menschen werden jedoch nur dann zum Tragen kommen, wenn es gelingt, neben formellen und öffentlichen Diensten auch informelle Ressourcen zu mobilisieren: die Familien, die Nachbarschaft, Selbsthilfegruppen, usw. Es gibt meines Erachtens ein Potential für informelle Hilfen, das jedoch wegen der mangelnden Flexibilität der Sozialgesetze und der staatlichen Bürokratien nicht immer voll genutzt werden kann. Ich denke hier u.a. an die gesellschaftliche Anerkennung - in manchen Fällen auch finanzielle Abgeltung - von freiwillig erbrachten Pflegeleistungen, die Förderung von Selbsthilfegruppen, an weniger rigide Bestimmungen im Sozialrecht usw. Manchmal scheinen nur extreme Lösungen zugelassen zu sein: entweder ein älterer Bürger wird ausschließlich vom Staat oder ausschließlich von der Familie betreut. Es gibt mangelnde Bereitschaft zu Mischlösungen (z.B. Urlaubsvertretung, freies Wochenende, Tagesheime, usw.). Solche Mischlösungen werden in Zukunft aus humanitären, wie finanziellen Gründen an Bedeutung gewinnen, wobei die Art der Mischung in jedem Einzelfall anders aussehen kann.

These 8

Die Abneigung gegenüber Mischlösungen und die Akzeptanz von rigiden Gesetzes- und Verwaltungsbestimmungen findet jedoch auch in der Einstellung der Bevölkerung ihre Wiederspiegelung. In erster Linie ist es die Schwäche der zivilen Gesellschaft, die seit jeher die österreichische Gesellschaft prägt. Das heißt mit anderen Worten, die obrigkeitsstaatliche Mentalität des österreichischen Beamtentums findet ihre Entsprechung in der Untertanenmentalität der österreichischen Bürger. Die Begründung eines Beamten, daß etwas, wenn auch vernünftiges, nur deshalb nicht möglich sei, weil gewisse Verwaltungsbestimmungen dagegensprächen, wird in Österreich immer noch akzeptiert, während sie in anderen Ländern zu einem zivilen Aufstand führt.

Ein zweiter etwas diffizilerer Grund liegt in der rationalen Einschätzung bestimmter Betreuungsformen nach bestimmten Kriterien durch die jeweils betroffenen Familien. Meines Erachtens sind u.a. folgende Kriterien heranzuziehen: Kosten, Verläßlichkeit, Professionalität und emotionale Zuwendung. Als Betreuungsformen betrachte ich die institutionelle Pflege, die Pflege durch die Familie sowie eine nicht näher definierte Zwischenform, die aufgrund der schwach entwickelten Strukturen zumeist prekären Charakter besitzt. Beginnen wir mit der institutionellen Pflege: In der Vergangenheit waren die Möglichkeiten der Kostenabwehr für die Angehörigen relativ günstig, daher ist sie billig; sie ist verläßlich und vom Vorurteil der Professionalität umgeben; lediglich die emotionale Zuwendung dürfte zu kurz kommen. Die Pflege durch die Familie (Frau, Tochter oder Schwiegertochter) ist ebenfalls billig; sie ist verläßlich, wahrscheinlich unprofessionell, jedoch von der Aura der emotionalen Zuwendung umgeben. Gehen wir nun über zu den prekären Zwischenformen: Sie sind zumeist teurer, da auf privater Grundlage organisiert; sie sind oft unverläßlich, durch geringere Professionalität geprägt als die totale Institution und durch geringere Zuwendung als die Familie. Diese Erörterung ergibt einen klaren Vorzug für beide Extremlösungen und relativ geringe Attraktivität für Zwischenlösungen.

Daß es sich dabei jedoch nicht um ein ehernes Gesetz handelt, beweisen die Erfahrungen anderer Länder. So hat z.B. Holland aufgrund finanzieller Kürzungen der Sozialbudgets völlig neue flexible Wege in der Altenbetreuung beschritten. Privatisierung der Dienste und Überlegungen zur Einführung von Vouchers sind eine Richtung; der Bau flexibler Wohnheime für ältere Menschen eine andere. Diese Wohnheime sind so organisiert, daß die älteren Menschen ihre Umgebung nicht wechseln müssen, auch wenn sie einer intensiven Pflege bedürfen. Jede Wohneinheit kann durch eine einfache organisatorische Maßnahme zu einer Einheit mit intensivem Pflegeangebot umgewandelt werden.

Italien ist im Gegensatz zu Österreich durch einen schwachen Staat und durch eine starke zivile Gesellschaft geprägt. Ähnlich wie in Österreich herrschte dort die Tendenz, ältere Menschen mit multimorbiden Manifestationen als "Pflegefälle" aus den Krankenhäusern zu entlassen, ohne entsprechende Alternativen anzubieten. Darauf formierte sich in Turin eine Bürgerrechtsbewegung, der es in vielen Fällen gelang, die Behandlung chronisch kranker alter Patienten in den Spitälern durchzusetzen. Erst der Druck der Öffentlichkeit macht die Gesundheitsverwaltung erfinderisch. "Hospitalisierung zuhause" (ospedalizazzione a domicilio) heißt das neue Modell. Es besteht darin, daß chronisch kranke Patienten zwar nach Hause entlassen werden, jedoch weiterhin der Verantwortung des Krankenhauses unterliegen. Ein mobiler Dienst des Krankenhauses sorgt für ihre Pflege. Auch vom Arzt werden sie regelmäßig besucht. Im Falle einer Verschlechterung oder Komplikation werden sie unverzüglich ins Krankenhaus zurückgebracht; eine neuerliche Einweisung ist dazu nicht erforderlich. Soweit Turin. In der Emilia-Romagna, der Toskana sowie in Umbrien, Regionen mit einer äußerst lebendigen Tradition von Genossenschaften, hat sich ein neuer Sektor von Genossenschaften im Bereich der sozialen Dienste entwikkelt, welche aus dem Bereich der Pflege älterer Menschen dort nicht mehr wegzudenken sind. In den Bergen des piemontesischen Val Pellice, wo die Menschen im Winter in ihren Höfen Gefahr laufen, vom Schnee eingeschlossen zu werden, hat sich eine Einrichtung entwickelt, die im Sommer als Tagungszentrum, im Winter hingegen als Heim für alleinstehende ältere Bewohner des Tales dient.

These 9

Zum Abschluß möchte ich noch auf einige grundsätzliche Fragen eingehen, die vor allem mit den Wertvorstellungen in unserer Gesellschaft zu tun haben. Es kann nicht geleugnet werden, daß "Altern" in unserer Wertvorstellung ein eher negativ besetzter Begriff ist. Es ist daher dringend notwendig, mit allen Mitteln gegen diese negative Begriffsbesetzung gegenzusteuern. An erster Stelle ist hier wohl das Bildungswesen zu nennen, welches einen positiven Beitrag dazu leisten könnte, die Vorstellung vom Altern, das Bild vom älteren Menschen in unserer

Gesellschaft positiv zu korrigieren, aber auch Wissensvermittlung an ältere Mitbürger selbst zu betreiben (Öffnung der Universitäten, Volkshochschulen, usw.). Das "gesellschaftliche Altenproblem" erscheint mir - nicht erst seit der Aufdeckung der Vorgänge in Lainz - vielmehr ein Problem der Gesellschaft denn ein Problem der Alten zu sein: d.h. es hängt von der Organisationsform der Gesellschaft ab, ob die älteren Mitbürger eine Belastung oder ein Potential für diese Gesellschaft darstellen. Es liegt daher bei der Gesellschaftspolitik, sowohl die materiellen Grundlagen, aber auch die Wertvorstellungen so zu korrigiern, daß die älteren Mitbürger wieder voll in die Gesellschaft integriert werden, zu ihrem eigenen Wohl, wie zum Gesamtwohl der Gesellschaft.

Anmerkung

1) Eine erste Fassung dieses Aufsatzes wurde im Juni 1989 bei der Tagung "Mindeststandards" des Beirats für gesellschafts-, wirtschafts- und umweltpolitische Alternativen, des Instituts für Wissenschaft und Kunst sowie des Vereins für sozialpolitische Information "Kontraste" vorgetragen. In den fünften Abschnitt sind Teile eines während der Südböhmischen Gerontologischen Tage (Budweis, Juni 1987) gehaltenen Referats eingearbeitet.

Quellen- und Literaturverzeichnis

Althaler, Karl S./Stadler, Sabine: Risse im Netz - Verwaltete Armut in Österreich. Wien 1988.

Amann, A.: Open Care for the Elderly in Seven European Countries, Oxford 1980.

Autorenkollektiv: Wege zur Vollbeschäftigung; Arbeit für alle Einkommen für alle. Wien 1985.

Ernst, Andrea et al.: Sozialstaat Österreich - Bei Bedarf geschlossen. Wien 1987.

EURAG Information: Graz 1986.

EURAG Newsletter N 46/1986: Active Aging - Self-Help and Mutual Assistance.

Evers, Adalbert/Wintersberger, Helmut (Hg.): Shifts in the Welfare Mix: Their impact on work, social services an welfare policies. Vienna 1988.

ILO Information: Vol. 23/1/1987.

Lagergreen, M.: Time to care in the Advanced Welfare State, in: Balbo L. and Nowotny H. (Hg.): Time to Care in Tomorrow's Welfare System, Eurosocial, Vienna 1986.

Lutz, Burkart: Der kurze Taum immerwährender Prosperität. Frankfurt/M. 1984.

Naschold, Frieder (Hg.): Arbeit und Politik - Gesellschaftliche Regulierung der Arbeit und der sozialen Sicherheit. Frankfurt/M. - New York 1985.

Report of the Conference of European Ministers Responible for Social Affairs: Warsaw, 6-10 April 1987.

Rose, Richard: The State's Contribution to the Welfare Mix; University of Strathclyde, Studies in Public Policy No. 140, 1985.

Russel, Ch.: Ageing as a Feminist Issue, in: Women's Studies Int. Forum, vol. 10, Nr. 2, S. 125-132, 1987.

Spiegel, M.V. und Wagner, A.: Resocializing social policy: a strategy for survival of the modern welfare state and its impact on social work education. Abstracts Nr. 27, Zürich.

Vienna Dialogue II: Towards better links and balances between social and health services in care for the elderly. Eurosocial RP 14, 1987.

UN Bulletin on Ageing.

UN Periodical on Ageing: 85, Vol. 2, Nr. 1, 1985.

Wintersberger, Helmut: Can We Find a Solution to the Financial Crisis of the Welfare State? in: Riihinen Olavi (Hg.): Social Policy and Post-Industrial Society. Helsinki 1985.

Rainer Bauböck

DAS DILEMMA DER SOZIALEN DIENSTE[1]

Vorbemerkung

Die Debatte um den "Pflegenotstand" hat uns mit der quantitativen Dimension des Problems vertraut gemacht: Demographische Überalterung und zerfallende Familienstrukturen führen zu einem ständig wachsenden Bedarf an sozialen Dienstleistungen. Aber Dienstleistungen sind personalintensiv und daher teuer - die Budgets der Sozialversicherungen und der Gemeinden scheinen mit dieser Aufgabe überlastet. Doch das ist letztlich eine Frage der sozialpolitischen Prioritäten und der Bereitschaft zur Umverteilung. Im folgenden Beitrag soll auf den anderen, den qualitativen Aspekt des Dilemmas hingewiesen werden. Ich lokalisiere dieses Dilemma in der Interaktion zwischen Empfänger und Erbringer der Dienstleistung, versuche das gesellschaftstheoretisch zu begründen, untersuche die Frage, ob die Privatisierung sozialer Dienste als Ausweg gelten kann und offeriere am Schluß einen unwissenschaftlichen Vorschlag zur Politisierung des Problems.

1. Die Instrumente der Sozialpolitik

Moderne Sozialpolitik in ihrem historischen Ausgangspunkt und in ihrem aktuellen Kern hat zu tun mit der Intervention des politischen Systems in die Regulierung von Lohnarbeit und die Reproduktion der Lohnarbeitskraft.

Um Lohnarbeit zu regulieren, muß Sozialpolitik einerseits eigene Institutionen entwickeln, in denen Lohnarbeitskräfte qualifiziert oder reproduziert werden (z.B. Schulen, Krankenhäuser; im anglosächsischen Sprachgebrauch werden deshalb auch Gesundheits- und Bildungspolitik als Teilgebiete der Sozialpolitik begriffen). Andererseits interveniert Sozialpolitik in kapitalistischen Gesellschaften in soziale Bereiche, die nicht in gleicher Weise unmittelbar durch das politische System gestaltet und verwaltet werden.

Die sozialen Bereiche, in die Sozialpolitik vorrangig eingreift, sind:

* Betriebe (z.B. durch Arbeitszeitgesetzgebung und Arbeitsschutzvorschriften)
* Arbeitsmärkte (z.B. durch Arbeitsvermittlung und Arbeitslosengeld)
* Konsumgütermärkte (z.B. durch Preisfestsetzungen und Qualitätskontrollen für Güter eines Grundbedarfs oder Nachfrageunterstützungen mittels monetärer Sozialleistungen)

* private Haushalte (z.B. durch Familienrecht, Kinderbeihilfen oder ambulante soziale Dienste)

Jeder staatliche Eingriff in solche nicht-staatlichen Bereiche benötigt wirksame Instrumente. Die beiden hauptsächlichen Instrumente sind:
* rechtsförmige Regelungen (durch gesetzliche Normen oder Verwaltungsentscheidungen)
* Transfer von Einkommen (durch Einhebung von Steuern und Gebühren bzw. durch Auszahlung monetärer Leistungen).

Geld ist das Steuerungsmedium des ökonomischen Subsystems der Gesellschaft, Recht (Macht) jenes des politischen Systems - über seine Steuerhoheit kann der Staat mit Hilfe des Mediums Recht sich auch des Mediums Geld bedienen, um sozialpolitische Ziele zu erreichen.

In den Bereichen Betrieb, Arbeitsmarkt und Konsumgütermarkt sind diese beiden Instrumente relativ effektiv einsetzbar. Die Transformation des Kapitalismus durch verrechtlichte und monetarisierte Sozialpolitik ist historisch ein offensichtliches Phänomen. In den erwähnten sozialen Bereichen lautet die Frage selten: Verfügt staatliche Sozialpolitik über die Mittel, um einzugreifen und Veränderungen zu bewirken, sondern meist: Welche Ziele verfolgt eine sozialpolitische Maßnahme? Wieviele Ressourcen sind aktuell mobilisierbar, um das Ziel zu erreichen? Gibt es unerwünschte Folgewirkungen in anderen Bereichen, die mit dort angestrebten Zielen in Konflikt geraten? So resultiert z.B. die aktuelle Krise der monetären Systeme der Alterssicherung nicht aus der Unmöglichkeit, aus Beitragszahlungen und Staatszuschüssen langfristig ausreichende Pensionen zu garantieren. Sie folgt aus der aktuellen Priorität der Budgetsanierung, aus der Tabuisierung weitergehender Umverteilungsmaßnahmen und den deswegen sehr begrenzten finanziellen Ressourcen, sowie aus der Abkehr vom Ziel der Vollbeschäftigungspolitik. Die typischen sozialpolitischen Dilemmata in diesen Bereichen sind Zielkonflikte (z.B. zwischen dem Ziel der Sicherung des bisherigen Lebensstandards der Beschäftigten und der Sicherung von Mindeststandards für alle, oder zwischen dem Ziel einer maximalen finanziellen Entlastung der Pensionsversicherungen durch Erhöhung des Pensionsalters oder des Arbeitsmarktes durch Frühpensionierungen). Solche Zielkonflikte werden im politischen Diskurs jedoch meist als "Sachzwänge" oder Einschränkungen von Entscheidungsspielräumen durch Ressourcenknappheit dargestellt. Sie erscheinen daher als Ziel/Mittel-Konflikte, wobei jedoch das Problem der Mittel eines der *Ressourcen* und nicht der verfügbaren *Instrumente* ist.

Bei sozialpolitischen Eingriffen in die privaten Haushalte und ihr Umfeld ist dem Problem der Zielfestlegung und der Ressourcenaufbringung zusätzlich jenes der adäquaten Steuerungsmedien vorgelagert. Mit welchen Instrumenten kann Sozialpolitik überhaupt eingreifen, um beabsichtigte Veränderungen zu bewirken? Haben die einsetzbaren Instrumente unter Umständen nicht nur unerwünschte Nebenwirkungen (die mit Zielen in anderen Bereichen unvereinbar sind), sondern auch konterproduktive Effekte, die das zu lösende Problem selbst vergrößern statt verringern?

2. Kleiner Exkurs in die Gesellschaftstheorie

Um solche Fragen zu beantworten, sollten wir zuerst kurz klären, was wir in unserem Zusammenhang als wesentliche Merkmale von Staat, Markt und Haushalten (Familien) betrachten. In jedem dieser Gesellschaftsbereiche gibt es typische Interaktionen. Dabei dominieren formelle Interaktionen in den systemischen Gesellschaftssphären und informelle Interaktionen in den Familien, Verwandtschafts- und Nachbarschaftsbeziehungen, den ethnischen communities und ähnlichen Formen von Kollektiven. Stark vereinfacht kann dieser Ansatz[2] in folgendem Diagramm beschrieben werden:

formell	marktwirtschaftliches System	politisches System
Funktionen	Allokation von Gütern und Diensten	kollektiv verbindliche Entscheidungen
Regeln	Eigentum und Warentausch	rechtlich formalisierte Macht
informell	Familien und communities	
Funktionen	Reproduktion von Arbeitskraft Konsum von Waren und Diensten	Sozialisierung der Individuen für das politische System
Regeln	personale Interaktion	

Alle sozialen Institutionen werden durch Interaktion konstituiert und reproduziert. Institutionen können in der Regel durch zentrale Interaktion charakterisiert werden: so etwa kapitalistische Betriebe durch die Befehlshierarchie in der Arbeitsteilung mit dem Eigentümer an der Spitze, Märkte durch die Interaktion des Warenaustausches, Staatsapparate durch legitimationssichernde Verfahren auf der einen Seite, und letztlich auf das Gewaltmonopol gestützte Durchsetzung von Entscheidungen in einer Gesellschaft auf der anderen Seite.

Die systemische Verselbständigung der Ökonomie und der Politik gegenüber anderen gesellschaftlichen Bereichen beruht auf einer zunehmenden Formalisierung jener Interaktionen, die diese Bereiche charakterisieren. Das läßt sich an den Regeln ablesen, die die Teilnehmer an Interaktionen innerhalb dieser sozialen Sphären befolgen. Solche Formalisierung ist nie total: Auch am Markt, im privaten Unternehmen und in modernen staatlichen Bürokratien verhalten sich Individuen zueinander nicht nur als Funktionselemente der jeweiligen Systeme, sondern auch als Personen. Umgekehrt gibt es innerhalb der

Familien und informellen communities neben den dort dominierenden personalen Interaktionen ebenso formalisierte. Insofern sind die drei hier charakterisierten Sphären keine voneinander eindeutig abgegrenzten Sektoren. Interaktionen in der formellen Sphäre sind durch den Vorrang charakterisiert, den die formellen Interaktionsmuster vor den informellen haben, während in den informellen Bereichen umgekehrt die personale Interaktion den formellen Regeln vorgeordnet wird. Oder anders gesagt: Die jeweiligen Institutionen der beiden Sphären können sich nur dann reproduzieren, wenn sie die vorrangige Einhaltung ihrer spezifischen Interaktionsregeln sichern. Daher können etwa familiäre Beziehungen nicht auf einen marktförmigen Tausch von Geld gegen Dienstleistungen reduziert werden, selbst wenn Unterhaltsleistungen formell geregelt werden, oder können Tauschprozesse am Markt trotz fallweise beobachtbarem Neopotismus nicht generell von Verwandtschaftsbeziehungen abhängig gemacht werden, wenn der Markt eine verallgemeinerte Waren- und Geldökonomie regulieren soll.

Familien und andere personal vergesellschaftete Kollektive sind selbst nicht in gleicher Weise als Systeme darstellbar wie eine marktwirtschaftliche Ökonomie oder ein moderner Verwaltungsstaat. Sie erbringen jedoch bestimmte Funktionen für die formalisierten sozialen Systeme der Ökonomie und der Politik und werden über diese Funktionen auch systemisch "kolonialisiert". Habermas wäre also in zweierlei Hinsicht zuzustimmen: Erstens ist "Lebenswelt" kein spezifischer Sektor oder gar ein eigenes System in der Gesellschaft, sondern die andere Seite aller sozialen Interaktionen, auch jener in formalisierten Systemen, zweitens "kolonialisieren" die Systeme der Warenökonomie und des bürokratischen Rechtsstaats in gewisser Weise die lebensweltlichen Interaktionen, indem sie diese ihren funktionalen Imperativen unterwerfen (siehe Habermas 1981). Ich kann Habermas dort nicht folgen, wo er eine Integration der Lebenswelt durch das Medium Solidarität unterstellt und dies aus der Voraussetzung von Konsens in verständigungsorientierter Kommunikation ableitet. Die informell vergesellschafteten Kollektive sind nicht von vornherein solidarische Kommunikationsgemeinschaften. Personale Interaktionen können ebenso durch Macht, Konflikt oder Dissens strukturiert sein wie durch Solidarität und Konsens. Der Unterschied zwischen den beiden Interaktionsformen liegt eher darin, daß sich in den formalisierten Systemen jede Interaktion explizit der generalisierten Steuerungsmedien Geld und Recht bedienen muß, und daß die jeweilige Kontrolle über diese Medien als Ressource die relative Position der Akteure zueinander festlegt. In den informellen Interaktionen dagegen werden das Verhalten und die relativen Positionen der Akteure überwiegend durch kulturelle Normen geregelt, auf die sich die Teilnehmer nicht explizit beziehen, und die ihnen überwiegend als entweder naturgegeben oder selbsterzeugt erscheinen.

3. Intervention in informelle Gesellschaftsbereiche

Wenn staatliche Politik in ihrem eigenen Bereich handelt, dann beschränkt sie sich im wesentlichen auf rechtliche Regelung (z.B. in den Interaktionen zwischen Klienten und Stellen der öffentlichen Verwaltungen). Wenn staatliche Politik ins ökonomische System eingreift - und das tut sie auch schon dann, wenn Beamte Gehälter beziehen -, dann muß sie sich darüber hinaus des Mediums Geld bedienen, das die Interaktionen in diesem System koordiniert. Ähnliches gilt für das staatliche Eingreifen in den Bereich der privaten Haushalte und ihr Umfeld, um deren Funktionen für das ökonomische wie für das politische System zu sichern. Bei dieser Intervention kann sich staatliche Politik einerseits auf ihr genuines Medium stützen: auf als Recht kodifizierte Macht und sie kann sich ebenso des ökonomischen Mediums Geld bedienen.
Der Einsatz dieser Mittel ermöglicht:

* die Absicherung bestimmter kultureller Normen durch rechtliche Regelung (v.a. kann die gegenwärtige Form der Familie als soziale Institution gestützt werden, z.B. durch Regelungen der Sorgepflichten, des Erbschaftsrechtes, etc.)
* die Stützung der externen Versorgung von Haushalten mit Waren und Dienstleistungen durch staatliche Einkommenstransfers (z.B. über Familienbeihilfen und familienbezogene Komponenten in anderen monetären Sozialleistungen).

Die wesentliche Funktion der Familien für das politische System, die politische Sozialisierung der Individuen im weitesten Sinne des Wortes, kann jedoch schon nicht mehr mit solchen Mitteln ausreichend kontrolliert werden und wird durch die Einrichtung eigener Institutionen, der Schulen, unter die Regie staatlicher Instanzen gestellt.

Die Sicherung der Reproduktion von Lohnarbeitskraft schließlich, die nach unserer ersten These das Grundmotiv staatlicher Sozialpolitik ist, erschöpft sich ebenso wenig in den rechtsförmig und monetär regulierbaren Funktionen, sondern bedeutet in erster Linie informelle Arbeit, die überwiegend von Frauen in den Haushalten (und in den verwandtschaftlichen und nachbarschaftlichen Interaktionsnetzen) geleistet wird. Mit der Ausbreitung von Konsumgütermärkten hat in dieser Arbeit die Produktion von materiellen Gütern tendenziell abgenommen und die Dienstleistung an Personen zugenommen. Der staatliche Eingriff in die privaten Haushalte muß daher dort, wo Rechtsnormen und Geldleistungen alleine keine ausreichende Wirkung haben, Dienstleistungsarbeit gewährleisten.

Dies kann in verschiedener Weise geschehen:
* entweder (analog zu den öffentlichen Schulen) durch partielle oder vollständige Eingliederung der Empfänger von Dienstleistungen in außerfamiliäre Institutionen, welche die familiären Funktionen ersetzen.
* oder durch Gewährleistung von Dienstleistungen innerhalb der privaten Haushalte mit Hilfe familienfremder HelferInnen.

Ein Beispiel für die erste Variante wären die stationären Pflegeeinrichtungen, eines für die zweite die ambulanten sozialen Dienste.

Worin liegt das Dilemma solcher Interventionen? Konservative Kritiker des Sozialstaats fragen z.B.: Fördert nicht der Ausbau der Altersheime die Abschiebung alter Familienangehöriger? Allgemeiner formuliert: Wenn es das Ziel ist, kompensatorisch die Familien zu stützen, wo diese die ihnen zugedachten Aufgaben nicht ausreichend erfüllen, dann könnte der Ausbau solcher Leistungen und Einrichtungen dieses Ziel gefährden, wenn er eine Veränderung der gesellschaftlichen Normen für die Dienstleistungsarbeit in den Familien bewirkt.

Sicherlich gibt es in manchen Bereichen so etwas wie eine angebotsinduzierte Nachfrage. Aber die geäußerten Befürchtungen sind übertrieben. Es ist eher erstaunlich, wie sehr die Dienstleistungsarbeit der Frauen in den Familien noch immer als ungebrochene Norm gilt, trotz wachsender Angebote an öffentlichen Einrichtungen und Diensten und trotz zunehmender Doppelbelastung durch Berufstätigkeit und Hausarbeit. Die kompensatorischen Dienstleistungsangebote werden nach wie vor überwiegend als Netz für Notlagen und nicht als Hängematte benutzt. Allerdings wächst die Häufigkeit solcher Notlagen und damit der Bedarf an entsprechenden Angeboten. Ein Weg zurück steht daher nur in neokonservativen Fantasien offen: Ein Bettenabbau oder gar das Zusperren von Alters- und Pflegeheimen garantiert keineswegs eine Wiederaufnahme intensiver familiärer Versorgung. In den meisten Fällen haben die Familien nämlich längst nicht mehr die freie Wahl zwischen der einen oder der anderen Lösung: Mehrfache Erwerbstätigkeit und die Zunahme von unvollständigen Kernfamilien machen z.B. eine Betreuung pflegebedürftiger Personen ohne zusätzliche Hilfen von außen sowieso unmöglich.

Die neokonservative Ansicht, daß ein Überangebot an Sozialpolitik die Auflösung der Familien beschleunige und daher durch die Verstärkung des Subsidiaritätsprinzips gegengesteuert werden müsse, setzt die Wirksamkeit der staatlichen Instrumente voraus. Meine These wäre dagegen, daß das Dilemma der familienbezogenen Sozialpolitik gerade darin besteht, daß die verfügbaren Instrumente sich oft als minderwertig oder sogar konterproduktiv erweisen. Dies äußert sich in den Interaktionen, in denen die Dienstleistungen erbracht werden. Störungen werden vor allem dann auftreten, wenn die Beteiligten sich an unterschiedlichen Normen orientieren und daher keine gemeinsamen und für beide Seiten verbindlichen Regeln gefunden werden, nach denen die Interaktion abläuft. Aus unserem Ansatz lassen sich solche Inkongruenzen v.a. dann vermuten, wenn die Agenten der staatlichen Sozialpolitik sich an formellen Interaktionsregeln orientieren, die Empfänger der Dienstleistungen dagegen an informellen. In den sozialen Diensten ist die Interaktion zwischen HelferInnen und HilfeempfängerInnen grundsätzlich eine personale im Unterschied zur rein formalen Interaktion eines Klienten mit einer Behörde, die einen Bescheid erläßt oder eine Geldleistung gewährt. "Personal" meint hier, daß sich die Hilfe auf Bereiche erstreckt, die das Individuum nicht als anonymes und austauschbares Funktionselement in formalisierten Institutionen, sondern als konkrete Person betreffen - von der intimen Sphäre des Körpers bis zu den psychischen Problemen, deren Linderung erwartet wird. Aber in der staatlichen Regulierung sozialer Dienste muß dieser personale Charakter durch formale Kontrollmechanismen weitgehend ausgeschaltet werden.

In den "totalen Institutionen" wie den Alters- und Pflegeheimen zeigt sich dieser Konflikt darin, wie der Alltag der Insassen nach den Erfordernissen der Institution und nicht der Heilung und Vorbereitung auf eine mögliche Rückkehr in die Außenwelt reglementiert wird. Wenn die Kontrolle, die hier über Körper und Psyche ausgeübt wird, nicht mehr mit einem proklamierten therapeutischen Zweck vereinbar ist, dann könnte die beobachtete Wirkung als eigentliches Ziel unterstellt werden: Verwahrung und soziales Unsichtbarmachen von Krankheit und Hilfsbedürftigkeit und dies nicht nur durch Exilierung des Abweichenden aus der Gesellschaft, sondern durch seine Normalisierung mittels Therapie (Foucault 1973 und 1976). In dieser Auffassung erscheint soziale Kontrolle über Abweichung sowohl als Ziel, als auch als Mittel dieser Institutionen.[3]

Betreuung und Hilfe ist in der Anstalt also untrennbar mit Entmündigung der Individuen, mit partiellem oder vollständigem Entzug ihrer Handlungsautonomie einschließlich ihrer Verfügung über den eigenen Körper verknüpft. Dies ist in gewisser Weise eine Entschärfung des Dilemmas: Ebenso wie in der Medizinalisierung von Krankheit der Körper nicht mehr als integraler Teil der Person, sondern als physisches Objekt der Therapie betrachtet wird, so wird durch Hospitalisierung von Dienstleistungsempfängern deren Möglichkeit reduziert, Einfluß auf die Interaktion zu nehmen und ihre eigenen Erwartungen als relevante Normen in der Interaktion geltend zu machen. Das Machtgefälle ist von vornherein eindeutig zuungunsten der Leistungsempfänger gewichtet. Die negativen Folgen dieser Interaktionsstruktur können von den totalen Institutionen weitgehend externalisiert werden. Sie zeigen sich in der psychischen Befindlichkeit der Klienten einerseits, und in hohen sozialen Kosten andererseits.

In der öffentlichen Erbringung oder Regulierung von Dienstleistungen innerhalb der Haushalte artikulieren sich die Differenz und der Konflikt zwischen Zielen und Mitteln der Sozialpolitik deutlicher, weil hier der institutionelle Rahmen der privaten Haushalte sich nicht in gleicher Weise den Erfordernissen des staatlichen Eingreifens anpaßt, wie jener der geschlossenen Anstalt. Dadurch wird für den Leistungsempfänger das Einbringen von informellen Normen in die Interaktion möglich.

Zweifellos ist auch die Familie eine Art von totaler Institution, insbesondere für Personen, die wenig Handlungsspielraum außerhalb ihres Rahmens besitzen: Das sind Kinder und Hausfrauen, aber vor allem auch Alte, Kranke, Pflegebedürftige, Behinderte. Ambulante soziale Dienste, die von außen in diese Institution eingreifen, stoßen häufig auf zwei verschiedene Widerstände: dieselbe Art der Hilfeleistung kann von einer Gruppe von Klienten als Entmündigung empfunden werden, von einer anderen dagegen als mangelnde Zuwendung. In der ersten Kategorie finden sich oft Körperbehinderte. Sie kritisieren häufig die mangelnde Kompetenz von Betreuungspersonal für die ganz besonderen Hilfen, die sie benötigen und wehren sich gegen psychologisierende Betreuungsformen, die sie als Bevormundung erleben. Die zweite Gruppe, v.a. alleinstehende alte und pflegebedürftige Personen, klagt dagegen gerade über die Reduktion der Hilfe sowohl in ihrer Zeitdauer als auch in der Art: Psychische Komponenten der Betreuung, Hilfen bei der Bewältigung des Alltags unterbleiben oder werden im Vergleich zu den reinen Versorgungsleistungen (medizinische Hilfen, Essenszustellung, Wohnungspflege) zu gering bewertet. Dieser Widerspruch kann teilweise auf unterschiedliche Bedürfnislagen verschiedener Gruppen von Hilfeempfängern zurückgeführt werden, die in einer einheitlichen Gestaltung von sozialen Diensten oft ignoriert werden. In manchen Fällen äußert aber auch ein und dieselbe Gruppe Kritik in beide Richtungen. So zum Beispiel, wenn Körperbehinderte einerseits die Psychologisierung ihrer Probleme, andererseits die fehlende Vertrauensbeziehung kritisieren, deren Aufbau durch den häufigen Wechsel von Betreuungspersonal zerstört wird. Dies macht eine gemeinsame Grundlage beider Arten von Unzufriedenheit deutlich.

Der besondere Charakter der Institution Familie liegt in einer Kombination von Intimität und Abhängigkeit. Die geschlossene Anstalt zerstört die Intimität und läßt die nackte Abhängigkeit zutage treten. Die ambulanten sozialen Dienste dringen dagegen in eine bestehende Sphäre der Intimität ein. Dies löst einerseits Abwehrmechanismen aus, die diese Sphäre schützen wollen, andererseits wird aber auch versucht, die neue Abhängigkeit von familienfremden Helferinnen mit neuer Intimität zu füllen. Was die sozialpolitische Intervention an familiärer Intimität zerstört, kann ihr gegenüber auch als Forderung eingeklagt werden.

Wo keine Familie mehr existiert oder funktioniert und wo zusätzlich HilfeempfängerInnen in ihrem außerfamiliären Handlungsspielraum stark eingeschränkt sind, erweist sich der private Haushalt als leeres Gehäuse. Soziale Betreuung, die von außen in diesen Raum interveniert, weckt ein starkes Bedürfnis nach einer Rekonstruktion familiärer Interaktionen. Wird dies verweigert, kann dadurch Abhängigkeit in ähnlicher Weise perpetuiert werden wie in den stationären Betreuungseinrichtungen. Und tatsächlich sind ambulante soziale Dienste für viele Menschen keine Alternative zum Heim, sondern begleitende Hilfen auf einem vorgezeichneten Weg dorthin. Die Gestaltungsmöglichkeiten staatlicher Sozialpolitik sind jedoch gegenüber dem Anspruch weitgehend hilflos, nicht nur familiäre Dienstleistungen als mechanisch wiederholbare Verrichtungen zu ersetzen, sondern auch die in diesen geschaffene Intimität zu rekonstruieren: Die HelferInnen können sich diesem Anspruch weder vollständig entziehen, noch ihn einlösen.

Das liegt v.a. daran, daß in den öffentlichen sozialen Diensten die eine Seite der Interaktion, die Helferin (der Helfer) in ein Netz von hochgradig formalisierten Regeln eingespannt ist. Für die Dienstleistungen existieren meist genaue Vorgaben bezüglich der Art der zulässigen Hilfen und ihrer Dauer. Die organisatorische Rationalisierung innerhalb der Institution, der die HelferInnen zugeordnet sind, führt bei einer dichteren Versorgung außerdem zur Aufsplitterung der Dienstleistungen für dieselben HilfeempfängerInnen auf mehrere spezialisierte HelferInnen (diplomierte Krankenschwester für medizinische Pflege, Heimhelferinnen für Haushaltshilfe, Essenszustellung durch eigenes Personal, Kontaktbesuchsdienst etc.). Wir haben diese Phänomene als "Taylorisierung" der sozialen Dienste bezeichnet, weil sowohl die Erscheinungsformen als auch die Gründe für diese Aufsplitterung durchaus mit der Rationalisierung der industriellen Arbeitsteilung innerhalb von Betrieben verglichen werden können (Antalovsky, Bauböck, Talos 1988, S. 29 ff.)[4].

Die zunehmende Flexibilisierung von Lohnarbeit in der "postfordistischen" Phase des Kapitalismus (siehe Hirsch/Roth 1986) wird erst auf der Basis von Massenproduktion mit taylorisierter Lohnarbeit möglich. Eine ähnliche Entwicklung bei den personenbezogenen Dienstleistungen konnte nicht in gleicher Weise stattfinden, weil hier die Personalkosten den größten Anteil ausmachen und dementsprechend die Möglichkeiten der "relativen Mehrwertsteigerung" durch Verbilligung von Rohstoffen und Produktionsmitteln eng begrenzt sind. Daher befinden wir uns auch nicht auf dem Weg in die "Dienstleistungsgesellschaft", sondern erleben eine Ausweitung der Eigenproduktion von Gütern und Dienstleistungen in den Haushalten (siehe Jonathan Gershuny 1981). Allerdings steigt gleichzeitig die Zahl der Personen und Haushalte (Alte, Behinderte, Alleinerzieherinnen, ...), die sich durch Eigenproduktion nicht adäquat versorgen können. Wenn nun das Angebot an personenbezogenen Dienstleistungen nicht ausschließlich über den Markt, sondern auch sozialpolitisch gesteuert wird, dann kann für diesen Massenbedarf auch eine Massenproduktion eingerichtet werden. Und für eine solche sozialpolitisch induzierte Massenherstellung ist die Taylorisierung der Arbeitsleistung ebenso ein typisches Phänomen, wie sie es für die Erzeugung von Konsumgütern in der "fordistischen Entwicklungsphase" des Kapitalismus war. Flexiblere und integrierte Formen von Betreuung werden meist nur für die zahlungskräftigere Kundschaft oder für besondere und seltene Problemlagen entwickelt.

Fassen wir zusammen: Das Dilemma entsteht letztlich aus einem Konflikt zwischen der Sphäre der Intervention (privater Haushalt) und den verfügbaren Instrumenten (organisierte soziale Dienste). Die Familien sind jener gesellschaftliche Bereich, der in einer industrialisierten Gesellschaft die Reproduktion der Individuen und vor allem ihrer Arbeitskraft gewährleistet. Die persönliche Natur der Beziehungen in der Familie, vor allem die persönliche Abhängigkeit der Frauen von den Männern und der Kinder von den Eltern ist die Grundlage dieser Reproduktion. Öffentliche Sozialpolitik, die zunehmende Funktionsdefizite der Familien auf diesem Gebiet kompensieren soll, muß eine Form von Leistungen entwickeln, die der personalen Interaktion in der Familie so weit wie möglich nachgebildet sind. Andererseits ist sie von der institutionellen Struktur ihrer Leistungen her dazu denkbar schlecht in der Lage.

Für staatliche Sozialpolitik heißt der Ausweg aus diesem Dilemma Privatisierung. Dieses Schlagwort kann allerdings sehr Verschiedenes bedeuten (siehe: Bauer 1988). Wir sehen darin drei verschiedene Strategien: Erstens die Familialisierung, zweitens die Marktstrategie und drittens die Übertragung der Aufgabe an intermediäre Träger. Familialisierung ist nicht mehr als eine bestimmte Form der Legitimation des staatlichen Rückzugs: Mit dem Argument, daß Familien und Nachbarschaften besser in der Lage seien, personenbezogene Dienstleistungen zu gestalten als öffentliche Einrichtungen, wird zum Verzicht auf Ansprüche an staatliche Hilfe aufgefordert. Die beiden anderen Strategien anerkennen dagegen sozialpolitischen Handlungsbedarf, sehen jedoch die Rolle der öffentlichen Verwaltung dabei recht unterschiedlich.

4. Zwei Strategien der Privatisierung

Die Marktstrategie wäre eine "Subjektförderung", der Ersatz des von der öffentlichen Hand erstellten Angebotes sozialer Dienste durch Geldleistungen an die Hilfebedürftigen, also eine Variante der bedarfsorientierten Grundsicherung für besondere Personenkategorien.

Neoliberale, linkssozialdemokratische und alternative Vorschläge zur Grundsicherung unterscheiden sich in der Regel in drei Kriterien:

* in der Höhe einer als Mindeststandard akzeptierten Geldleistung;
* in der Frage, ob diese an die Stelle bestehender Systeme der sozialen Sicherung treten oder in diese Systeme als Sockelung eingeführt werden soll;
* in den Vorschlägen zu den Finanzierungsquellen.

Alle Varianten monetärer Grundsicherung setzen jedoch voraus, daß die benötigten Güter und Dienstleistungen als Waren auf einem Markt erhältlich sind, bzw. daß eine Nachfragestützung durch Geldleistungen ein entsprechendes Angebot am Markt hervorbringen könnte. Genau dies scheint jedoch für viele Formen sozialer Dienste eine problematische Annahme. Die Möglichkeit, sich als Käufer am Markt bedarfsadäquate Leistungen zu besorgen, setzt eine relativ hohe Mobilität, Information über das Angebot, Artikulation spezifischer Bedürfnisse schon vor dem Konsum der Dienstleistung selbst und Fähigkeit zur Beurteilung der Qualität des Angebots voraus (was gerade bei therapeutischen Dienstleistungen vom Klienten nicht erwartet werden kann). Manche Gruppen von Hilfebedürftigen erfüllen diese Voraussetzungen weitgehend und votieren in der gegenwärtigen Diskussion auch stark für eine "Pflegegeldlösung"[5]. Natürlich können gewisse Probleme auch durch staatliche Kontrollen einer grundsätzlich marktwirtschaftlichen Versorgung behoben oder wenigstens gemildert werden (etwa die Einhaltung professioneller Qualitätsstandards). Aber es bleibt das Faktum, daß eine große Gruppe von Klienten sozialer Dienste gerade aufgrund ihrer spezifischen Hilfebedürftigkeit auch nicht imstande sein wird, sich als Käufer am Markt bedarfsgerecht zu versorgen.

Ein zweites ungelöstes Problem bei der Marktstrategie betrifft die regionale Versorgungsdichte. Persönliche Dienstleistungen sind nicht konservierbar und transportabel, sie werden uno actu produziert und konsumiert. Daher bilden sich Märkte nur dort heraus, wo die lokal gebundene Nachfrage bestimmte Schwellenwerte überschreitet. Außerhalb davon fallen beträchtlich höhere Wegkosten entweder für Klienten oder für HelferInnen an. Private, nicht gemeinnützige Anbieter werden daher dazu neigen, ihr Angebot auf wenige städtische Ballungszentren zu konzentrieren oder außerhalb davon beträchtlich höhere Preise zu verrechnen. Eine bedarfsorientierte Grundsicherung muß jedoch bei gleicher Bedarfslage gleiche Leistungen gewährleisten und ist mit stark unterschiedlicher Versorgungsdichte und großen Preisdifferenzen für gleichartige Leistungen schlecht vereinbar.

Schließlich bleibt die Frage zu beantworten, unter welchen Voraussetzungen private Unternehmen besser in der Lage sind, ihre Dienstleistungen an das Interventionsfeld der privaten Haushalte zu adaptieren als öffentliche Träger. Die Vermutung liegt nahe, daß dies dann der Fall ist, wenn sie sich nicht an einer Massennachfrage orientieren, sondern an einer kleinen Schicht besonders zahlungskräftiger Klienten. Eine Nachfrage, die durch eine breit verteilte und nur einen Mindestbedarf deckende staatliche Grundsicherung aufgebaut wird, wird auf ein Angebot stoßen, das nach Grundsätzen der Kostenminimierung an jenen Leistungskomponenten spart, die besonders personal- und zeitintensiv sind. Die unbestreitbaren Qualitätsvorteile kleiner privater Anbieter gegenüber großen öffentlichen Bürokratien könnten in jenen Prozessen, die durch eine breit gestreute monetäre Sicherung ausgelöst würden, weitgehend verloren gehen.

Während also eine monetäre Grundsicherung für eine bestimmte Gruppe von Betroffenen bedeutende Verbesserungen bringen könnte, kann sie doch nicht das Problem eines *adäquaten* Angebots für *alle* Hilfebedürftigen lösen.

Bleibt die Variante zwei: die Übertragung der Aufgabe an Organisationen des "intermediären Sektors", an private aber gemeinnützige Vereine und Verbände. Dies ist weniger eine strategische Option für die staatliche Verwaltung als die bereits längst gegebene Realität. In der Geschichte der Sozialpolitik wurde die Dienstleistungskomponente immer hauptsächlich von Einrichtungen wie Kirchen, caritativen Fonds der Unternehmer oder Selbsthilfeeinrichtungen der Lohnarbeiter getragen. Während die monetären Leistungen zunehmend von (para) staatlichen Bürokratien übernommen wurden, werden auch heute noch die sozialen Dienstleistungen mit wenigen Ausnahmen (wie in den skandinavischen Staaten) weithin überwiegend von nicht-staatlichen und nicht-gewinnorientierten Institutionen erbracht. Worum es bei dieser Variante geht, ist daher nicht ein möglicher Ausweg aus einer Krise der Sozialpolitik, sondern die Prüfung der vorgebrachten Argumente für eine bestehende Praxis.

Von den Organisationen des intermediären Sektors wird angenommen, daß sie zwischen Markt und Staat stehen, also weder ausschließlich nach dem Profitmotiv entscheiden, noch der bürokratischen Rationalität öffentlicher Einrichtungen voll unterworfen sind. Diese negativen Kriterien alleine wären noch kein ausreichender Grund für die positive Annahme, daß die Institutionen des "Dritten Sektors" für die Aufgabe der sozialen Dienste geeigneter sind als private Unternehmen oder kommunale Stellen. Die meisten Theorien von der Überlegenheit des "Dritten Sektors" bewegen sich innerhalb der zirkulär aufeinander bezogenen Argumente des Markt- und Staatsversagens. In unserem Diagramm wären diese Institutionen dagegen zwischen der formellen und der informellen Sphäre anzusiedeln. Daher halten wir die Bezeichnung intermediärer Sektor für die geeignetste - im Gegensatz zum Begriff "Dritter Sektor", womit lediglich der Unterschied zu Markt und Staat angedeutet wird, aber der Bezug zu den Familien und Haushalten ignoriert wird. Aber auch der neuerdings öfter verwendete Ausdruck "Vierter Sektor" ist insoferne irreführend, als damit ein eigenes gemeinsames Regulationsprinzip dieser Institutionen unterstellt wird. Wir sehen hier viel eher unterschiedliche Mischungsverhältnisse zwischen den Interaktionsregeln, die formalisierte soziale Systeme und Institutionen der informellen Sphäre kennzeichnen. Ein Wohlfahrtsverband z.B. kombiniert den Rechtsstatus der staatlich anerkannten Gemeinnützigkeit (und in manchen Fällen auch der staatlich anerkannten Religionsgemeinschaft) mit Interaktionsformen der formellen Ökonomie (Lohnarbeit und von Klienten bezahlte Dienstleistungen) und mit weltanschaulich überhöhten Interaktionsmotiven informeller Gesellschaftsbereiche (Arbeitsleistung und Spenden aus Solidarität bzw. christlichem Mitleid)[6].

Die Plausibilität der Theorien des "Dritten Sektors" ergibt sich zum Teil daraus, daß bei ihrem bevorzugten Forschungsobjekt, den großen gemeinnützigen Verbänden und Fonds die Nähe zur informellen Sphäre, zum Umfeld der privaten Haushalte, kaum mehr sichtbar wird. Diese Organisationen können nur sehr schwer als unbürokratisch bezeichnet werden und tendieren außerdem dazu, ihre Leistungen nach ähnlichen ökonomischen Kalkülen zu rationalisieren wie private Unternehmen. Insoferne liegt aber auch der Verdacht nahe, daß sie sich zu wenig von der öffentlichen Verwaltung oder größeren Privatunternehmen unterscheiden, um diesen gegenüber einen deutlichen Qualitätsvorteil in der Leistungsgestaltung zu bieten. Bürokratische Verfahren und ökonomische Rationalisierung sind natürlich nicht per se ineffizient für die Gestaltung sozialer Dienste, aber sie sind Problemlösungen innerhalb der formalisierten Systeme von Ökonomie und Politik, die in ihrer Wirkung innerhalb informell vergesellschafteter Bereiche problemverursachend sein können.

Wolfgang Seibel hat eine Gegenthese aufgestellt, nach der die Funktionalität des "Dritten Sektors" für die staatliche Sozialpolitik gerade in seiner spezifischen Ineffizienz bestünde: Nach Seibel lösen diese Organisationen kaum die ihnen übertragenen Probleme, aber sie entlasten das unter einem spezifischen Legitimationsdruck stehende politische System von mehr oder weniger unlösbaren Aufgaben. Das Etikett der Gemeinnützigkeit ermöglicht dabei eine Abschwächung der internen und externen Effizienzkontrollen (siehe Seibel 1988). Dieser zweifellos sehr originelle Ansatz könnte zwei widersprüchliche Phänomene zugleich erklären: erstens das große Gewicht von Organisationen des intermediären Sektors in den sozialen Diensten, zweitens die häufig zu beobachtenden eklatanten Mängel in der Qualität der Dienstleistungen und der ökonomischen Effizienz des Mitteleinsatzes. Gerade wegen der für das politische System unlösbaren Dilemmata im Aufgabenfeld der sozialen Dienste bietet sich demnach die Abschiebung an intermediäre Träger an. Und deren mangelnde Effizienz ist kein Hindernis für diese Form der Privatisierung, sondern stimuliert sie geradezu.

Dennoch scheint mir der Funktionalismus dieser Erklärung nicht wirklich befriedigend. Die oben skizzierte Marktstrategie könnte das politische System doch stärker legitimatorisch entlasten als die Übertragung dieser Dienstleistungen an relativ ineffiziente intermediäre Träger. Bei der gegebenen Verflechtung der öffentlichen Verwaltung mit den Wohlfahrsbürokratien (durch Finanzierung und teilweise auch Planung und Koordination seitens der öffentlichen Verwaltung, sowie durch parteipolitische und personelle Querverbindungen) fallen eklatante Ineffizienz in der Versorgung oder Finanzskandale immer wieder auch auf die Akteure im politischen System zurück. Warum dennoch in vielen Staaten keine Alternative zur Übertragung der Versorgungsaufgaben an gemeinnützige Verbände erwogen wird, dürfte doch aus den Charakteristika des Aktionsfeldes informeller Sektor zu erklären sein.

Gemeinnützigkeit ist nicht nur eine juristische und ökonomische Kategorie, sondern wird durch religiöse oder sozialistische Weltanschauungen gestützt. Diese Weltanschauungen bieten die Grundlage für eine "Organisationsphilosophie" der Wohlfahrtsverbände, sei es die christliche Caritas und Diakonie oder die Arbeitersolidarität. Das Charakteristische an solchen Ideologien ist, daß sie gegenüber den aller Moral entkleideten Systemen der Ökonomie und der Politik eine *Ethik der Gemeinschaft* postulieren. In den korrespondierenden weltanschaulichen Verbänden wie Kirchen, Parteien oder Gewerkschaften überwiegen zwar keineswegs gemeinschaftlich-informelle Interaktionen, aber sie erhalten ihre mobilisierende Kraft nur durch die Imagination von Gemeinschaft[7] und den auf diese Weise erzeugten ideologischen Gegensatz zur Welt der formalen Systeme. Während in jenen Organisationen, die sich primär innerhalb der formellen Ökonomie oder Politik bewegen, dieses gemeinschaftsbezogene Element nur mehr als Ideologie auszumachen ist, hat es in den Wohlfahrtsverbänden einen unmittelbaren Bezug zum Tätigkeitsbereich. Die Beschwörung von Solidarität in der Gemeinschaft ist offensichtlich wesentlich für die Legitimierung von Aktivitäten, die in familiäre Funktionen eingreifen und sie partiell ersetzen sollen. Weder profitorientierte Unternehmen noch staatliche Bürokratie verfügen in ausreichendem Maß über diese weltanschauliche Ressource.

Weltanschauliche Legitimierung bedeutet jedoch nicht die Überwindung des Widerspruchs zwischen bürokratischer Organisationsform und ökonomischer Rationalität einerseits und der personalen Dimension sozialer Dienstleistungen andererseits in der Praxis, sondern im Gegenteil dessen Verschärfung. Die Inkongruenz von Regelorientierungen in der Interaktion zwischen Empfänger und Erbringer der Dienstleistung pflanzt sich als doppelter Standard in fast allen Aktivitäten innerhalb der Organisation fort: Kann das ehrenamtlich tätige Vorstandsmitglied in gleicher Weise für ökonomische Fehlplanungen verantwortlich gemacht werden wie der Manager eines Privatbetriebes?

Kann die freiwillige Helferin ebenso zu Arbeitsleistung verpflichtet werden wie unselbständig beschäftigte Arbeitskräfte? Kann das aus Spenden eingenommene Geld für Investitionen verwendet werden, die der "Systemerhaltung" dienen und nicht unmittelbar den Leistungsempfängern zugute kommen? In unserer Auffassung resultiert die spezifische Ineffizienz intermediärer Träger aus der Unauflösbarkeit solcher Konflikte, die wiederum letzten Endes aus dem Tätigkeitsfeld im informellen Sektor erwachsen.

Nun gibt es aber im intermediären Bereich auch noch andere Akteure als die großen Verbände. Alternative Dienstleistungen, Selbsthilfegruppen, organisierte Nachbarschaftshilfe sind inzwischen im politischen Diskurs verbreitete Schlagworte, die doch auch realen Phänomenen entsprechen. Zweifellos ist dieses Spektrum der Erbringer sozialer Dienste wesentlich näher am informellen Sektor und an den Erfordernissen einer personalen Gestaltung der Hilfe in diesem Sektor. Selbsthilfegruppen sind auch weniger darauf angewiesen, ihre Tätigkeit über eine Weltanschauung zu legitimieren. Sie können teilweise die noch bestehenden informellen Verpflichtungen zu Hilfeleistung in lokalen und Interessensgemeinschaften als Ressource nützen, zu der große Bürokratien meist keinen Zugang mehr haben. Diese Nähe zu den informellen Lebensbereichen eröffnet nicht nur die Möglichkeit einer einfühlsameren Berücksichtigung von Bedürfnissen der Leistungsempfänger in der Art der Hilfe selbst, sondern auch eine Funktion als Sprachrohr der Klienten in der Medienöffentlichkeit und als Anwalt gegenüber den öffentlichen Verwaltungen.

Wenn hier die eine Seite des Dilemmas entschärft scheint, so hat jedoch die andere an Gewicht gewonnen: Diese besteht in der Regularisierung der Leistungen. "Selbsthilfe" im Sinne von autonomer Problemlösung innerhalb der informellen Sphäre der Gesellschaft ist ja nicht der Sinn dieser Bewegung. Es gibt eine unüberschaubare Vielfalt von Abstufungen der Bedeutung des Wortes: von der Selbsthilfe der Anonymen Alkoholiker bis zur bezahlten Fremdhilfe durch Nachbarn, von der kleinen sozial engagierten Gruppe von LaienhelferInnen bis zum Verein mit bezahlten Mitarbeitern, der alternative Dienstleistungsformen anbietet. Das Wachsen der Selbsthilfebewegung ist ein Hineinwachsen in die Sozialpolitik und damit eine zunehmende Interaktion zwischen den autonomen Initiativen und den Institutionen des politischen Systems. Bei den großen Wohlfahrtsbürokratien ist der Reibungswiderstand in diesen Interaktionen relativ gering, weil sie in ihrer internen Struktur den staatlichen Verwaltungen nachgebildet und angepaßt sind. Gegenüber den neuen alternativen Gruppen stellt sich für die staatliche Steuerung dagegen akut das Problem der Regularisierung: Wie soll die Kontinuität der Hilfeleistung gewährt werden? Wie kann das Ausmaß der Hilfe gemessen und in Relation zur finanziellen Unterstützung für die Vereine gesetzt werden? Wie kann in Regionen, wo keine Ansätze für solche Hilfen existieren, ihre Entstehung gefördert werden? Die Selbsthilfebewegung kann solchen Fragen nicht ausweichen, weil sie eben nur sehr beschränkt autonom und auf eine Integration in staatliche Sozialpolitikprogramme angewiesen ist.

5. Die Politisierung des Dilemmas: Mindeststandards in den sozialen Diensten

Soziale Dienste können grundsätzlich von drei verschiedenen Typen von Organisationen geleistet werden: von Stellen der öffentlichen Verwaltung, von privaten gewinnorientierten Unternehmen und von gemeinnützigen Organisationen des intermediären Sektors. Ich habe versucht, spezifische Probleme dieser drei institutionellen Lösungen und gemeinsame Grundlagen für diese Probleme zu skizzieren. Aus dieser Darstellung drängt sich eine einfache Schlußfolgerung auf: ein *institutional mix* erscheint als die beste Variante, weil damit die Gefahr der Benachteiligung bestimmter Gruppen von Hilfebedürftigen reduziert werden könnte und für manche die Wahlmöglichkeit zwischen Alternativen eine bessere Berücksichtigung ihrer Bedürfnisse brächte.

Gegenüber dieser derzeit sehr verbreiteten Option ist jedoch ein wichtiger Vorbehalt zu machen. *Institutional mix* sollte nicht unbedingt gleichgesetzt werden mit *policy mix* und schon gar nicht mit Politikverzicht. In jeder Variante von institutioneller Lösung sind tiefgehende politische Eingriffe nötig, um eine ausreichende Versorgung zu garantieren. Auch wenn eine bestimmte Gruppe für die Selbstversorgung auf einem Markt privater und gemeinnütziger Träger votiert, so benötigt sie doch dazu eine monetäre Sicherung in beträchtlicher Höhe, die nur über öffentliche Budgets realisiert werden kann. Sowohl die großen Wohlfahrtsverbände als auch die kleinen Selbsthilfegruppen können weder über Spenden noch über Selbstbehalt der Klienten ihre Dienstleistungen ausreichend finanzieren.

Über die unerläßliche öffentliche Finanzierung hinaus ist aber auch politische Gestaltung in anderer Hinsicht gefragt: Bei den monetären Sozialleistungen gibt es nun schon eine lange Debatte über Mindeststandards. Ich plädiere dafür, eine Diskussion über Mindeststandards in den sozialen Diensten zu beginnen und mit dieser schon akademisch etablierten Auseinandersetzung zu verknüpfen. Dadurch könnte auch die inzwischen etwas erschöpfte Kontroverse um Grundeinkommen oder Sockelung in den bestehenden Systemen sozialer Sicherung neue Impulse erhalten.

Mindeststandards in den sozialen Diensten wären auch eine untere Schwelle gegen ein allzu ausgeprägtes *policy mix*. Der Bedarf an sozialen Diensten kann je nach Region und Klientengruppe ziemlich unterschiedlich sein und daher sollte die Regulierung durch das lokale politische System (Länder und Gemeinden) nicht von vornherein abgelehnt werden. Wenn dies jedoch (so wie derzeit in Österreich) bedeutet, daß gegenüber gleichem Bedarf unterschiedliche Standards gelten und keine gesetzlichen Ansprüche auf Bundesebene verankert sind, dann schafft dies unerträgliche Formen sozialer Ungleichheit. Die lokale Differenzierung sollte erst oberhalb eines Sockels von garantierten Mindestleistungen einsetzen können. In einem Wort zusammengefaßt: Soziale Dienste sollten ebenso wie gewisse universalisierte Geld- und Sachleistungen (in Österreich z.B. die Familienbeihilfen, die Gratisschulbücher oder Schulfreifahrten) als *soziale Bürgerrechte* konzipiert werden.

Solche Forderungen können nicht an private Organisationen und auch nicht an die informellen Netze der Familien und Nachbarschaften gestellt werden. Sie sind von vornherein an das politische System adressiert und können nur in diesem eingeklagt werden. Der Verweis auf die Vorzüge nicht-staatlicher Träger für diesen Aufgabenbereich oder auf das Subsidiaritätsprinzip, nach dem sich die Familien zuerst selbst helfen sollen, rechtfertigt keine Rücknahme der politischen Verantwortung. Die Resultate einer Umfrage in Österreich zeigen, daß die Bevölkerung die Zuständigkeit der staatlichen Stellen für diese Frage sehr deutlich wahrnimmt. Dies äußert sich unter anderem darin, daß auch dort, wo die Trägerschaft von sozialen Diensten überwiegend bei privaten gemeinnützigen Vereinen liegt, diese von der Mehrzahl der Befragten öffentlichen kommunalen Stellen zugeordnet werden.[8]

Gleichgültig, ob die politischen Institutionen die Versorgungsaufgabe selbst übernehmen oder an private Träger übertragen, sollten sie Mindeststandards in vierfacher Hinsicht gewährleisten:

* erstens in der Qualität der geleisteten Hilfe,
* zweitens in der ausreichenden Dichte der Versorgung im gesamten Territorium des Staates,
* drittens in der Sicherung ausreichenden Einkommens bei den Hilfeempfängern (bzw. negativ formuliert, in der Verhinderung des Abgleitens in Armut bei Inanspruchnahme sozialer Dienste),
* viertens für die Arbeit der HelferInnen.

Der letzte Punkt verdient besondere Hervorhebung. In Österreich sollte spätestens die Tötungsserie im Krankenhaus Lainz klar gemacht haben: Mindeststandards für die Hilfe müssen ergänzt werden durch Mindeststandards für die HelferInnen: ausreichendes Einkommen, akzeptable Arbeitsbedingungen und Arbeitszeiten, ausreichende Qualifikationschancen, psychische Betreuung und soziale Anerkennung. Die Mobilisierung von freiwilliger und unbezahlter Arbeit für soziale Dienste kann nicht pauschal abgelehnt werden, aber sie ist daran zu messen, welche dieser Anforderungen sie selbst erfüllt und ob sie indirekt zu einer Verschlechterung der Arbeitsbedingungen für die lohnabhängigen HelferInnen führt. Das Dilemma der sozialen Dienste, das wir in diesem Beitrag beschrieben haben, ist letztlich in der Struktur der Interaktion zwischen Hilfeempfängern und Hilfeleistenden verankert. Eine ausreichende Annäherung an den personalen Inhalt dieser Beziehung ist nur möglich, wenn auch die HelferInnen ihre materiellen Bedürfnisse anerkannt finden und ihre Persönlichkeit in dieser Interaktion entfalten können.

Mindeststandards bedeuten Verrechtlichung und im Fall von Dienstleistungen (im Gegensatz zu monetären oder Naturalleistungen) tendieren Rechtsnormen dazu, entweder sehr komplex zu sein oder den Behörden letztlich doch breiten Ermessensspielraum einzuräumen. Daher taucht die Befürchtung auf, daß Verrechtlichung zwangsläufig auch Bürokratisierung bewirkt. Die gegenwärtigen Formen der staatlichen Steuerung begreifen HelferInnen als bloße ausführende Organe staatlicher Politik und die Betreuten als passive EmpfängerInnen von Leistungen. In diesem Verständnis kann eine Ausweitung von rechtlicher Normierung tatsächlich nichts anderes sein als bürokratische Einschnürung der personalen Interaktion. Unser Plädoyer für Mindeststandards versucht dagegen, sowohl die HilfeempfängerInnen wie auch die Betreuenden als Akteure innerhalb des politischen Systems mit einklagbaren Rechten gegenüber der öffentlichen Verwaltung zu begreifen. Verrechtlichung in diesem Sinn wäre nicht Reglementierung der Interaktion selbst, sondern Herstellung einer formal gesicherten Schutzzone, durch die zumindest ein Freiraum für personale Interaktion geschaffen wird. Allerdings wird mit solchen Rechtsnormen nicht mehr die familiäre Interaktion nachgebildet, sondern bewußt als Bezugspunkt aufgegeben. Der moralische Imperativ, der die Forderung nach Mindeststandards fundiert, distanziert sich nämlich vom Modell innerfamiliärer Regeln. Er läßt sich einfach formulieren: Keine Seite in der Interaktion soll sich der anderen ausgeliefert sehen oder als von der anderen ausgebeutet erleben.

Eine *Lösung* des Dilemmas der sozialen Dienste könnte nur darin bestehen, die Interaktion auf eines der drei Grundmodelle zurückzuführen: das familiäre, das bürokratische oder das Modell des Warentausches. Die letzte Konsequenz der Familialisierung wäre allerdings der Verzicht auf Sozialpolitik, jene der Bürokratisierung die Hospitalisierung der Leistungsempfänger und jene der Vermarktung wäre die Selektion von Bedürfnissen nach ihrer Marktfähigkeit. Die Politisierung des Dilemmas durch die Forderung nach Mindeststandards beansprucht daher nicht, eine Lösung zu bieten. Aber vielleicht ermöglicht sie, was weder in der informellen Sphäre noch in der formellen Sphäre der Gesellschaft von vornherein existiert, sondern in beiden Bereichen immer erst gegen die Regeln der dominanten Institutionen durchgesetzt werden muß: Solidarität.

Anmerkungen

1) Eine erste Fassung dieser Thesen wurde im Juni 1989 bei der Tagung: "Mindeststandards" des Beirats für gesellschafts-, wirtschafts- und umweltpolitische Alternativen, des Instituts für Wissenschaft und Kunst und des Vereins für sozialpolitische Information "Kontraste" referiert, eine überarbeitete Version bei der Tagung "Lokaler Wohlfahrtspluralismus" der Sektion "Lokale Politikforschung" der Deutschen Gesellschaft für Politikwissenschaft am 27. und 28.10.1989. Ich bin den TeilnehmerInnen an diesen Diskussionen für kritische Kommentare und Anregungen zu Dank verpflichtet.

2) Hierbei ergeben sich zwar Entlehnungen bei und Überschneidungen mit den beiden im deutschen Sprachraum zur Zeit dominierenden Paradigmen, der Systemtheorie Niklas Luhmanns und der Theorie des kommunikativen Handelns von Jürgen Habermas, aber keine grundlegende Übereinstimmung.

3) Foucaults Analyse ist (u.a. von Jon Elster, 1983, S. 104 ff.) vorgeworfen worden, daß sie funktionalistische Argumente überdehne. Ich würde unterscheiden zwischen der internen Funktionsweise totaler Institutionen und ihrer "Funktion" im Rahmen von Gesellschaft. Weil sie relativ geschlossene Systeme sind, können die Elemente und Regeln in totalen Institutionen plausibel funktional erklärt werden - die entsprechenden internen Rückkoppelungen sind meist explizit oder leicht rekonstruierbar. Wesentlich problematischer scheint mir dagegen die Foucault oft unterstellte Annahme, daß die totale Institution als Modell der Gesellschaft im kleinen gelten kann.

4) Im jüngsten Buch von André Gorz dienen Pflege- und Hilfstätigkeiten zur Illustration eines Typs von Arbeit, die sich nicht ökonomischer Rationalität unterwerfen läßt, weil "eine Messung und daher eine Maximierung der Arbeitsleistung unmöglich ist" (Gorz 1989, S. 202). Der Erfolg der Arbeit beruht nicht auf der Durchführung quantifizierbarer Akte, sondern auf der direkten Bedürfnisbefriedigung in einem interpersonalen Verhältnis (ebd., S. 204). Was wir als *Dilemma* auffassen, wird bei Gorz zum *Postulat*: Die Pflegearbeit gilt ihm nicht als ökonomisch rationalisierbar, weil nicht sein kann, was nicht sein darf. Das Dilemma tritt jedoch gerade in der Form auf, daß die HelferInnen zwei unvereinbaren Erfolgskriterien gleichzeitig genügen sollen: einerseits im Auftrag ihrer Arbeitgeber standardisierte Arbeitsleistungen zu erbringen und andererseits den persönlichen Bedürfnissen der Hilfeempfänger zu entsprechen. Kein Wunder, daß Gorz aus seiner Analyse die Forderung einer schrittweisen Entprofessionalisierung der "konvivialen Aktivitäten" ableitet (ebd., S. 206 f.).

5) Siehe z.B. die Stellungnahmen des Österreichischen Zivilinvalidenverbands in der gegenwärtigen Diskussion um Pflegegeld, Pflegegeldversicherung und Ausbau sozialer Dienste oder die Untersuchung von Leichsenring und Tscherteu, Wien 1988.

6) Eine ähnliche Auffassung wie die hier vertretene findet sich z.B. bei Evers/Wintersberger (1988) oder bei David Billis (1989). Evers/Wintersberger skizzieren ein "welfare triangle" mit Staat, Markt und Haushalten als Eck-

punkten, dessen Innenfläche den intermediären Sektor repräsentiert (siehe dazu auch den Beitrag von Wintersberger im vorliegenden Band). David Billis entwickelt eine Theorie dreier "organisatorischer Welten": der *personal world*, der *associational world* und der *bureaucratic world*, wobei letztere sich wiederum in *business bureaucracies* und *governmental bureaucracies* gliedert. Intermediäre Organisationen sind sehr häufig nicht in einer dieser *unambiguous worlds* angesiedelt, sondern in den breiten Überlappungszonen zwischen ihnen. Uns geht es hier jedoch weniger darum, Institutionen nach Sektoren zu klassifizieren, als Interaktionen zu typisieren. In diesem Verständnis kann ein Wohlfahrtsverband in einer bestimmten Interaktion als Element des ökonomischen Systems, in einer anderen als der öffentlichen Verwaltung vorgelagerte Institution des politischen Systems und in einer dritten als kollektiver Akteur innerhalb informeller Gesellschaftsbereiche erscheinen.

7) Vergleiche die Analyse der Nation als imaginierte Gemeinschaft bei Benedict Anderson (1983/1988).

8) Siehe Antalovsky, Bauböck, Tálos: a.a.O., S. 242 ff.

Literaturangaben

Anderson, Benedict: Imagined Communities. Reflections on the Origins and Spread of Nationalism, Verso editions, London 1983, deutsch: Die Erfindung der Nation, Frankfurt/Main 1988.

Antalovsky, Eugen/Bauböck, Rainer/Tálos, Emmerich: Projektbericht "Sozialstaat und private Wohlfahrt in Österreich. Zum Verhältnis von staatlicher Politik und intermediärem Sektor in den sozialen Diensten", Jubiläumsfonds der Österreichischen Nationalbank Nr. 2961, Wien 1988.

Bauer, Rudolph: Verbesserung durch Laien? - Zur Kritik der Privatisierung Sozialer Dienstleistungen, in: Leviathan 4/1988, S. 488-500.

Evers, Adalbert: Shifts in the Welfare Mix - Introducing a New Approach for the Study of Transformations in Welfare and Social Policy, pp. 7-30, in: Adalbert Evers and Helmut Wintersberger (eds.): Shifts in the Welfare Mix. Their Impact on Work, Social Services and Welfare Policies, European Centre for Social Welfare, Training and Research, Wien 1988.

Elster, Jon: Sour Grapes. Studies in the Subversion of Rationality, Cambridge University Press 1983.

Foucault, Michel: Wahnsinn und Gesellschaft, Frankfurt/Main 1973.

Foucault, Michel: Überwachen und Strafen, Frankfurt/Main 1976.

Gershuny, Jonathan: Die Ökonomie der nachindustriellen Gesellschaft. Produktion und Verbrauch von Dienstleistungen. Campus-Verlag, Frankfurt/Main 1981.

Gorz, André: Kritik der ökonomischen Vernunft. Rotbuch-Verlag, Berlin 1989.

Habermas, Jürgen: Theorie des kommunikativen Handelns, 2 Bände, Frankfurt/Main 1981.

Hirsch, Joachim/Roth, Roland: Das neue Gesicht des Kapitalismus. Vom Fordismus zum Postfordismus, VSA, Hamburg 1986.

Lechsenring, Kai/Tscherteu, Gernot: Möglichkeiten und Kosten einer Vereinheitlichung öffentlicher Transferzahlungen an pflegebedürftige Menschen in Österreich. Untersuchung im Auftrag der Grünen Bildungswerkstatt, Wien 1988.

Seibel, Wolfgang: The Function of Mellow Weakness: Nonprofit Organizations as Problem Nonsolvers in Germany, in: Estelle James (ed.), The Nonprofit Sector in International Perspective. Studies in Comparative Culture and Policy, Oxford University Press, New York/London 1988, pp. 177-192.

Silvia Hellmer

FINANZIERUNG DER SOZIALEN SICHERUNG AM BEISPIEL DER WERTSCHÖPFUNGSABGABE

1. Einleitung

Die Diskussion um die Einführung einer neuen Finanzierungsbasis in den Sozialversicherungssystemen - insbesondere in der Pensionsversicherung - hat zwei Ausgangspunkte:

* Technologische Veränderungen werden als Ursache für abnehmende Beschäftigungszahlen, vor allem im industriellen Sektor, gesehen (Rationalisierungsinvestitionen). Ein Sinken der Beschäftigung bedeutet ein Abnehmen der Basis der Beitragszahler zu den Sozialversicherungssystemen, und schwächt die Finanzierungsgrundlage der sozialen Sicherheit.[1]
* Aber gerade langfristig werden zusätzliche Finanzierungserfordernisse in einzelnen Sozialsystemen, vor allem der Pensionsversicherung, erwartet, da die Anzahl der alten Menschen, insbesondere nach der Jahrhundertwende, zunehmen, während die der Jugendlichen abnehmen wird.[2] Dies gibt zu längerfristigen Reformüberlegungen Anlaß.

Übersicht 1: Altersstruktur der Bevölkerung 1986-2015 (in 1000)

Jahr	Wohnbevölkerung	Personen im erwerbsfähigen Alter	Personen im Ruhestandsalter	Altersbelastungsquote
1986	7.560	4.686	1.518	32,4
1990	7.580	4.706	1.548	32,9
1995	7.621	4.710	1.545	32,8
2000	7.636	4.695	1.589	33,9
2005	7.609	4.625	1.683	36,4
2010	7.557	4.597	1.751	38,1
2015	7.494	4.539	1.810	39,9

Quelle: ÖSTZ, Hauptvariante der Bevölkerungsprognose
Bundesministerium für Arbeit und Soziales (1988)

Mit der Ausarbeitung solcher Reformkonzepte im Bereich der Pensionsversicherung hat sich im Auftrag des Bundesministers für Arbeit und Soziales eine Arbeitsgruppe von Experten öffentlicher Stellen, der Sozialpartner und wissenschaftlicher Institute befaßt, die sowohl leistungs- wie finanzierungsseitige Konzepte erarbeitet hat.[3] Das umfassendste Modell einer Reform des Finanzierungssystems der Pensionsversicherung, mit dem sich die Arbeitsgruppe befaßt hat, war die Umstellung des derzeit lohnbezogenen Systems auf ein wertschöpfungsbezogenes.[4] Zentrale Fragestellungen im Rahmen einer solchen Umstellung sind sicherlich die Ausgestaltung der Beitragsgrundlage "Wertschöpfung", die bereits einleitend aufgeworfenen Fragen der Finanzierungseffizienz, und der Zusammenhang zwischen Beschäftigungssystem und System der sozialen Sicherheit.

2. Ausgestaltung einer neuen Finanzierungsform auf Basis der Wertschöpfung

Zur Diskussion steht ausschließlich eine Umbasierung der Arbeitgeberbeiträge zur sozialen Sicherheit. Die Arbeitnehmerbeiträge würden weiterhin lohnbezogen bleiben, da sie Anknüpfungspunkt für die Leistungsseite der Sozialversicherung bleiben sollen. Konkrete Berechnungen über die Auswirkungen einer Wertschöpfungsabgabe existieren nur für die Pensionsversicherung.

In Österreich wurde bisher vor allem auf eine alternative Beitragsgrundlage Bruttowertschöpfung abgestellt, die sich von der Nettowertschöpfung durch die Abschreibung unterscheidet.[5] Die Ausgestaltung einer Abgabe auf die Wertschöpfung läßt einen gewissen Spielraum zu, da verschiedene "Wertschöpfungskonzepte" Anknüpfungspunkte für eine Änderung sein können.

Ausgehend von dem Ansatz eines additiven Konzeptes einer Bruttowertschöpfungsermittlung wurde ein erster Entwurf zu einem Wertschöpfungsabgabengesetz erarbeitet.[6] Dieser Ansatz weist wegen der Breite der Bemessungsgrundlage den Vorteil einer geringeren Wahrscheinlichkeit der Abgabenvermeidung auf (Verschiebung zwischen den einzelnen Komponenten der Wertschöpfung - Aufwandszinsen, Gewinne und Abschreibungen - werden erschwert). Kritisiert wurde dieser Ansatz vor allem wegen des Auftretens von Kumulierungseffekten durch die Einbeziehung der Abschreibungen sowie der Mieten und Pachten in die Bemessungsgrundlage. Vorgeschlagen wird eine Anbindung der Sozialabgabenerhebung an eine umsatzsteuerähnliche Bemessungsgrundlage in Form eines Zuschlages zur Zahllast der Umsatzsteuer.[7] Dies würde grundsätzlich einer Anbindung an die Nettowertschöpfung gleichkommen. In der Bundesrepublik wurden auch Ansätze für eine Anknüpfung der Beitragserhebung an eine Bemessungsgrundlage "Löhne und Gehälter plus Abschreibungen" diskutiert.

Die weiteren Überlegungen gehen von einer Beitragsgrundlage "Bruttowertschöpfung" aus.[8]

3. Finanzierungseffekte einer Wertschöpfungsabgabe im Vergleich zur derzeitigen Beitragsform

Befürchtet wird, wie einleitend dargestellt, eine Aushöhlung der derzeitigen Beitragsform durch wirtschaftlich-technologischen Wandel sowie Veränderungen in der Altersstruktur der Bevölkerung. Damit einher ginge eine Abnahme der Beschäftigtenzahlen, die zu einer im Zeitablauf sinkenden Ergiebigkeit des derzeitigen Finanzierungssystems führt. Wesentlich in diesem Zusammenhang ist jedoch, daß eine Gegenüberstellung des derzeitigen Beitragssystems mit einem wertschöpfungsbezogenen auf einen Vergleich von Lohnsumme (und damit auf eine Verteilungsgröße) und Wertschöpfung abstellt, und nicht nur auf die Entwicklung der Beschäftigungszahlen. Als geeigneter Indikator für die Abschätzung von Unterschieden in der Ergiebigkeit der beiden Finanzierungsgrundlagen ist daher die Lohnquote anzusehen (sie enthält im Zähler näherungsweise die derzeitige Beitragsgrundlage "Löhne und Gehälter"[9] und im Nenner eine Wertschöpfungsgröße.[10]

Eine wertschöpfungsbezogene Erhebung der Sozialabgaben wäre dann günstiger, wenn in Zukunft die Lohnquote sinkt - die Zuwachsrate der Löhne und Gehälter wäre dann geringer als die der Wertschöpfung. Dies könnte vor allem dann der Fall sein, wenn sich die wirtschaftlichen Rahmenbedingungen langfristig als ungünstig erwiesen und es den Gewerkschaften nicht gelänge, den Produktivitätsfortschritt in den Löhnen abzugelten. Ein Ansteigen der Produktivität, beispielsweise auch im Zuge von Rationalisierung und abnehmenden Beschäftigungszuwächsen, würde sich damit nicht in entsprechenden Lohnzuwächsen niederschlagen.

In der Vergangenheit hat die Entwicklung der Lohnquote einen konjunkturell unterschiedlichen Verlauf aufgewiesen[11]:

* In der Periode zwischen 1964 und 1970 weist die Lohnquote einen relativ stabilen Verlauf auf,
* zwischen 1970 und 1978 ist die Lohnquote deutlich angestiegen,
* seit 1978 weist die Lohnquote einen sinkenden Verlauf auf.[12]

Übersicht 2: Lohnquote

Jahr	Lohnquote	bereinigte Lohnquote[1]
1970	64.0	68.6
1971	66.5	70.2
1972	66.7	69.3
1973	69.4	70.7
1974	70.0	70.6
1975	73.3	73.6
1976	72.3	72.3
1977	73.6	72.9
1978	75.8	74.6
1979	74.0	72.5
1980	74.0	72.3
1981	75.9	74.0
1982	74.0	72.1
1983	72.9	71.1
1984	72.7	70.7
1985	72.6	70.4
1986	72.6	70.2
1987	72.8	70.2
1988[2]	71.0	68.2
1989[3]	70.7	67.7

1) Lohnquote bereinigt gegenüber Veränderungen in der Erwerbstätigenstruktur (= Lohnquote dividiert durch Index der Quote der unselbständig Beschäftigten an den Erwerbstätigen) auf der Basis von 1976.

2) Vorläufige Werte.

3) Prognose April 1989.

Quelle: Bundesministerium für Arbeit und Soziales, Bericht über die soziale Lage 1988, Wien 1989.

Die Löhne und Gehälter erwiesen sich somit in einem Zeitraum von nahezu fünfzehn Jahren (1964 - 1978) als die ergiebigere Beitragsgrundlage. In den letzten zehn Jahren wäre jedoch eine wertschöpfungsbezogene Erhebung die ergiebigere Finanzierungsform gewesen.

Für die Zukunft wurde im Rahmen der Arbeitsgruppe "Langfristige Finanzierung der Pensionsversicherung"[13] eine Prognose der Lohnquotenentwicklung auf der Grundlage eines langfristigen Wirtschaftsszenarios bis zum Jahre 2000 erarbeitet. Diese Projektion geht davon aus, daß sich die Lohnquote bis zum Jahr 1995 auf einem Niveau von 73 % (Bruttoentgelte am Volkseinkommen) stabilisieren wird. Nach 1995 wird infolge der demografisch bedingten Entlastungen des Arbeitsmarktes (die geburtenschwachen Jahrgänge treten zunehmend in den Arbeitsmarkt ein) und bei durchschnittlich unveränderter Produktivitätsentwicklung (BIP je Erwerbstätigen: 1,75 % p.a.) ein Ansteigen der Lohnquote auf 75 % bis zum Jahr 2000 erwartet.

Wie die jüngste Konjunkturentwicklung zeigt, hat sich das Wachstumstempo in den letzten beiden Jahren deutlich beschleunigt und liegt damit über dem ursprünglich prognostizierten Wachstumspfad der langfristigen Prognose.[14] Da aber die Lohn- und Gehaltsanpassungen die Konjunkturentwicklung noch nicht mitvollzogen haben, sondern die Reallohnsteigerungen hinter den Zuwachsraten der Produktivität zurückgeblieben sind[15], zeigt die Lohnquotenentwicklung bisher nach wie vor eine fallende Tendenz - auch bis 1990 wird keine nennenswerte Steigerung der Lohnquote erwartet.[16]

Wie die Ergebnisse der einzelnen Prognosen erwarten lassen, dürfte für die Zukunft mit einer Stabilisierung der Lohnquote zu rechnen sein; langfristig könnte auch wieder ein deutlicherer Anstieg der Lohnquote eintreten. Vorbehaltlich der großen Unsicherheit, die mit so langfristigen Projektionen von Verteilungsgrößen verbunden sind, würde dies für die Finanzierungseffizienz einer Wertschöpfungsabgabe bedeuten, daß zukünftig wieder die lohnbezogene Abgabenform eine höhere Ergiebigkeit aufweisen würde.

Allerdings gibt es auch noch andere Faktoren, die wiederum in die entgegengesetzte Richtung wirken könnten, wie

* eine Arbeitszeitverkürzung ohne Lohnausgleich,
* ein Ansteigen der Einkommen über der Höchstbeitragsgrundlage infolge gestiegener Qualifikation und Bildungsbereitschaft,
* Veränderungen in den Arbeitsbedingungen, die zur Zunahme von schlecht entlohnten Dienstverhältnissen führen, die außerhalb des "normalen" Arbeitsvertrages (unbefristet, 40 Stunden) liegen, wie Zeitverträge, Heimarbeit, etc. - eine Folge von Veränderungen in der Technologie (Flexibilisierung) und von Entlohnungsformen (stärkere Segmentierung am Arbeitsmarkt).[17]

4. Branchenspezifische Effekte

Obwohl sich bisher für die Gesamtwirtschaft gezeigt hat, daß mit technologischen Veränderungen und damit verbundenen Rationalisierungspotentialen nicht notwendigerweise eine Abnahme der Lohnquote verbunden ist[18], wirken dennoch branchenweise unterschiedliche Produktivitäts- und Lohnzuwächse in Richtung einer Verstärkung oder Entlastung bereits bestehender branchenweiser Unterschiede in den

Lohnquoten. Aus der Lohnbezogenheit des österreichischen Sozialversicherungssystems ergeben sich daher auch unterschiedliche Finanzierungserfordernisse für Branchen und Unternehmen.

Lohnintensive Betriebe (das sind Betriebe, deren Lohnquote über der durchschnittlichen Lohnquote der Gesamtwirtschaft liegt) würden durch eine wertschöpfungsbezogene Abgabe im Vergleich zur derzeitigen Regelung begünstigt. Dies deshalb, da eine Wertschöpfungsabgabe neutral ist hinsichtlich einer unterschiedlichen Lohnsumme, im derzeitigen System aber ein Unternehmen mit höherer Lohnsumme auch zu höheren Beitragsleistungen herangezogen wird.

Bereiche, die durch eine Umstellung des Systems[19] von Sozialabgaben entlastet würden[20], sind:

* Fremdenverkehr[21]
* Bauwirtschaft
* Verkehr
* industriell-gewerblicher Sektor[22]

Demgegenüber würden andere Wirtschaftsbereiche, i.e. kapitalintensive bzw. weniger lohnintensive Betriebe, mit zusätzlichen Beitragszahlungen durch ein System der Wertschöpfungsabgabe belastet. Belastete Bereiche wären[23]:

* Energiewirtschaft
* Vermögensverwaltung (Banken und Versicherungen)
* Bergbau
* Handel; innerhalb des Handels ist die Belastungssituation unterschiedlich - während der arbeitsintensive Kleinhandel entlastet wird, müßte der Großhandel mit zusätzlichen Kostenbelastungen rechnen.

Belastete und entlastete Unternehmen würden natürlich unterschiedlich auf die jeweiligen Kostenveränderungen bei Umstellung der Beitragserhebung der Sozialabgaben reagieren. Diese Anpassungsreaktionen würden in der Folge wiederum Effekte auf den volkswirtschaftlichen Kreislauf insgesamt haben.

5. Makro-ökonomische Effekte

Werden Kostenentlastungen für die Unternehmen wirksam, ist zu erwarten, daß die begünstigten Unternehmen ihren höheren Liquiditätsspielraum nutzen, um

- zusätzliche Beschäftigte einzustellen,
- zusätzliche Investitionen durchzuführen, wodurch indirekt die Beschäftigung erhöht werden könnte,
- ihre Preise entsprechend der Kostenentlastung zu senken;
- bei Grenzbetrieben muß allerdings davon ausgegangen werden, daß die höhere Liquidität zur Verlustabdeckung genutzt wird.

Insgesamt könnten daraus positive Beschäftigungseffekte folgen, die allerdings nicht überschätzt werden dürfen.[24]

Die belasteten Unternehmen werden demgegenüber versuchen, ihre zusätzlichen Abgabenzahlungen jedenfalls auf die Preise aufzuschlagen. Wie weit dies gelingt, wird vor allem von der jeweiligen Nachfrageelastizität und der Konjunkturlage abhängen. Es wird befürchtet, daß vor allem die geschützten Bereiche, wie die Energiewirtschaft, die zusätzliche Abgabenleistung überwälzen könnten, was zur Folge hätte, daß letztendlich die Konsumenten und Vorleistungen in den Betrieben deutlich belastet würden.[25] Allerdings würde eine solche Abgabenbelastung letztlich wie eine "Energieabgabe" wirken - Energieeinsparungen könnten als Reaktion auftreten, was durchaus volkswirtschaftlich erwünscht wäre.

Kann die zusätzliche Abgabenlast nicht abgewälzt werden, muß sie aus den Gewinnen getragen werden. Damit verbunden wird befürchtet, daß die Unternehmen ihre Investitionsentscheidungen aufschieben oder zurücknehmen könnten, womit wieder negative Effekte für die Beschäftigung verbunden wären. Allerdings wird diese Befürchtung dadurch relativiert, daß vor allem die Nachfrageerwartungen vielfach das entscheidende Motiv für eine Investitionsentscheidung sind und Änderungen in den Faktorkosten eher nachrangige Bedeutung zukommt. Gerade neue innovative Produktionstechnologien, für die bereits ein hoher Aufwand an Forschungs- und Entwicklungsarbeit geleistet wurde, werden unabhängig von Veränderungen der Faktorkosten realisiert, d.h. daß der technische Fortschritt eine "autonome" Komponente aufweist.[26]

Aufgrund des vergleichsweise hohen Organisationsgrades der Arbeitgeber- und Arbeitnehmerorganisationen in Österreich und der in vielen Branchen üblichen Markt- und Preisabsprachen scheint es daher plausibel, daß ein Großteil der zusätzlichen Belastungen eher von der Allgemeinheit in Form höherer Preise als von den Gewinnen finanziert wird. Demgegenüber ist es wahrscheinlich, daß die Entlastungen weniger den Preisen als eher den Gewinnen und Löhnen zufallen würden. Gemäß diesen Überlegungen käme es bei den Sozialabgaben zu einer Lastenverschiebung von den Unternehmern und Arbeitnehmern zur Allgemeinheit. Dies kann verteilungspolitisch zunächst als wünschenswert angesehen werden, da demografiebedingte Mehrbelastungen in der sozialen Sicherheit nicht nur von den Erwerbstätigen, sondern von der Allgemeinheit getragen werden sollten.[27]

6. Resumée und Schlußfolgerungen

Die weitreichendsten Vorteile von einer Umstellung der Sozialabgaben auf eine wertschöpfungsbezogene Erhebungsform wären vor allem dann gegeben, wenn

* die neue Beitragsgrundlage möglichst breit ausgestaltet würde, sodaß die Abgabenvermeidung möglichst gering gehalten werden kann;
* jene Einflußfaktoren auf die Lohnquote überwiegen, die längerfristig in Richtung ihres tendenziellen Fallens wirken.
* Jedenfalls könnten arbeitsintensive Wirtschaftsbereiche und Unternehmen von Beitragszahlungen entlastet werden, da das derzeitige System Ungleichheiten insoferne fördert, als Betriebe, die gut entlohnte Arbeitskräfte bei geringem Kapitaleinsatz beschäftigen, überdurchschnittlich zur Zahlung von Sozialbeiträgen herangezogen werden.
* Eine Systemumstellung würde die bereits derzeit hohen Lohnnebenkosten in Österreich senken und damit auch positiv auf die Beschäftigung wirken. Dies bedeutet jedoch nicht, daß eine Wertschöpfungsabgabe als beschäftigungspolitisches Instrument eingesetzt werden kann - mit einer solchen Aufgabe wäre eine solche Abgabe sicherlich überfordert.[28]

Nachteilige Wirkungen durch eine Wertschöpfungsabgabe entstehen vor allem durch erwartete Preiseffekte, die in einzelnen Unternehmensbereichen unerwünscht sein können, wie z.B. im exponierten Sektor.[29] Der entscheidenste Problempunkt ist jedoch, daß es bisher keine Abgabe auf die Wertschöpfung gibt, sodaß diese Beitragsbemessungsgrundlage völlig neu zu gestalten wäre.

Eine Anbindung an die Mehrwertsteuer würde voraussichtlich an der Zahllast ansetzen und wäre damit auch keine Wertschöpfungsabgabe i.e.S. Darüberhinaus wären auch in diesem Zusammenhang eine Reihe von Fragen zu klären (Vorgehensweise bei MWSt-Befreiungen), weiters stünde auch eine "implizite Erhöhung" der MWSt im Widerspruch zu Bestrebungen der Steuerharmonisierung im Zuge einer EG-Annäherung.[30] Da die Konstruktion und Einführung einer Wertschöpfungsabgabe somit einen erheblichen administrativen Aufwand bewirken würde, wäre eine Umstellung der Sozialversicherungssysteme in Österreich nur dann sinnvoll, wenn langfristig geplant würde, alle sozialen Sicherungssysteme[31] auf Wertschöpfungsbasis umzustellen.[32]

Abschließend sei jedoch darauf hingewiesen, daß die Wertschöpfungsabgabe nur die Einführung eines neuen Finanzierungsinstrumentes bedeuten würde. Die Diskussion um eine langfristige Ausgestaltung der sozialen Sicherungssysteme, insbesondere des Pensionsversicherungssystems, muß sich jedoch weiterhin umfassende Reformziele setzen, die unser bisheriges System leistungsfähiger und gerechter gestalten.[33]

Daß jedoch bei einem sicherlich international hohen sozialen Sicherungsniveau in Österreich dennoch "Systemmängel" bestehen, wird daran deutlich, daß es nach wie vor Bevölkerungsgruppen gibt, die im Rahmen unseres sozialen Sicherungssystems nicht nur benachteiligt sind, sondern deren bloße Existenz nicht ausreichend abgesichert ist.

Nach wie vor zählen Frauen zu den "Verlierern" des derzeitigen Systems der Pensionsversicherung. So liegt die durchschnittliche Arbeiterinnenpension auch derzeit noch unter dem Ausgleichszulagenrichtsatz.

Übersicht 3: Neuzugänge - durchschnittliche Alterspension[1] (ohne Zulagen)

				PV - Arbeiter	
		M	*	F	*
1984		8.669,-	+4,2	4.557,-	+5,5
1985		8.990,-	+3,7	4.581,-	+0,5
1986		9.082,-	+1,0	4.355,-	-4,9
1987		9.705,-	+6,9	4.483,-	+2,9
84/87	nom	+12 %		-1,6 %	
	real[2]	+ 5 %		- 8 %	

				PV - Angestellte	
		M	*	F	*
1984		12.744,-	+3,6	7.958,-	+3,8
1985		13.328,-	+4,6	8.027,-	+0,9
1986		13.937,-	+4,6	7.711,-	-3,9
1987		14.703,-	+5,5	7.770,-	+0,8
84/87	nom	+5,4 %		-2,4 %	
	real[2]	+ 8 %		- 8 %	

1) Darin sind auch alle Teilpensionen enthalten, die sich aus den zwischenstaatlichen Abkommen ergeben; unter Berücksichtigung der ausländischen Teilleistungen liegt der Durchschnitt tatsächlich etwas höher.
2) Der Verbraucherpreisindex stieg in den Jahresdurchschnitten 1984/1987 um 6,5 %.
*) Veränderungen gegenüber Vorjahr in %.

Quelle: Hauptverband der österreichischen Sozialversicherungsträger; Mitteilungen der statistischen Abteilungen der Pensionsversicherungsanstalt der Arbeiter und der Pensionsversicherungsanstalt der Angestellten; Wörister, K., Versicherungsprinzip und Frauenpensionen, in: Arbeit und Wirtschaft 6/88, 42. Jg.

Besonders benachteiligt ist die geschiedene Frau. Die geschiedene Frau erhält nicht einmal das "Existenzminimum Ausgleichszulage" als Pension, sondern lediglich jenen Betrag, der ihr als Unterhaltsanspruch von ihrem geschiedenen Mann zukommt. An diesem Beispiel zeigt sich bereits, daß es notwendig ist, das Solidaritätsprinzip zu stärken und eine (erwerbsunabhängige) Grundsicherung zu gewährleisten, die zumindest eine minimale selbständige Lebensabsicherung im Alter garantiert.

Zukünftige Reformkonzepte sollten daher nicht nur an der Finanzierungsseite der sozialen Sicherungssysteme ansetzen, sondern auch auf der Leistungsseite umfassendere Reformschritte setzen. Dazu zählt sicherlich die Absicherung der ärmsten Bevölkerungsschichten, die von der Allgemeinheit getragen wird - *ein* Weg der Finanzierung ist die Wertschöpfungsabgabe. Es sind aber auch noch andere Finanzierungsalternativen denkbar, wie eine Lockerung der Beitragsäquivalenz - eine mögliche Variante wäre hier das Heranziehen von Vermögen als Grundlage für die Finanzierung der sozialen Sicherheit, wie dies beispielsweise im Schweizer Pensionsversicherungssystem der Fall ist. Vorstellbar wäre aber auch eine stärkere Fiskalisierung zum Beispiel der Altersvorsorge, indem ausschließlich Mindestpensionsansprüche durch die Allgemeinheit, i.e. durch Bundesmittel, abgedeckt würden; darüber hinausgehende Pensionsansprüche wären jedoch einer strengen Beitragsäquivalenz zwischen Leistungen und Beiträgen zu unterziehen, die auch keine staatlichen Zuschüsse vorsieht (vergleichbar dem Beispiel Schwedens).

Sollen neue Reformschritte eine gerechtere Ausgestaltung der sozialen Sicherungssysteme bedeuten und nicht lediglich Leistungskürzungen beinhalten, so darf auch vor größeren Systemänderungen - wie es sowohl eine (einkommensunabhängige) Grundsicherung als auch die Wertschöpfungsabgabe sind - nicht halt gemacht werden.

Ein Ausbau und eine Verbesserung dieses Wohlfahrtssystems bedeutet aber auch, daß zusätzliche finanzielle Mittel dafür aufgebracht werden müssen. Deshalb sollten vor allem jene Gesellschaftsgruppen, die überdurchschnittlich am Wohlstand teilhaben und/oder Vermögen besitzen, dazu beitragen, daß es keine Menschen mehr in Österreich gibt, die unter dem Existenzminimum leben müssen. Solche Grundsicherungssysteme, die für den Bereich des Mindesteinkommens deutliche Umverteilungseffekte aufweisen, gibt es in der Mehrzahl der europäischen Länder[34], auch in solchen mit einer stark liberalen Tradition wie beispielsweise der Schweiz.[35] Gerade angesichts der Herausforderung, die auf das soziale Sicherungssystem, insbesondere das Pensionsversicherungssystem, zukommt, sind umfassendere Strukturreformen notwendig.

Anmerkungen

1) Dallinger, A., ÖGB-Nachrichten 2304/2; Zur Diskussion siehe auch: Stummvoll, G., Maschinensteuer: Zahlen Computer die Pensionen? In: Die Industrie 11/84; zur weiteren Übersicht siehe WISO, Wertschöpfungsbeitrag, Heft 20 (1989).
2) Siehe ÖSTZ, Demographisches Jahrbuch Österreichs, verschiedene Jahrgänge.
3) Bundesministerium für Arbeit und Soziales, Langfristige Finanzierung der Pensionsversicherung, Ergebnisse der Arbeitsgruppe, Wien 1988.
4) Grundlage dieser Arbeitsgruppe war die wissenschaftliche Untersuchung des vom Bundesminister für Arbeit und Soziales in Auftrag gegebenen Gutachtens "Wertschöpfungsbezogene Arbeitgeberbeiträge zur Pensionsversicherung" des Boltzmann-Institutes für Wachstumsforschung.
5) Im Einzelnen siehe hiezu die Hefte des ÖSTZ zum Volkseinkommen in Österreich. Der in diesem Beitrag verwendete Wertschöpfungsbegriff orientiert sich nicht an betriebswirtschaftlichen Berechnungsformen - insbesondere bei den Abschreibungen existieren unterschiedliche Konzepte der "volkswirtschaftlichen" und "betriebswirtschaftlichen" Abschreibung.
6) Dieser Gesetzesvorschlag geht aus von der Summe der Arbeitslöhne, der Abschreibung, dem Aufwand für Zinsen, dem Aufwand für Mieten und Pachten, sowie dem steuerpflichtigen Gewinn. In einzelnen Ausnahmefällen wurde eine vereinfachte Bemessungsgrundlage vorgesehen, i.e. die Summe der Arbeitslöhne plus einem Zuschlag.
7) Dabei sind keine Importbelastungen bzw. Exportentlastungen durchzuführen. Die Umsetzung dieses Vorschlags würde jedoch Bestrebungen im Rahmen einer EG-Annäherung, die auf eine Senkung der indirekten Steuern gerichtet sind, konterkarieren. Siehe hiezu: Farny, O., Überlegungen zu einer Wertschöpfungsabgabe, unveröffentlichtes Manuskript, Wien 1988.
8) D.h. aus der Summe der Löhne und Gehälter, Fremdkapitalzinsen, Gewinne und Abschreibungen, Mieten und Pachten, sowie Steuern und Sozialbeiträge. Umgekehrt wäre auch eine subtraktive Vorgangsweise möglich. Zu Einzelheiten in Bezug auf die Wertschöpfungsermittlung, siehe VGR, verschiedene Jahrgänge, sowie ein Überblick in Busch, G./Hellmer, S./Mayer, M./Korber, W., Wertschöpfungsbezogene Arbeitgeberbeiträge zur gesetzlichen Pensionsversicherung, Wien 1984.
9) Sie ist allerdings um die Lohn- und Gehaltsbestandteile über der Höchstbeitragsgrundlage zu korrigieren.
10) Die Lohnquote bezieht sich im allgemeinen auf das Volkseinkommen, das im wesentlichen der Nettowertschöpfung zu Faktorpreisen entspricht, korrigiert um den Saldo der Faktoreinkommen aus dem/an das Ausland.
11) Für die Ermittlung der Lohnquote wurden unterschiedliche Berechnungsmethoden herangezogen, wie die Brutto-Lohn- und Gehaltssumme am Volkseinkommen, die Brutto-Lohn und Gehaltssumme am Brutto-Inland-

sprodukt sowie die beitragspflichtigen Einkommen am BIP (korrigiert). Im Einzelnen siehe: Busch, Hellmer, Mayer, Korber (1984).

12) Vergleiche hiezu auch den österreichischen Sozialbericht: Bundesministerium für Arbeit und Soziales, Bericht über die soziale Lage, verschiedene Jahrgänge.

13) Bundesministerium für Arbeit und Soziales (1988).

14) 1988 konnte ein reales Wirtschaftswachstum von 4,2 % p.a. erreicht werden, 1989 wird ein solches von 4,0 % p.a. erwartet (WIFO, September Prognose 1989); dies übertrifft die Wachstumserwartungen der langfristigen Prognose, da die durchschnittlichen Wachstumsraten im Zeitraum 1985/1993 über 2 % zum Liegen kommen (die langfristige Prognose geht von einem im Durchschnitt 2 %-igen Wachstum des realen BIP's aus).
Siehe hiezu die kurz- und mittelfristige Prognose des WIFO: WIFO, Wirtschaftslage und Prognose für 1989 und 1990 - Hochkonjunktur, September 1989; Schebeck F., Die österreichische Wirtschaft zu Beginn der neunziger Jahre: Prognose bis 1993. In: WIFO Monatsberichte 5/89.

15) Schebeck (1989).

16) Die kurzfristige Prognose des WIFO geht davon aus, daß sich die Lohnquote bis 1990 stabilisieren wird: Bruttoentgelte am Volkseinkommen 1988: 71,2 %; 1989: 71,1 %; 1990: 71,8 %.

17) Rürup, B., Wertschöpfungsbeitrag: Der Stand der Diskussion, Manuskript (1988).

18) Während (Rationalisierungs-)Investitionen die Entwicklung auf der Produktionsseite wiedergeben, ist die Lohnquote eine Verteilungsgröße. In der Vergangenheit hat sich gezeigt, daß der technische Fortschritt durchaus arbeitssparend gewesen ist (d.h. Arbeitskräfte eingespart werden konnten) - so erhöhte sich zwischen 1964 und 1980 der reale Kapitalstock (zu Preisen 1976) um 74 %, die Zahl der (unselbständig und selbständig) Beschäftigten stieg jedoch nur um knapp 2 %; trotz Rationalisierungsinvestitionen und gestiegener Kapitalintensität (Verhältnis von Kapital- zu Arbeitseinsatz) hat sich jedoch der Lohnanteil an der Wertschöpfung langfristig nicht verringert (bereinigte Lohnquote). Dies steht in Zusammenhang damit, daß es den Gewerkschaften langfristig gelungen ist, die, aufgrund des intensiveren Kapitaleinsatzes erzielten Produktiviätssteigerungen, in entsprechende Lohn- und Gehaltssteigerungen umzusetzen.

19) Die Berechnungen erfolgten für die Umstellung des Pensionsversicherungssystems und unter der Annahme einer aufkommensneutralen Systemumstellung (d.h. durch die Umstellung des Pensionsversicherungssystems auf eine Wertschöpfungsabgabe sollen keine zusätzlichen Finanzierungsmittel geschaffen werden).

20) D.h. nicht, daß jeder Betrieb, der diesem Wirtschaftsbereich zugehört, von Abgabenzahlungen entlastet würde, sondern die Berechnungen beziehen sich auf den Durchschnittsbetrieb des jeweiligen Bereichs. Zu den einzelnen Berechnungen siehe Busch, Hellmer, Mayer, Korber (1984); diesen liegt die Bereichszählung 1976 zugrunde. Neue Berechnungen wurden in

dieser umfassenden Form noch nicht durchgeführt. Allerdings wurden sie auf Basis von Betriebsdaten für etwa 73 Betriebe/Gesellschaften erstellt - abweichend von der obigen Bemessungsgrundlage - auf Basis der Beitragsbemessungsgrundlage entsprechend dem bereits erwähnten Vorentwurf zu einer Gesetzesvorlage (Expertenpapier); da die beiden Beitragsbemessungsgrundlagen nicht exakt übereinstimmen, sind die Ergebnisse nicht unmittelbar vergleichbar - vor allem für die Kreditwirtschaft wurde eine modifizierte Beitragsgrundlage vorgesehen, sodaß es für diesen Bereich zu deutlichen Begünstigungen gegenüber der ursprünglichen "Wertschöpfungsbasis" kommen würde; siehe hiezu: Farny (1988). Siehe hiezu auch: Huemer, G., Ökonomische Implikationen wertschöpfungsbezogener Arbeitgeberbeiträge zur Pensionsversicherung, Wien 1986.

21) Die Wirtschaftsbereiche wurden entsprechend dem Ausmaß ihrer geschätzten Beitragsentlastung gereiht, d.h. die stärkste Kostenentlastung entfiele auf den arbeitsintensiven Bereich des Fremdenverkehrs. Die verwendeten Wirtschaftsklassen entsprechen der Betriebssystematik 1968, z.B. die Klassifikation 7 B für Beherbergungs- und Gaststättenwesen (= Fremdenverkehr).

22) Wirtschaftsklassen 3/4/5 (Sachgüterproduktion) der Betriebssystematik 1968.

23) Die Reihung der Wirtschaftsklassen erfolgt nach dem Ausmaß der Kostenbelastung, d.h. nach Branchen und Betrieben, die mit den höchsten zusätzlichen Kostenbelastungen zu rechnen hätten - dies würde bedeuten, daß die sehr kapitalintensive Energiewirtschaft mit vergleichsweise hohen zusätzlichen Beitragsleistungen belastet würde, während der Handel nur geringere zusätzliche Zahlungen zu leisten hätte.

24) Siehe hiezu Berechnungen für die Bundesrepublik - Krelle, W., Gesamtwirtschaftliche Auswirkungen alternativer Bemessungsgrundlagen für die Arbeitgeberbeiträge zur Sozialversicherung, Bonn, 1985; Löffelholz, H. D., Struktureffekte einer Maschinensteuer. In: Mitteilungen des Rheinisch-Westfälischen Instituts für Wirtschaftsforschung, 34. Jg., Heft 3/1983.

25) Zur theoretischen Diskussion siehe Scherf, W., Die beschäftigungspolitische und fiskalische Problematik der Arbeitgeberbeiträge zur Rentenversicherung, Frankfurt am Main 1987.

26) Nowotny, E., Beschäftigungsprobleme hochentwickelter Volkswirtschaften. In: Jahrestagung des Vereins für Socialpolitik, Berlin 1987.

27) Steiner, H., Wertschöpfungsabgabe - Vorteile und Probleme. In: Der Arbeitsmarkt 9/88.

28) Siehe hiezu die Modellberechnungen für die Bundesrepublik, die Wachstum und Beschäftigungseffekte für eine Umstellung des Pensionsversicherungssystems auf eine Wertschöpfungsabgabe quantifizieren; in allen Simulationen und Modellen zeigt sich langfristig ein nur geringer Beschäftigungseffekt.

29) Es wird erwartet, daß der exponierte Sektor insgesamt nicht wesentlich belastet würde, allerdings bedeutet dies dennoch, daß exportorientierte

Betriebe, deren Lohnquote über dem Durchschnitt liegt, zusätzliche Beitragszahlungen zu leisten haben.

30) Die EG strebt im Zuge der Verwirklichung des Binnenmarktes eine Harmonisierung der indirekten Steuern an; da Österreich zu jenen Ländern zählt, dessen Mehrwertsteuersatz zu den höchsten im EG-Raum zählt, wäre voraussichtlich eine Anpassung des österreichischen Mehrwertsteuersatzes nach unten vorzunehmen.

31) D.h. die Arbeitgeberbeiträge zu den Systemen Pensionsversicherung, Krankenversicherung, Unfallversicherung, Arbeitslosenversicherung und zum Familienlastenausgleichsfonds. Siehe hierzu für den Bereich der Arbeitslosenversicherung auch: Potmesil, S., Finanzierung des Sozialssystems durch wertschöpfungsbezogene Abgaben: Der Fall der Arbeitslosenversicherung. In: Der Arbeitsmarkt 9/88.

32) Damit würden sich auch die Effekte, die von zahlreichen wissenschaftlichen Untersuchungen zur Pensions- bzw. Rentenversicherung errechnet wurden, verstärken.

33) Siehe hierzu auch Wirth, F., Die Wertschöpfungsabgabe im Rahmen der Sicherung der Finanzierung der gesetzlichen Pensionsversicherung. In: Der Arbeitsmarkt 9/88.

34) Wörister, K., Die Volkspension - eine Alternative. In: Institut für Gesellschaftspolitik, Materialien zur Pensionsversicherung, Wien 1989.

35) Busch, G., Hanisch, W., Hellmer, S., Wirtschafts- und finanzpolitische Aspekte des österreichischen Pensionsversicherungssystems, Wien 1986.

Literaturverzeichnis

Bundesministerium für Arbeit und Soziales: Bericht über die soziale Lage 1988, Wien 1989.

Bundesministerium für Arbeit und Soziales: Langfristige Finanzierung der Pensionsversicherung, Ergebnisse der Arbeitsgruppe, Wien 1988.

Busch, G./Hanisch, W./Hellmer, S.: Wirtschafts- und finanzpolitische Aspekte des österreichischen Pensionsversicherungssystems, Wien 1986.

Busch, G./Hellmer, S./Mayer, M./Korber, W.: Wertschöpfungsbezogene Arbeitgeberbeiträge zur gesetzlichen Pensionsversicherung (Schriftenreihe des Bundesministeriums für Arbeit und Soziales), Heft 10, Wien 1984.

Dallinger, A.: Bundesminister für Arbeit und Soziales, ÖGB-Nachrichten 2304/2.

Farny, O.: Überlegungen zu einer Wertschöpfungsabgabe, unveröffentlichtes Manuskript, Wien 1988.

Huemer, G.: Ökonomische Implikationen wertschöpfungsbezogener Arbeitgeberbeiträge zur Pensionsversicherung, Wien 1986.

Krelle, W.: Gesamtwirtschaftliche Auswirkungen alternativer Bemessungsgrundlagen für die Arbeitgeberbeiträge zur Sozialversicherung, Bonn 1985.

Löffelholz, H. D.: Struktureffekte einer Maschinensteuer. In: Mitteilungen des Rheinisch-Westfälischen Institutes für Wirtschaftsforschung, 34. Jg., Heft 3/1983.
Nowotny, E.: Beschäftigungsprobleme hochentwickelter Volkswirtschaften. In: Jahrestagung des Vereins für Socialpolitik, Berlin 1987.
Österreichisches Institut für Wirtschaftsforschung: Wirtschaftslage und Prognose für 1989 und 1990 - Hochkonjunktur, September 1989.
Österreichisches Statistisches Zentralamt: Demographisches Jahrbuch Österreichs, verschiedene Jahrgänge.
Österreichisches Statistisches Zentralamt: Österreichisches Volkseinkommen, verschiedene Jahrgänge.
Potmesil, S.: Finanzierung des Sozialsystems durch wertschöpfungsbezogene Abgaben: Der Fall der Arbeitslosenversicherung. In: Der Arbeitsmarkt 9/88.
Rürup, B.: Wertschöpfungsbeitrag: Der Stand der Diskussion, Manuskript, 1988.
Schebeck, F.: Die österreichische Wirtschaft zu Beginn der neunziger Jahre: Prognose bis 1993 in WIFO-Monatsberichte 5/89.
Scherf, W.: Die beschäftigungspolitische und fiskalische Problematik der Arbeitgeberbeiträge zur Rentenversicherung, Frankfurt am Main 1987.
Steiner, H.: Wertschöpfungsabgabe - Vorteile und Probleme. In: Der Arbeitsmarkt 9/88.
Stummvoll, G.: Maschinensteuer: Zahlen Computer die Pensionen? In: Die Industrie 11/84.
Wirth, F.: Die Wertschöpfungsabgabe im Rahmen der Sicherung der Finanzierung der gesetzlichen Pensionsversicherung. In: Der Arbeitsmarkt 9/88.
Wörister, K.: Versicherungsprinzip und Frauenpensionen. In: Arbeit und Wirtschaft 6/88.
Wörister, K.: Die Volkspension - eine Alternative. In: Institut für Gesellschaftspolitik, Materialien zur Pensionsversicherung, Wien 1989.

Sabine Stadler

ZUR DEBATTE ÜBER SOZIALE MINDESTSTANDARDS

Die Debatte über soziale Versorgung, finanzielle Absicherung und Mindeststandards erscheint wie ein menschlicher Uralttraum: Der Wunsch qua Existenz versorgt zu werden, und das in einem unerschöpflichen Ausmaß, ist nicht nur in der Psychoanalyse bekannt, sondern erscheint in den verschiedenen Gesellschaftstheorien immer wieder.

Christliche, sozialistische bzw. ökologische Zielvorstellungen plädieren immer wieder für eine Entkoppelung von Essen und Arbeit, und votieren für eine Anerkennung des Menschen an sich, die nicht durch den gesellschaftlichen Nutzen vermittelt ist. Beleg für die Wiederkehr dieser gesellschaftsutopistischen Vorstellungen ist nicht nur die starke Teilnahme katholischer Diskutanten an dieser Debatte, sondern auch ein Reprint über die "materielle Grundsicherung" von Popper-Lynkeus[1] aus dem Jahre 1912. Gemeinsam ist diesen Ansätzen eine Relativierung der Kategorie Arbeit, die insbesondere in ihrer Funktion, Sinnstiftung für das Subjekt darzustellen, in Frage gestellt wird.

Die Ursachen für diese Entwicklung sind vielfältig: Die zentrale Funktion von (Lohn-)Arbeit, ein Mittel im Kampf gegen die Armut, als auch ein Instrument der Partizipation zu sein, ist in zahlreichen Arbeiten widerlegt und von der realen gesellschaftlichen Entwicklung überholt worden. Die Existenz von "working-poor", Niedriglohngruppen und Frauenlöhnen widerlegen praktisch diese Funktion. Gleichzeitig nehmen Arbeitsformen zu, die die Arbeitnehmer nicht zueinanderführen, sondern sie isolieren, vereinzeln und spalten. So gingen die positiven Bestimmungen von Lohnarbeit, zumindest für einen nicht zu vernachlässigenden Teil der Arbeitnehmer verloren. Seit Anfang der 80er Jahre tritt Arbeitslosigkeit in einem Ausmaß und in einer Kontinuität auf, die Integrationsbemühungen von Menschen durch und mittels des Arbeitsmarktes stark in Frage stellen. Diese gesellschaftlichen Phänomene haben ihre Ursache in ökonomischen Veränderungen, die unter dem Titel "Ende des Fordismus" diskutiert werden.

Das "Ende des Fordismus" bezeichnet die wirtschaftlichen Veränderungen, die die Parameter Wirtschaftswachstum, Produktivitätssteigerung und Beschäftigungswachstum entkoppeln, und auch ein Ausmaß an Arbeitslosigkeit provozieren, das unabhängig von Wirtschaftswachstum und Beschäftigungswachstum bleibt:

- Wirtschaftswachstum muß nicht mehr notwendigerweise Beschäftigungswachstum bedeuten;
- Beschäftigungswachstum baut Arbeitslosigkeit nicht merklich ab;

- der Arbeitsmarkt wird segmentiert: hochqualifizierten, arbeitsrechtlich gut abgesicherten Arbeitsverhältnissen stehen Teilzeit- und Werkvertragsverhältnisse gegenüber;
- die sozialen Sicherungssysteme, die in Konstruktion und Form stark an eine kontinuierliche Arbeitsbiografie gebunden sind, zeigen Lükken und eine hohe Ineffizienz und Starrheit bei der Abdeckung von Risken;
- sozialpolitische Zielsetzungen orientieren sich wieder stark an der Institution Familie, Privatisierungstendenzen verlagern Reproduktionsleistungen wieder stark in den familiären Zusammenhang, um die staatlichen Systeme zu entlasten;
- der Zuzug von Ausländer/innen (übertrieben bezeichnet als "neue Völkerwanderung") bringt zusätzlichen Konkurrenzdruck auf dem Arbeitsmarkt und stellt neue Anforderungen an die Systeme sozialer Versorgung.

Während in den 70er Jahren die sozialpolitische Debatte Finanzierungsprobleme stark in den Vordergrund stellte, wurden ab Beginn der 80er Jahre Lücken, Ineffizienz und schlechte Versorgung debattiert und die starke Erwerbszentriertheit sozialer Leistungen in Frage gestellt. Erst in einem zweiten Schritt wird auch die Qualität sozialer Leistungen kritisiert, die aber gegenüber den finanziellen und quantitativen Forderungen nach einem Grundeinkommen/Mindesteinkommen stark in den Hintergrund treten.

Deutlichstes Merkmal der Grundeinkommens/Mindestsicherungsdebatte ist die Vielfalt der gesellschaftsutopistischen Entwürfe, die mit der Forderung nach einem Grundeinkommen verbunden werden und die hohe Problemlösungskapazität, die diese Transferleistung haben soll.

So werden von einem Grundeinkommen erwartet:
- die Realisierung solidarischer Leistungen (z.B. Förderung der Partnerschaft in der Ehe), die Erhöhung der subjektiven Freiheit des Individuums;
- Widerstandsfähigkeit gegen Lohndruck;
- Abschaffung von Arbeitslosigkeit und Überwindung von Armut;
- Revolutionierung der Arbeitsverhältnisse durch Stärkung des informellen Sektors;
- Verschränkung sozialer Leistungen mit Änderungen der Arbeitszeit, fließende Übergänge von Arbeit/Nichtarbeit;
- Mindestsockelung bestehender sozialer Systeme, die ein Mindesteinkommen in allen Leistungsarten garantieren soll, das nicht unterschritten werden darf.

So unterschiedlich die politischen Änderungsvorstellungen und Ziele sind, die mit der Forderung verbunden werden, so vielfältig sind die diskutierten Modelle. Sie unterscheiden sich in Art und Weise der Durchführung und Kontrolle, in der Höhe der Unterstützung und in der Verschränkung zur Arbeitswelt. Global lassen sich drei Modelle unterscheiden:

1. Modell der Sozialdividende bzw. des Grundeinkommens: jede(r) Staatsbürger(in) bekommt das Grundeinkommen qua Existenz als finanzielle Unterstützung, unter Vernachlässigung von Stand, Klasse und Geschlecht. Damit soll die Abdeckung der Grundbedürfnisse gesichert sein.
2. Modell der negativen Einkommensteuer: bei einem allgemeinen Anrecht auf ein Mindesteinkommen, erhalten jene Personen das Maximum, die über gar kein Einkommen verfügen. Eigenes Einkommen (aus Arbeit oder Pfründen) wird eingerechnet, und liegt es unter der Mindestgrenze mit einer Zuschlagszahlung ergänzt. Nach einem Steuerjahr wird die Höhe festgelegt und nach einem Einkommensschlüssel ausgeteilt.
3. Modell der "Mindestsockelung": in den existierenden sozialen Sicherungssystemen wird eine Grenze festgelegt, die nicht unterschritten werden darf, d.h. bei allen sozialen finanziellen Leistungen wird eine Mischung von Bedarfs- und Äquivalenzprinzip eingeführt, wo ein Mindestbedarf festgelegt ist, der je nach den erfolgten Beitragszahlungen erhöht wird. Der Anspruch auf diese Mindestsockelung ist rechtlich verankert und lebt bei unterschiedlichen Gründen von Nichtarbeit auf (z.B. Karenz, Arbeitslosigkeit, Pension etc.).

Gleichzeitig sollen gesellschaftlich nützliche Arbeiten, die bisher nicht honoriert worden sind, wie z.B. Pflege von Angehörigen, Bildungsurlaub, etc. in die Anspruchsberechtigung aufgenommen werden. Die Inanspruchnahme der Leistungen als auch die Kontrolle sollen stark erleichtert und entbürokratisiert werden.

Offen bzw. ziemlich unvermittelt bleiben bei allen Modellen folgende Probleme:

- die Höhe des Mindesteinkommens: die Vorstellungen differieren zwischen ÖS 4.000,- bis ÖS 12.000,-;
- die Stellung des Mindesteinkommens gegenüber dem etablierten Sozialversicherungssystem bzw. gegenüber der Sozialhilfe;
- die Berücksichtigung des eigenen Einkommens, Ausmaß und Kontrolle;
- die Einbeziehung neuer gesellschaftlich anzuerkennender Gründe bei Nicht-Lohnarbeit, deren Definition ist noch offen;
- Verbindung zum Arbeitsmarkt und Verfügbarkeitsregeln auf dem Arbeitsmarkt.

Insbesondere der letzte Punkt, nämlich die Auswirkungen der Mindestsicherung auf den Arbeitsmarkt, Verschränkungen, fließende Übergänge von Arbeit und Nicht-Arbeit werden zwar bei André Gorz entworfen, eine eingehendere und theoretische Fundierung blieb in der Grundeinkommensdebatte aber aus. Dieses theoretische Defizit ist

insoferne fatal, als die Wirkung eines Grundeinkommens, ob es "gesellschaftlichen Spaltungstendenzen bzw. einer zunehmenden Differenzierung materieller und sozialer Lebenschancen gegensteuert (...), sowohl eine Frage des Niveaus als auch der Verknüpfung einer materiellen Sicherung mit der Verteilung und Gestaltung von Arbeit"[2] ist.
Damit wird auch die politisch-strategische Frage zur Durchsetzbarkeit der Forderung gestellt; Befürworter sehen neben den Betroffenen folgende Vorteile:

- der Staat könnte Kosten- und Verwaltungseinsparungen erzielen;
- Unternehmer werden von den Lohnnebenkosten entlastet, die sie oft als konkurrenzverzerrend bezeichnen;
- Gewerkschaften hätten eine Basis gegen Lohndrückerei aufzutreten;
- Kommunen hätten mehr Spielraum für regionale Initiativen.

Genau diese genannten Vorteile werden von Skeptikern der Mindesteinkommensforderung als Nachteile gesehen, mit der sie ihre Distanz begründen. Das Mindesteinkommen könnte als Grund dienen, Einsparungsmaßnahmen im sozialen Bereich zu forcieren, die den Ausbau und die Qualität betreuerischer Einrichtungen betreffen. Der Staat würde sich daher der sozialen Probleme pekuniär entledigen, nicht mehr gesamtgesellschaftliche Solidarität wäre ein Wert, sondern der Zynismus von Geld wird verfestigt.

Das Mindesteinkommen wäre sicher eine große Erleichterung für Unternehmen, hätten sie damit erreicht, endgültig alle Lohnnebenkosten beim Staat unterzubringen, d.h. die Kosten der Verwertung der Ware Arbeitskraft würden überhaupt nicht mehr von einem Unternehmen (auch nicht mehr zum Teil) getragen werden.

Damit verbunden wäre das Grundeinkommen eine Einladung an Unternehmen, mehr ungeregelte, arbeitsrechtlich schwach abgestützte Arbeitsverhältnisse zu schaffen, da ja die Versicherungsleistungen durch das Grundeinkommen gesichert sind. Damit würden auch Arbeitsverhältnisse mittleren Einkommens tangiert sein, und das Arbeitsrecht unterhöhlt werden.

Daher erscheint auch der Wunsch, das Grundeinkommen als Mittel gegen Lohndrückerei zu verwenden als nicht realisierbar: prekäre Arbeitsplätze wurden und werden auch in Zukunft durch ausländische Arbeitnehmer/innen besetzt werden, keine arbeitsrechtliche Bestimmung und auch keine Transferleistung des Staates haben das bisher verhindern können. Die starre Haltung der Gewerkschaften gegenüber der Ausländerbeschäftigung hat genau diesen Hintergrund, und wird ab einem gewissen Zeitpunkt dysfunktional: das, was bekämpft werden muß (nämlich das Unterlaufen arbeitsrechtlicher Bestimmungen), wird durch die starre Haltung provoziert. Sinngemäß auf das Grundeinkommen angewendet, könnte mit dem Grundeinkommen für die Österreicher/innen die völlige Pauperisierung von Ausländern verbunden sein.

Dieser Problemabriß verdeutlicht, wie stark die Grundeinkommensforderung in einen allgemeinen, politisch-strategischen Diskurs eingebettet werden muß, und wie borniert bisher die Debatte abgelaufen ist. In diesem Sinn ist sie ein Indiz für die große Theoriearmut und linke Orientierungslosigkeit, da gleichzeitig mit der Forderung nach einem Grundeinkommen große gesamtgesellschaftliche Entwürfe transportiert werden. Notwendigerweise muß es dabei zu Verkürzungen kommen, handelt es sich doch ausschließlich um eine monetäre Transferleistung des Staates. "Money makes the world go round" stimmt zwar aus der Sicht eines transnationalen Unternehmens, aus der Sicht eines Arbeitslosen ist es nur dumm.

Anmerkungen

1) Talos, Emmerich (Hg.): Materielle Grundsicherung. Popper-Lynkeus Programm. Die allgemeine Nährpflicht als Lösung der sozialen Frage. Reprint, Wien 1989.
2) Talos 1989, S. 47.

Gerhard Bäcker

VOLLBESCHÄFTIGUNG UND SOZIALE MINDESTSICHERUNG: RECHT AUF EINKOMMEN UND AUF ARBEIT !

Der real existierende Kapitalismus - auch und gerade in der Bundesrepublik Deutschland - zeigt hinter der Wachstums- und Wohlstandsfassade sein "zweites Gesicht": Massenarbeitslosigkeit und Armut gehören seit Jahren zum Normalzustand dieser Gesellschaft. Weder wird das proklamierte Ziel der Vollbeschäftigung erfüllt, noch gelingt es dem sozialen Sicherungssystem, den Abfall von immer mehr BürgerInnen in die Armut zu vermeiden. Wenn man sich damit nicht abfinden will, ist eine Umkehrung dieses Trends von Verarmung und Ausgrenzung dringend geboten. So breit aber der politische Konsens über einen Handlungsbedarf im prinzipiellen sein mag, so kontrovers werden die konkreten Reformalternativen diskutiert. Zum Dauerbrenner in der politischen und wissenschaftlichen Diskussion hat sich die Forderung entwickelt, in Antwort auf die aufklaffenden Sicherungslücken mit dem etablierten Sozialversicherungssystem radikal zu brechen und an dessen Stelle ein allgemeines Mindesteinkommen für jeden Bürger zu setzen. Diese Vorstellung findet über ideologische und Parteigrenzen hinweg Resonanz. Namen wie Biedenkopf, Lafontaine, Dahrendorf, Offe stehen beispielhaft für die Spannweite.

Wenn - so die Argumentation - der "Gesellschaft die Arbeit ausgeht", Arbeitslosigkeit zum Dauerzustand und Vollbeschäftigung zur Fiktion wird und wenn sich das Normalarbeitsverhältnis zum eher anormalen Fall entwickelt, dann wird das Sozialversicherungssystem mit seinen erwerbsarbeitszentrierten Vorbehalten brüchig und der soziale Schutz kann nicht länger in versicherungsförmiger Weise an den Lohn gekoppelt bleiben.

"Vollbeschäftigung im überkommenen Sinne, Stammbelegschaften und Dauerarbeitsverhältnisse werden der Vergangenheit angehören. Das Netz sozialer Politik weitgehend am Haken der Arbeit aufhängen zu wollen, ist schlechte Politik". "Die Organisation der Erwerbstätigkeit und die Bewältigung der sozialen Aufgaben werden zunehmend unabhängiger voneinander werden müssen. Das Arbeitsverhältnis wird nicht auf Dauer zugleich Dreh- und Angelpunkt des Sozialverhältnisses des einzelnen zu Staat und Gesellschaft sein können. Arbeitsverhältnis - und damit der Produktionsbereich - und das Sozialverhältnis - und damit die soziale Ordnung - werden sich selbständig weiterentwickeln".(Biedenkopf, K.; Die Zukunft des Sozialstaates. In: Gewerkschaftliche Monatshefte 8/1984, S. 500.)

Die Abtrennung von Arbeits- und Sozialverhältnis soll durch die Einführung einer steuerfinanzierten Grundsicherung, auf die alle Menschen im Sinne des Bürgerrechts einen Anspruch haben, vollzogen werden. Die Leistung erfolgt ohne jede Voraussetzung. Es ist ohne Belang, ob Erwerbstätigkeit und Beitragszahlung vorliegen bzw. vorgelegen haben. Eine solche Totalreform, die das bisherige Sozialversicherungssystem *ersetzt*, verspricht auf einfache und zugleich wirksame Weise das Problem der Ausgrenzung und Verarmung zu lösen. Denn auch jene erhalten ein eigenständiges Einkommen, die keiner Erwerbstätigkeit nachgehen können oder wollen. Formen der Nicht-Erwerbsarbeit, wie Haus-, Erziehungs- und Pflegearbeit erhalten gesellschaftliche Anerkennung und können sich ausweiten. Der Begriff der Arbeit, bisher nur auf Erwerbsarbeit bezogen, wird neu bewertet.

Der reformatorische Gestus, mit dem diese Konzeption vertreten wird, sollte allerdings nicht täuschen. Im Ergebnis zählt die tatsächliche Wirkung, nicht das - womöglich attraktiv verpackte - Ziel. Eine Abtrennung von Arbeits- und Sozialverhältnis und damit der Verzicht auf das bestehende Sozialversicherungssystem wäre teuer erkauft und hätte ganz im Gegenteil zum propagierten Anspruch ein vermehrtes Maß an Differenzierung und Hierarchisierung von Lebenslagen und an Abhängigkeit vom Arbeitsmarkt zur Folge. Dies läßt sich an mehreren Punkten erläutern:

1. Selbst dann, wenn das Mindesteinkommen in seinem Niveau hoch angesetzt wäre, könnte es den Einkommensverlust, von dem ArbeitnehmerInnen im Risikofall Arbeitslosigkeit, Invalidität, Alter, Krankheit usw. betroffen sind, nur unzureichend ausgleichen. Negativ betroffen wäre vor allem die große Zahl der Beschäftigten im mittleren und höheren Einkommensegment, die nur durch einen versicherungsförmigen Lohnersatz ihren erreichten Lebensstandard einigermaßen beibehalten können. Da durch die Grundsicherung das gewohnte und für die Lebensführung erforderliche Einkommensniveau nicht abgedeckt wird, erhöhen sich für diesen Personenkreis Abhängigkeit und Unsicherheit. Eine längerfristige Lebensplanung würde unmöglich, denn diese setzt Einkommenssicherheit und -kontinuität voraus.
2. In den Grundsicherungsmodellen, so wie sie aus liberaler Perspektive konstruiert werden, kann allerdings keine Rede von einem hohen, existenzsichernden Leistungsniveau sein. Das Niveau liegt eher noch unterhalb des gegenwärtigen Regelsatzgefüges in der Sozialhilfe. Nutznießer davon ist in gleich mehrfacher Hinsicht der Unternehmenssektor: Nicht nur der Sozialaufwand (Sozialleistungsquote) insgesamt sinkt, sondern durch den Wegfall der beitragsfinanzierten Sozialversicherungsleistungen verringern sich insbesondere die Lohnnebenkosten.

Aber um diese unmittelbaren finanziellen Entlastungen geht es nicht allein. Bei einem residualen, existenzminimalen Mindesteinkommen erhöht sich für alle ArbeitnehmerInnen der unbedingte Arbeitsangebotszwang. Sind sie doch gezwungen, neben dem Mindesteinkommen ein aufstockendes Zusatzeinkommen durch Erwerbsarbeit zu erzielen. Dieser Zwang, auf *jeden* Fall arbeiten zu müssen, wenn man nicht verarmen will, bringt auf dem Arbeitsmarkt die Marktkräfte von Angebot und Nachfrage lehrbuchmäßig zur Geltung, und entspricht insofern den liberalen Modellvorstellungen einer ungehemmten, deregulierten Entfaltung der Marktwirtschaft: Unter Berufung auf das Mindesteinkommen lassen sich die Lohnsätze absenken; Tendenzen zur Ausbreitung flexibler, sozial- und arbeitsrechtlich ungesicherter Arbeitsplätze würden verstärkt. Eine unternehmerische Personalpolitik, die den zeitlich portionierten, ungesicherten Arbeitskräfteeinsatz will, würde sozialpolitisch flankiert.

3. Wer es sich finanziell leisten kann, wird zur individuellen Risikovorsorge über Vermögensbildung oder zum Abschluß von Privatversicherungsverträgen greifen. Der Ausbreitung betrieblicher Formen der sozialen Sicherung mit ihren paternalistischen und auf die Kernbelegschaften zielenden Wirkungen werden Tür und Tor geöffnet. Diese Ersetzung der gesellschaftlichen sozialen Sicherung durch die private (die sich *allein* am versicherungsmäßigen Risikokalkül orientiert, keinerlei Maßnahmen des Solidarausgleichs vorsieht und auch keine volle, lohnbezogene Dynamisierung der Leistung kennt!) vergrößert aber die Hierarchisierung der Lebenslagen. Es ist eine Illusion, eine Entdifferenzierung und -hierarchisierung der Sekundärverteilung losgelöst von einer Entdifferenzierung der Primär(Arbeitseinkommens)verteilung erreichen zu wollen. Solange sich die individuellen Arbeitseinkommen unterscheiden, ist die Regelung des Lohnersatzes über die Sozialversicherung die einzige Möglichkeit, Einkommenssicherheit und -kontinuität solidarisch zu steuern und zu finanzieren.

   Wer von einer prinzipiellen Überkommenheit der Sozialversicherungen spricht und die Lohnbezogenheit der Leistungsansprüche als eine "heilige Kuh" (Offe) begreift, die möglichst schnell zu schlachten sei, verkennt die auch positive Bedeutung des Lohnersatzprinzips für Einkommenssicherheit und -kontinuität. Vernachlässigt wird bei der Kritik aber vor allem die Tatsache, daß es stets politisch gestaltbar bleibt, in welchem Verhältnis Äquivalenzprinzip und Solidarausgleich in der Sozialversicherung zueinander stehen, und zwar sowohl hinsichtlich der Leistungen als auch hinsichtlich der Finanzierung.

4. Ein Mindesteinkommen hebt Arbeitslosigkeit nicht auf. Eine definitorische Aufwertung der Nicht-Erwerbsarbeit ändert auch dann nichts an den sozialen, materiellen und psychischen Folgen der Arbeitslosigkeit, wenn eine soziale Flankierung durch Geldzahlungen

erfolgt. Arbeitslose bleiben von der Erwerbstätigkeit, einem zentralen Feld persönlicher Identität und Lebensgestaltung, ausgegrenzt und gegenüber den Erwerbstätigen finanziell schlechter gestellt. Das Recht auf Einkommen ersetzt das Recht auf Arbeit nicht.

5. Die soziale Flankierung der Haus-, Erziehungs- und Pflegearbeit durch ein Mindesteinkommen hebt auch die Diskriminierung der Frauen nicht auf. Sie verstärkt sie eher, da die geschlechtshierarchische Arbeits- und Rollenverteilung zementiert wird und die "vollwertige" Erwerbsarbeit unter den unveränderten (!) Bedingungen des Normalarbeitszeitverhältnisses, insbesondere der Normalarbeitszeit, den Männern vorbehalten werden kann und soll. Die soziale Absicherung der Frauen fällt allemal minimal aus, während die Männer wie bisher die gesellschaftlich wichtigen und gut honorierten Positionen einnehmen. Die *definitorische* Höherbewertung der Nicht-Erwerbsarbeit der Frauen bleibt folgenlos.

Nun können Mindesteinkommensmodelle konstruiert werden, die im Unterschied zu den wirtschaftsliberalen Vorstellungen einen sehr hohen Leistungssatz garantieren und damit Nicht-Erwerbstätigkeit zu einer realen Alternative zur Erwerbsarbeit werden lassen. Armut wäre zuverlässig vermieden, der für das Lohnarbeitsverhältnis konstituive Arbeitsangebotszwang faktisch außer Kraft gesetzt. Nicht nur Arbeits- und Sozialverhältnis, sondern sogar Arbeit und Einkommen wären voneinander abgekoppelt. Überlegungen aus dem grün-alternativen Umfeld zielen in diese Richtung.

Gesamtwirtschaftlich gesehen ist aber das Schlagwort der Entkoppelung von Arbeit und Einkommen eine Fiktion; es lebt von der Illusion, die Finanzierung des Mindesteinkommens auf irgendeine Art unabhängig vom Produktionssektor und den dort erzielten Primäreinkommen (Löhne und Gewinne) zu regeln. Tatsächlich aber setzt die Möglichkeit, über eine Grundsicherung Einkommen ohne Erwerbsarbeit beziehen zu können, immer voraus, daß andere Menschen, nämlich die Erwerbstätigen, welche die auf dem Markt käuflichen Güter produzieren, einen Teil ihres Erwerbseinkommens an die Nicht-Erwerbstätigen übertragen. Der Übertragungsvorgang erfolgt durch den Abzug von (direkten oder indirekten) Steuern und/oder Beiträgen. Ein allgemeines Grundeinkommen auch ohne Erwerbsarbeit bleibt also im höchsten Maße *abhängig* von der Höhe und Entwicklung der Erwerbseinkommen.

Je höher nun das Leistungsniveau des Mindesteinkommens liegt und je mehr der "Ausstieg" aus der Erwerbsarbeit an Attraktivität gewinnt, umso stärker werden die (noch) Erwerbstätigen durch Abzüge von ihrem Einkommen belastet. Diese Finanzierungsproblematik der sozialen Sicherung zeigt sich bereits heute bei dem Problem der *zwangsweisen* Ausgliederung aus der Erwerbsarbeit infolge von Arbeitslosigkeit. Die anhaltenden Finanzierungsprobleme des Sozialstaats, vor allem im

Bereich der Bundesanstalt für Arbeit (Arbeitslosenversicherung), aber auch im Bereich der Gesetzlichen Rentenversicherung finden ihre eigentliche Ursache in der Scherenbewegung einer steigenden Zahl von Leistungsempfängern (Arbeitslose, Frührentner) einerseits, und einer gesunkenen Zahl von erwerbstätigen Beitrags- und Steuerzahlern andererseits. Bei einer Grundsicherung, die ein *prinzipiell* erwerbsarbeitsfreies Einkommen für alle vorsieht, würden sich diese Finanzierungsprobleme dramatisch zuspitzen. Zahlungsfähigkeit und -bereitschaft der Erwerbstätigen wären allemal überfordert.

Die arbeitsmarktbedingten Finanzierungsprobleme des Sozialstaates lassen sich letztlich nur durch eine ursachenbezogene Strategie, und das heißt Abbau der Arbeitslosigkeit, lösen. Vorstellungen hingegen, die Arbeitslosigkeit und Erosion des Normalarbeitsverhältnisses als feststehende, unveränderbare Fakten akzeptieren, auf die sich Sozialpolitik wie selbstverständlich einzustellen habe, geraten nicht nur in ein Finanzierungsdilemma. Sie sind vor allem Ausdruck einer tiefen wirtschafts- und arbeitsmarktpolitischen Resignation. Der Anspruch, Produktions- und Arbeitsbedingungen zu gestalten und Vollbeschäftigung zu erreichen, wird aufgegeben. Angesichts der verheerenden individuellen und gesellschaftlichen Auswirkungen der Arbeitslosigkeit ist diese Position nicht akzeptabel. Und solange die Möglichkeiten einer alternativen Wirtschaftspolitik und einer umfassenden Arbeitszeitverkürzung nicht genutzt werden, besteht zur Resignation kein Anlaß. Natürlich folgt auf dem Fuß die Frage, wie denn wirtschafts- und produktionspolitische Alternativen *durchsetzbar* seien, hätte doch die Erfahrung gezeigt, daß in den letzten Jahren alle Ansätze zur Wiederherstellung der Vollbeschäftigung gescheitert seien. Wer wollte das bestreiten. Hier ist das Problem der ökonomischen und politischen Macht thematisiert. Dieses Machtproblem stellt sich allerdings bei sozialpolitischen Alternativen gleichermaßen. Wenn wirtschafts- und produktionspolitische Lösungen nicht durchgesetzt werden können, wie denn dann sozialpolitische Lösungen qua staatliche Umverteilung? Wer den Widerstand gegen alle Maßnahmen, die zum Abbau der Arbeitslosigkeit geeignet wären, analysiert, wird darauf stoßen, daß es ökonomische und politische Interessen an der Beibehaltung des Arbeitsmarktungleichgewichts und seinen Folgewirkungen gibt. Eine politische Strategie, die glaubt, allein durch sozialpolitische Einkommensverteilung das Druckpotential der industriellen Reservearmee abzuschaffen, stößt sich an genau denselben Interessen und entspricht dem Spiel von Hase und Igel. Die Suche nach einem Schleichweg zur (lautlosen) Exthronisierung des Lohnarbeitsverhältnisses wird vergeblich bleiben. Wer am Lohnarbeitsverhältnis rütteln will, verhebt sich im Kaliber, wenn er dafür (allein) den Hebel der Umverteilung einsetzen will. Im Zweifel wird in der Phase der politischen Umsetzung des Mindesteinkommens lediglich ein existenzminimales Niveau erreicht, aus dem Traum wird ein Trauma.

Perspektivisch kommt es vielmehr darauf an, die in der Produktion, auf dem Arbeitsmarkt und im Arbeitsprozeß angesiedelten *Ursachen* der gefährdeten Einkommens- und Lebensbedingungen zu beseitigen und dem Recht auf Arbeit bei gesicherten Arbeitsverhältnissen Geltung zu verschaffen. Das Recht auf Arbeit und das Recht auf Einkommen ergänzen einander, sie schließen sich nicht aus, sind gemeinsam eher als einzeln erreichbar. Armutsbekämpfung darf an der sozialstaatlichen Gestaltung der Ökonomie nicht vorbeigehen: Abbau der Arbeitslosigkeit durch eine Strategie qualitativen Wachstums und forcierter Arbeitszeitverkürzung, Anhebung von Niedrigeinkommen, Verbesserung der Ausbildungs- und Aufstiegschancen von Frauen - so lauten die Ansatzpunkte einer umfassenden wirtschafts- und arbeitsmarktpolitischen Strategie, die den Zugang zum Arbeitsmarkt verallgemeinern will. Zugleich kommt es darauf an, Arbeitsverhältnisse kollektivrechtlich zu gestalten und zu normieren.

Aber eine solche Strategie der Wiederherstellung von Vollbeschäftigung und der Verteidigung und des Ausbaus stabiler, geschützter (Normal)Arbeitsverhältnisse reicht nicht aus, um der Lebenssituation und den Erwerbsinteressen vor allem der Frauen zu entsprechen. Gerade weil die gegenwärtige Arbeitszeitgestaltung des Normalarbeitsverhältnisses eine Vereinbarkeit von Berufstätigkeit und Familienaufgaben unmöglich macht, muß das Normalarbeitsverhältnis in seiner Arbeitszeitgestaltung *weiterentwickelt*, pluralisiert werden. Individuelle Arbeitszeitoptionen (Teilzeitarbeit, zeitweilige Arbeitsunterbrechungen) müssen kollektivrechtlich vereinbart werden. *Ein* Ansatzpunkt bestünde darin, neben einer deutlich allgemeinen Verkürzung der Regelarbeitszeit (Wochenarbeitszeitverkürzung in Form der Verkürzung der täglichen Arbeitszeit) spezielle Teilzeitarbeitsregelungen für Eltern mit kleinen Kindern tarifvertraglich oder gesetzlich zu vereinbaren. So sollte ein Rechtsanspruch auf Teilzeitarbeit mit Rückkehrmöglichkeit zur Vollzeitarbeit, flankiert durch staatliche Einkommensersatzleistungen, wie er in *Schweden* seit langen Jahren bereits Realität ist, eingerichtet werden. Die Regelarbeitszeit bliebe damit der auch finanzielle Bezugspunkt für Teilzeitarbeitsregelungen.

Maßnahmen zum Abbau der Arbeitslosigkeit und zur Sicherung und Weiterentwicklung des Normalarbeitsverhältnisses erübrigen sozialpolitischen Handlungsbedarf nicht. Es bleibt die Suche nach sozialpolitischen Handlungsalternativen, solange nicht gewährleistet werden kann, daß für alle erwerbswilligen Menschen ein Arbeitsplatz unter den Konditionen des Normalarbeitsverhältnisses bereitsteht und solange viele Frauen den für die Wirksamkeit des Sozialversicherungsschutzes geforderten Vorgaben nicht entsprechen (können). Gefordert ist ein sozialpolitisches Konzept, das mit dem arbeitspolitischen zusammengreift und Armut und Ausgrenzung verhindert, ohne sich dabei in den Fallstricken der Mindesteinkommensvorstellungen zu verfangen. Hier wird für eine *gemischte* Strategie plädiert, die am bestehenden Sozialversicherungssystem ansetzt, es ausbaut und um Elemente des Solidarausgleichs und Bedarfsprinzips ergänzt (bedarfsorientierte Grundsicherung). Sicherlich fehlt einer solchen Strategie, die sich notwendigerweise in Detailfragen des ohnehin komplizierten Sozialleistungssystems begibt, das Flair des Originellen, das Modelle einer Totalreform umgibt. Doch darauf kommt es nicht an. Sollen sozialpolitische Reformen, welche die aktuelle Notlage umgehend verbessern, durchgesetzt werden, dann darf man nicht lediglich eine möglichst weitreichende und konsistente Konzeption modellieren, dann müssen auch die politischen Strukturen und die institutionellen und rechtlichen Voraussetzungen Berücksichtigung finden. Den von Armut Betroffenen würde es wenig bringen, wenn jahrelang über den radikalen "Befreiungsschlag" gestritten würde, aber politisch eher durchsetzbare, administrativ machbare und schnell wirksame Schritte zur Verbesserung des bestehenden Sicherungssystems unterblieben.

Neben der Sozialversicherung bedarf es eines zusätzlichen Sicherungssytems, das *allen* Bürgern in *allen* Notlagen einen sozialen Mindestschutz garantiert sowie Armut und Abhängigkeit vermeidet. Die Sozialversicherung muß "von unten her" durch ein an der konkreten *Bedarfslage* orientiertes Sozialleistungssystem *ergänzt* werden. Nun liegt mit dem Bundessozialhilfegesetz ein solches System bereits vor. Aber die Sozialhilfe ist in ihrer gegenwärtigen Ausrichtung und Struktur ungeeignet, die Funktion einer allgemeinen sozialen Grundsicherung zu übernehmen:

- das Leistungsniveau ist unzureichend,
- die Unterhaltsverpflichtung auch zwischen volljährigen Kindern und ihren Eltern und umgekehrt wird zunehmend problematisch,
- Leistungsvergabe und -kontrolle wirken diskriminierend,
- das Nebeneinander von Sozialversicherungsleistungen und aufstockender Sozialhilfe verweist die Betroffenen auf mehrere Institutionen (Doppelzuständigkeit),
- die kommunale Finanzierung überfordert die Kommunen und verstärkt regionale Ungleichgewichte,
- der Bezug von Sozialhilfe wirkt insofern abschreckend und stigmatisierend, sondert die Betroffenen ab, läßt viele aus den bekannten sozialpsychologischen und administrativen Gründen in der Dunkelziffer der Armut verschwinden.

Alternativ zur gegenwärtigen Sozialhilfe sollte deshalb eine bedarfsbezogene soziale Grundsicherung eingeführt werden, die allen Bürgern einen anerkannten nicht diskriminierenden Mindeststandard der gesellschaftlichen Teilhabe garantiert. Ein solcher sozialstaatlicher Rechtsanspruch auf gesellschaftliche Teilhabe, durch den Bund finanziert, müßte perspektivisch alle Risikolagen und Tatbestände erfassen, die durch Geldleistungen auszugleichen sind. Die Spannweite reicht von der Arbeitslosenunterstützung über die Ausbildungsförderung, den Kinderlastenausgleich, die Absicherung von Alleinerziehenden bis hin zur Alterssicherung. Um die Doppelzuständigkeit von Institutionen für den selben sozialen Tatbestand zu vermeiden, muß die soziale Grundsicherung soweit wie möglich in die jeweiligen Sozialversicherungsleistungen und -systeme *integriert* werden. Liegt bei Arbeitslosigkeit überhaupt kein Anspruch auf Arbeitslosengeld oder -hilfe vor, oder unterschreitet der Anspruch das Grundsicherungsniveau, so zahlt die Bundesanstalt für Arbeit die Grundsicherung in vollem Umfang, oder stockt die unzureichende Versicherungsleistung auf dieses Niveau auf. Dadurch wird erreicht, daß alle Arbeitslosen prinzipiell leistungsberechtigt sind, unabhängig von Wartezeiten, Versicherungsdauer usw., also auch diejenigen, die einen Versicherungsanspruch überhaupt noch nicht haben erwerben können. Vergleichbares gilt für RentnerInnen. Im unteren Segment wird das Versicherungsprinzip durch das Bedarfsprinzip flankiert; das Versicherungsprinzip wird aber nicht - wie bei den Mindesteinkommenskonzeptionen - ersetzt. Auf diese Weise wird eine quasi automatische Absicherung der betroffenen Personen innerhalb des jeweils zuständigen Sicherungszweiges garantiert. Die Dunkelziffer jener, die Anspruch auf Ergänzung aus der sozialen Grundsicherung haben, diese aber aus unterschiedlichen Gründen nicht geltend machen, geht damit gleich null. Die Ergänzung der versicherungs- und beitragsförmig gestalteten Sozialleistungssysteme durch die Einbeziehung eines bedarfsbegründeten Sockels entlastet die Sozialhilfe und schafft ihr Raum, sich entsprechend der Zielsetzung des BSHG auf die Bewältigung atypischer persönlich-individueller Notlagen zu konzentrieren.

Die Kernelemente einer bedarfsbezogenen, sozialen Grundsicherung seien kurz skizziert:

1. Bedarfsorientierung - das heißt, daß das Leistungsniveau dem materiellen und kulturellen Entwicklungsniveau der Gesellschaft entsprechen muß, um den Verfassungsauftrag von der "Würde des Menschen" einzulösen. Das Niveau muß deshalb deutlich über dem bisherigen, unzureichenden Regelsatzniveau der Sozialhilfe liegen und muß der allgemeinen Lebensstandardentwicklung dynamisch angepaßt werden.
2. Der Bedarf richtet sich nach der Situation des Haushalts. Um gegenüber der bisherigen Sozialhilfe-Bedarfsbemessung zu einer Vereinfachung zu kommen, bietet es sich an, stärker pauschalisierend vorzugehen und bei der Mindestsicherung die Einmalzahlungen und Mietkosten pauschal festzulegen und mit dem Regelsatz und den Mehrbedarfszuschlägen zusammenzufassen. Wegen der breiten

Streuung der Wohnungskosten kann allerdings auf zusätzlichen Wohngeldanspruch nicht verzichtet werden.

3. Bedarfsorientierung - das heißt aber auch, daß die Leistungen nur dann gewährt werden, wenn der Bedarf nicht durch anderweitiges Einkommen und (verwertbares) Vermögen gedeckt werden kann. Nur durch diese Einkommensrechnung läßt sich eine ungezielte Begünstigung, die zu verteilungspolitisch unaktzeptablen Ergebnissen führen würde, vermeiden. Auf den Bedarf sind alle Einkommen des Berechtigten und seines Ehepartners unabhängig von der Quelle (Vermögen, Gewinn, Vermietung, Erwerbstätigkeit, Sozialleistungen usw.) anzurechnen. Die volle Anrechnung des Erwerbseinkommens ist sinnvoll und notwendig, da die Grundsicherung den Lebensunterhalt deckt. Eine nur anteilige Anrechnung würde zu der schon oben beschriebenen Gefahr führen, daß ungeschützte und minderwertige Arbeitsverhältnisse vermehrt nachgefragt und in Anspruch genommen würden.
4. Anrechnungsverfahren und -bedingungen sind gegenüber der bisherigen Sozialhilferegelung zu vereinfachen: Herangezogen werden nur noch die Ehegatten untereinander (bei deutlich angehobenen Einkommens- und Vermögensfreigrenzen); auf die Ersatzansprüche durch Unterhaltspflicht der Kinder wird verzichtet, so daß die Familienbeziehungen nicht länger belastet werden. Aber es bleibt bei der Unterhaltspflicht der Ehegatten (auch der geschiedenen). Dies nicht nur, weil eine voraussetzungslose Vergabe der Grundsicherung finanziell enorm aufwendig wäre und das Thema des "Mißbrauchs" provozieren würde. Darüber hinaus ist das Unterhaltsrecht ja auch als Schutz für all die Ehefrauen zu verstehen, die Familien- und Erziehungsarbeit geleistet haben. Die Befreiung der Ehemänner von der Unterhaltspflicht entläßt diese aus der finanziellen Verantwortung (so repressiv sie auch sein mag), während den Frauen lediglich der Anspruch auf die allemal bescheidene Grundsicherung verbliebe. Es wäre allerdings zu überlegen, ob bei der Grundsicherung im Alter nicht dann auf eine Bedarfsprüfung und Einkommensanrechnung verzichtet werden kann, wenn eine bestimmte Mindestzahl von Erwerbsjahren (Versicherungsjahre inklusive Ausfallzeiten und Kindererziehungszeiten) vorliegt.
5. Die Leistung ist *keine* originäre Versicherungsleistung der jeweiligen Sozialversicherung, sondern ist Teil einer umfassenden Grundsicherung, die im *Auftrag* des Bundes durchgeführt wird. Als Bundesleistung erfolgt die Finanzierung allein durch Steuermittel und nicht durch Beitragsgelder. Konkret gesehen: Entfällt die Erstattung durch den Bund, so entfällt auch die Aufstockungsleistung.

Abschließend seien noch einmal zwei Aspekte betont: Die Einführung einer bedarfsorientierten sozialen Grundsicherung *ergänzt* die Strategie des Ausbaus und der Verallgemeinerung des Sozialversicherungsschutzes. So soll und darf eine bedarfsorientierte Grundsicherung im Alter nicht dazu dienen, eine im Zuge der Strukturreform der Rentenversicherung geplante Absenkung des Rentenniveaus abzufedern, oder die unsozialen Folgewirkungen einer auf das "reine" Versicherungs- und Äquivalenzprinzip degenerierten Rentenversicherung notdürftig auszugleichen. Sozialpolitik muß vielmehr dafür Sorge tragen, daß möglichst alle BürgerInnen mit ihren Versicherungsansprüchen oberhalb des Grundsicherungsniveaus liegen. Eine Leistungsaufstockung durch die Grundsicherung ist keine Ideallösung, da sie Bedürftigkeitsprüfungen voraussetzt und die soziale Sicherung vieler Frauen damit immer noch von der Einkommens- und Vermögenslage ihres Mannes abhängig macht.

Ausbau des Sozialversicherungssystems und Einführung einer sozialen Grundsicherung wirken auf den Arbeitsmarkt und die Verteilungsposition der Beschäftigten zurück. Die Interdependenz zwischen den Sphären weist auf den politisch-ökonomischen Kontext einer Neuorientierung der Sozialhilfe hin. Sozialpolitische Perspektiven in einer antagonistischen Gesellschaft sind nur realistisch, wenn sie in ein umfassendes, auf Vollbeschäftigung und Sicherung geschützter Arbeitsverhältnisse zielendes Konzept der Wirtschafts-, Arbeitsmarkt- und Arbeitszeitpolitik integriert sind.

Bernhard Schwarz

MINDESTSTANDARDS IN DER ÖSTERREICHISCHEN SOZIALPOLITIK

Unter dem Begriff "Mindestsicherung" sowie unter der Forderung nach "Schaffung von Mindeststandards in der Sozialpolitik" ist wohl das Ziel zu sehen, daß jeder, der sich in Österreich aufhält, das Notwendigste zur Führung eines menschenwürdigen Lebens gesichert haben muß.

Mindestsicherung und die Aufstellung von Mindeststandards in diesem Sinn sind Ziele, die in jedem modernen Staat, so auch in Österreich, seit Jahrzehnten vom Grundsatz her anerkannt sind. Zumindest verbal stehen diese Ziele bei allen relevanten politischen Gruppen in Österreich und auch in der öffentlichen Meinung weitgehend außer Streit. Ein Blick in die Formulierungen der Sozialhilfegesetze der neun Bundesländer zeigt, daß auf rechtlicher Ebene der Sozialstaat die Forderungen nach Mindestsicherung mehr oder weniger zu erfüllen versucht.

Unterschiedliche politische Auffassungen gibt es allerdings bezüglich der Fragen

* wie diese Mindestsicherung organisiert sein soll,
* in welchen Fällen die staatlichen Sozialleistungen zur Mindestsicherung eingreifen sollen,
* wie hoch die Mindestsicherung in den einzelnen Fällen der Notlagen und im konkreten Fall sein soll.

Politische Entscheidungen müssen demokratisch legitimiert sein

Die Bandbreite der politischen Zielsetzungen geht bei der Umsetzung des Mindestsicherungsgedankens von der reinen Subsidiarität dieser Leistungen mit individueller Prüfung in jedem einzelnen Fall (Almosensystem - Schlagwort: "Soziale Hilfe sollen nur die bekommen, die sie wirklich brauchen") bis hin zu Forderungen nach sehr hohen Mindestsicherungen für alle Einwohner völlig unabhängig davon, welche Einkommen und Vermögen der einzelne außerhalb der Sozialleistung verfügbar hat, und welche realen Möglichkeiten er hätte, selbst zu seinem Unterhalt beizutragen.

Die Entscheidung darüber, welche der Umsetzungsmöglichkeiten der Sicherung eines menschenwürdigen Daseins für alle in der Praxis zum Tragen kommen oder zumindest tendenziell angestrebt werden, fällt zumindest grundsätzlich bei den allgemeinen Wahlen für die gesetzgebenden Körperschaften, weil die Wahlprogramme der einzelnen Gruppen diesbezüglich relativ deutlich Position beziehen.

Das tatsächliche Ausmaß der Sicherung der schwächsten Gruppen in Österreich hat zumindest seit dem Ende der 70er Jahre eine durchaus unterschiedliche Entwicklung genommen. Es kann weder davon die Rede sein, daß die Armen generell ärmer geworden sind, noch kann von einer Verkleinerung der Schere zwischen "bedürftig" und "wohlhabend" in Österreich gesprochen werden. Generelle Urteile im Sinne einer der beiden Theorien halten meist einer sachlichen Überprüfung der einzelnen Fakten nicht stand (vgl. dazu auch die beigelegte sozialpolitische Bilanz in Österreich 1984 bis 1988).

Woher kommt das Geld?

Materielle Grundlagen der sozialen Sicherung für die Schwächeren in der Gesellschaft sind vor allem

1. der Reichtum der Gesellschaft insgesamt (die Produktivität der Erwerbsarbeit),
2. die Verteilung dieses Reichtums durch politische Entscheidungen.

Wenn in einer Gesellschaft nur wenig Verwertbares produziert wird, hilft die beste Umverteilungsabsicht nichts - am wenigsten den schwächsten Gruppen. Das haben die jüngsten Erkenntnisse in Osteuropa recht drastisch gezeigt. Die für die Sicherung der sozial Schwächsten in der Gesellschaft zur Verfügung stehenden Mittel sind ebenso wie die Mittel für andere öffentliche Leistungen nicht unbeschränkt verfügbar, sondern auch bei massiver politischer Weichenstellung in Richtung soziale Mindestsicherung knapp sind. Der Grund hiefür liegt darin, daß die Höhe der Abgaben, mit denen diese Sozialleistungen finanziert werden, in keinem Einkommens- oder Vermögensbereich konfiskatorisch sein können, ohne ungewünschte Konsequenzen nach sich zu ziehen (Kapitalflucht, Vergrößerung der Schattenwirtschaft, nationale Nachteile in den wirtschaftlichen Austauschverhältnissen), und daß auch andere öffentliche Bedürfnisse wachsen und Geld kosten (Umweltschutz, Infrastruktur, Bildung).

Bei jeder Umverteilungspolitik darf nicht nur die Verteilung der Leistungen beachtet werden, auch die Verteilung und die Höhe der Beiträge für Sozialleistungen hat entscheidende sozialpolitische Bedeutung.

Die Schaffung sehr hoher Mindeststandards (Sozialleistungen) auch für Bevölkerungsgruppen, die über genügend eigene Ressourcen verfügen, durch die Auferlegung hoher Beiträge auch für durchschnittliche Einkommen wäre meiner Meinung nach äußerst unsozial.

Weiters folgt daraus, daß individuelle und auch kollektive Strategien zur Beitragsvermeidung (Schwarzarbeit, "Aussteigen") die Verbesserung sozialer Mindeststandards aufgrund der Finanzierungsfrage wesentlich erschweren, wenn nicht gar unmöglich machen. Dieses Verhalten behindert also eine wirksame Sozialpolitik zugunsten der Schwächsten. Selbstverständlich trifft dieser Vorwurf in erster Linie jene, die als Unternehmer "Schwarzarbeit" u.ä. anbieten, nicht die Betroffenen selbst.

Sozialleistungen können in Form allgemeiner, jedem Einwohner oder jedem Staatsbürger zustehender Hilfen bei bestimmten Lebenslagen zufließen, sie können auch nach dem Sozialversicherungssystem konzipiert sein. Die Einbindung in ein Sozialversicherungssystem bedeutet, daß eine Gruppe (je größer, desto besser) zweckgebundene Beiträge für eine Risikogemeinschaft entrichtet, und daß beim Eintritt eines Risikofalls innerhalb der Gruppe Ausfälle des Primäreinkommens ersetzt werden. Das Verhältnis Beitrag - Leistung ist hiebei nicht nur nach dem Prinzip der Äquivalenz, sondern auch nach sozialen Kriterien gestaltet.

Erwerbsarbeit finanziert Mindestsicherung

Dem österreichischen System der sozialen Sicherheit wird oft der Vorwurf gemacht, daß es zu sehr "erwerbsarbeitszentriert" sei. Das bedeute, daß die soziale Sicherung nur dort voll greife, wo die Integration in die ("normale") Erwerbsarbeit vollzogen sei.

Eine kritische Prüfung dieser Kritik darf an verschiedenen Tatsachen nicht vorbeigehen:

* In der gesetzlichen Krankenversicherung, die den Großteil an Sachleistungen und Geldleistungen für erkrankte Menschen in Österreich erbringt, leisten 60 % der Bevölkerung in Österreich Beiträge, während 99 % der Bevölkerung Leistungsansprüche aus dem gesetzlichen Krankenversicherungssystem haben. Weitaus mehr als halb so viel im Vergleich zu den Beitragszahlern sind daher krankenversicherte Personen, die keineswegs in das Erwerbsleben integriert sind (Hausfrauen, Kinder, sonstige Mitversicherte), die aber von den Beiträgen der Erwerbstätigen Leistungen erhalten.
* In der Pensionsversicherung ist trotz der Abschwächung des Sozialprinzips durch die 40. und 44. Novelle ein erheblicher Teil der Leistungen nicht beitragsfinanziert, sondern wie die Ersatzzeitanrechnung für Arbeitslosigkeit, die Ausgleichszulage, der Hilflosenzuschuß und andere Leistungen beitragsunabhängig, also nicht nach dem Versicherungsprinzip, sondern nach dem Sozialprinzip konzipiert. Würde es diese Leistungen nicht geben, könnten Beiträge und Steuern der Arbeitenden wesentlich gesenkt werden.
* In der gesetzlichen Unfallversicherung mit ihrem umfangreichen Sachleistungskatalog sind auch Schüler und Studenten voll integriert,

ohne Beiträge dafür zahlen zu müssen. Natürlich gibt es auch die Mitversicherung der Familienangehörigen, die keiner Erwerbstätigkeit nachgehen.

* In der Arbeitslosenversicherung wird nur ein relativ kleiner Teil der Leistungen nach dem Versicherungsprinzip als Arbeitslosengeld erbracht, der Großteil der Leistungen (Notstandshilfe, Arbeitsmarktförderungsmaßnahmen) wird zwar durch Beiträge der Erwerbstätigen finanziert, geht sowohl über den Personenkreis der Versicherten (Aktion 8000!) als auch über das Ausmaß einer Versicherung hinaus.

Man könnte also sagen, daß in Österreich zwar die Sozialversicherungssysteme im Beitragsrecht auf die Erwerbsarbeit zentriert sind, im Leistungsrecht aber soziale Aspekte unabhängig von der Erwerbstätigkeit eine überragende Rolle spielen.

Man darf nicht vergessen, daß nicht zuletzt aus diesem Grund Sozialversicherungssysteme in finanzielle Schwierigkeiten gekommen sind und kommen werden. Sozialversicherung durch zweckgebundene Beiträge auf Basis des Arbeitnehmerlohns hat eine wichtige Funktion bei der Mindestsicherung zu erfüllen, sie wären aber überfordert, wenn sie allein diese Aufgabe zu leisten hätte. In vielen Bereichen muß die Mindestsicherung durch Sozialleistungen eine allgemeine staatliche Aufgabe sein, die aus dem allgemeinen Budget zu finanzieren ist.

Ein Beispiel für die mögliche Überforderung der Sozialversicherung durch allgemein politische Aufgaben könnte die Pflegeversicherung werden. Daß hier ein wichtiger Bedarf für neue Standards der Mindestsicherung in Zukunft besteht, ist klar. Warum müssen diese Kosten aber nur von Beiträgen auf die Löhne der Erwerbstätigen gedeckt werden? Warum werden andere, wesentlich rascher wachsende Einkommen (Bankguthaben, etc.) ausgespart? Dies wäre aber der Fall, wenn man eine Pflegeversicherung einführt und die Abdeckung der Kosten der notwendigen Betreuung für pflegebedürftige Menschen vom Sozialversicherungsbudget und nicht als Pflegesicherung vom allgemeinen Staatshaushalt (Bund, Gemeinden, Länder) finanziert.

Offensive Sozialpolitik in der Praxis

Im folgenden sollen nur kurz einige wichtige politische Fragen angesprochen werden, die in nächster Zukunft in Bezug auf soziale Mindeststandards in Österreich zu beantworten sein werden.

1. Mindestlohn: Die Verbesserung der sozialen Mindeststandards für die Menschen, die in die reguläre Erwerbsarbeit integriert sind, scheint mir zu den wichtigsten Aufgaben der künftigen Sozialpolitik zu gehören. Durch die Umgestaltung der Arbeitswelt, durch das Entstehen vieler neuer kleiner betrieblicher Einheiten und Zersplitterung großer

Unternehmen sowie durch die Flexibilisierung des Arbeitsmarktes ("Flucht aus dem Arbeitsrecht" durch scheinbare Selbständigkeit, Werkverträge, Leiharbeit, etc.) ist das System der Mindestsicherung eines angemessenen Lohns durch kollektive Rechtsnormen (Kollektivverträge, Mindestlohntarife, Satzungen) an den Rändern "ausgefranst". Das betrifft nicht nur die Löhne, sondern auch sonstige Arbeitsbedingungen, vor allem die Arbeitszeit.

Neue Sicherungssysteme für die Schwächsten in der Arbeitswelt durch den Ausbau des Kollektivvertragssystems, den Ausbau des von den Kollektivvertragsparteien eingeleiteten Mindeslohntarifsystems sind dringend notwendig, um ein höheres Niveau der Mindesteinkommen zu erreichen bzw. ein Absinken der Mindesteinkommen aus Erwerbsarbeit in verschiedenen Randbereichen zu verhindern. Die Lösung des Arbeitsmarktproblems durch die Schaffung einer Klasse von "working poor" wie in den Vereinigten Staaten ist keine Option, die eines Sozialstaats würdig ist.

2. Die *Gesundheitsstandards* für die in der Erwerbsarbeit stehenden Menschen sind auf dem Papier zwar recht gut in Österreich, ihre Einhaltung, ihre Umsetzung in der Realität ist jedoch, wie die Zahl der Berufsunfähigkeitsfälle und der vorzeitigen Pensionierungen aus Gesundheitsgründen zeigten, mangelhaft. Neue oder besser in die Realität umgesetzte Standards bezüglich Gesundheitsbelastungen am Arbeitsplatz, nicht nur was die Einwirkung gefährlicher Stoffe, sondern auch was Streß, Arbeitsdruck und Arbeitszeitdauer betrifft, müssen verstärkt gefordert und umgesetzt werden.

3. Das *Arbeitslosengeld* in Österreich ist noch immer zu niedrig, obwohl seit 1. August 1989 hier eine wesentliche Verbesserung eingetreten ist (die niedrigsten Arbeitslosengelder wurden um rund 12 % angehoben). Ein Mindeststandard des Arbeitslosengeldes wurde bereits in der Vergangenheit von den Arbeitnehmervertretungen gefordert, die Forderung wird weiter mit Nachdruck vertreten werden müssen.

4. Wie bereits angedeutet, ist die *Hilfe für pflegebedürftige Personen* besonders dann, wenn die Pflegebedürftigkeit aufgrund des Alters eingetreten ist, unzureichend. Es gibt zwar annähernd so viele Fälle von Geldleistungen, wie pflegebedürftige Personen in Österreich geschätzt werden, doch ist die Verteilung regional und nach der Ursache der Pflegebedürftigkeit äußerst unterschiedlich und zum Teil auch ungerecht. Einheitliche Richtlinien in Form von Ansprüchen auf Hilfe bei Pflegebedürftigkeit sind dringend erforderlich, wobei die Finanzierung zusätzlicher Erfordernisse durch allgemeine, nach der Leistungsfähigkeit differenzierte Mittel der Gemeinschaft und nicht durch lohnbezogene, gruppenspezifische Versicherungen zu erfolgen hat.

5. Die Anhebung der Standards der *Familienförderung* besonders bei alleinerziehenden Elternteilen, Eltern mit geringem Einkommen und Familien mit nur durchschnittlichem Einkommen, aber einer überdurchschnittlichen Zahl von Familienmitgliedern (Mehrkinderfamilien) muß verbessert werden. Hier stellt sich die Grundsatzfrage, ob bei zusätzlicher Förderung von Familien (etwa in Form von Familienbeihilfen, aber auch durch steuerliche Entlastungen) eine gleichmäßige Förderung erfolgen soll, oder ob differenziert nach den Einkommensverhältnissen besonders dort gefördert werden soll, wo ein besonderer Bedarf besteht. Großflächige Förderungsmaßnahmen wie jene für Familien werden in Hinkunft meiner Meinung nach stärker als bisher diesem Bedarfsaspekt entsprechen müssen, wenn nicht Finanzierungsprobleme des Sozialsystems insgesamt die Folge sein sollen. Es ist sicherlich problematisch, Einkommen bei den verschiedenen Berufsgruppen festzustellen und objektiv miteinander zu vergleichen. Dennoch wird man sich bei der Festlegung neuer Mindeststandards nicht darum herumdrücken können, im Sinne einer Zielgenauigkeit der Verteilung der Leistungen stärker als bisher zu differenzieren und Gießkannenleistungen tendenziell abzubauen.

6. Die *Mindestpension* ist in Österreich in Form der Ausgleichszulage garantiert, dieses System hat allerdings große Schwächen, was die Art und Weise der Anrechnung von Einkommen von Familienangehörigen - und damit verbunden den Entfall der Ausgleichszulage - betrifft. Vor allem im Sinne einer Verbesserung der Pensionen von Frauen ist das Ausgleichszulagensystem in Richtung Mindestpensionen zu reformieren, wobei aber auch auf diese Mindestpension nicht undifferenziert, sondern nur beim Mangel anderer, unmittelbar verfügbarer Einkommen für den Betreffenden selbst ein Anspruch bestehen soll.

7. Die *Organisation* der Zuerkennung und Leistung von Mindeststandards in der Sozialpolitik ist ebenfalls zu reformieren. Die vielen zersplitterten Systeme, die Mindestsicherung anbieten sollen, sind zwar nicht dem Grundanspruch nach zu vereinheitlichen - das Ergebnis einer solchen Vereinheitlichung wäre ja die Unmöglichkeit, nach Bedürftigkeit zu differenzieren -, es sollte aber das Service einer Sozialstelle im Bezirk allen Einwohnern dieses Bezirkes organisatorisch zusammengefaßt angeboten werden. Die Zentralisierung der rechtlichen Rahmenbedingungen, verbunden mit einer Dezentralisierung der Serviceeinrichtungen könnte unbürokratischer und rascher als bisher den Betroffenen helfen, notwendige Leistungen zur Führung eines menschenwürdigen Lebens zu erhalten. Dabei ist bei solchen Leistungen nicht nur an finanzielle Leistungen, sondern in erster Linie auch an andere tatkräftige Hilfen zu denken.

Vision Grundeinkommen

In der Aufzählung fehlt das *Grundeinkommen* unabhängig von einer Erwerbstätigkeit für alle.

Ich persönlich bin der Meinung, daß ein derartiges Grundeinkommen für alle Einwohner eines Staates in sehr reichen und sehr solidarischen Gesellschaften sinnvoll sein kann und sinnvoll sein wird. Unter anderen Voraussetzungen könnte aber ein Grundeinkommen, wenn es über eine kosmetische Größe und optische Befriedigung hinausgehen soll, zu sozialen Konflikten und Ungerechtigkeiten führen. Wenn tatsächlich die Schreckensvision der 2/3-Gesellschaft Realität wird - derzeit sieht es nicht danach aus - könnte das Grundeinkommen bloß die Funktion einer Abschlagszahlung an das eine Drittel Ausgegrenzter durch die zwei Drittel Wohlhabender sein, ohne an der Grundstruktur der Gesellschaft etwas zu verändern.

Zukunftsmodelle für sehr reiche und sehr solidarische Gesellschaften sind sicher faszinierend, man denkt gern an solche Gesellschaften, es muß schön sein, in ihnen zu leben. Wenn wir allerdings nur daran denken, wie die Vision aussieht, ohne die nächsten Schritte unter Beachtung des politischen Umfelds zu planen und zu setzen, wird der Weg länger und die Frustration größer.

Ich glaube aber, daß wichtige Schritte zur Verbesserung der konkreten Situation der Schwächeren in der Gesellschaft jetzt gesetzt werden können, sollen und werden, wenn auch - wie in der Vergangenheit - nicht alles perfekt werden wird.

Lieselotte Wohlgenannt

GRUNDEINKOMMENSGESICHERTE FLEXIBILITÄT THESEN

1. Flexibilisierung bedeutet Desintegration der Arbeitsgesellschaft

Die Arbeitsgesellschaft der zweiten Hälfte des 20. Jahrhunderts war (und ist bis heute weithin) gekennzeichnet durch den Fordismus, beruhend auf Massenproduktion einer beschränkten, standardisierten Zahl von Produkten in strikter Arbeitsteilung (Taylorismus), Konzentration der Arbeiter in großen Fabriken, hohen Löhnen als Voraussetzung hoher Kaufkraft, einem Normalarbeitsleben in derselben Firma vom Berufseintritt bis zur Pensionierung. Diese Form der gesellschaftlichen Organisation der Arbeit, die sich über den eigentlichen Produktionsbereich hinaus auf fast alle Bereiche unselbständiger Arbeit übertrug und sie denselben Rhythmen und Gesetzmäßigkeiten unterwarf, löst sich langsam auf unter dem Druck technologisch-ökonomischer Entwicklungen: der Entmaterialisierung der Technik, ihrer Flexibilisierung und Integration.

Intelligenz wird immer stärker in Materie (Computer) eingebunden, so daß der eigentliche Produktionsvorgang nur mehr ein Element eines Gesamtsystems ist, zu dessen wesentlichstem Teil die im Computer gespeicherte menschliche Intelligenz wird. Die Produktion "vergeistigt" sich. Die Zukunft heißt "Computer integrated manufacturing". Nach dieser Vorstellung sollen alle administrativen Erfordernisse mit den technischen Vorgängen zu einem vernetzten System verbunden werden, welches der kaufmännischen Funktion untergeordnet ist: Erzeugt soll nach Möglichkeit nur werden, was schon verkauft ist.

Flexibilisierung und Integration stellen ganz andere Anforderungen an die Beschäftigten als Fließbandarbeit in der klassischen Fabrik mit ihrer strikten Trennung von Konzeption und Ausführung. Selbst die traditionellen Berufsbezeichnungen werden absurd: in der "neuen" Fabrikation wird es z.B. nicht mehr möglich sein, zwischen Produktion und Wartung zu unterscheiden. So wie in den Büros die Unterscheidung zwischen Sachbearbeiter und Schreibkraft entfällt, oder in den Redaktionen der Redakteur seinen Artikel direkt in die Druckmaschine liefert. Vielseitigkeit ist die Regel, Fähigkeit zur Initiative und Teamarbeit sowie Intelligenz sind gefordert.

Vorausberechnungen gehen davon aus, daß zu Beginn des 3. Jahrtausends die gesamte Produktion materieller Güter in den entwickelten Ländern von nur 10 % der Bevölkerung geleistet wird. Unter der Annahme unveränderter Arbeitszeit könnte es zu hoher Arbeitslosigkeit und in der Folge zu verstärkten gesellschaftlichen Spannungen kommen, vor allem dann, wenn etwa viele junge Menschen vom Arbeitsmarkt ausgeschlossen würden.

2. Desintegration der Arbeitsgesellschaft führt zur Zweidrittel- oder zur Splittergesellschaft

Was Arbeitsplätze betrifft, stehen wir vor der Perspektive einer dualen Gesellschaft: die "Leistungsstarken" auf der einen Seite, die voll- bis überbeschäftigt, mit hohem Einkommen, ein wachsendes Produktionsvolumen aufrechterhalten; auf der anderen Seite die wachsende Zahl von Arbeitslosen und Ausgeschlossenen, die zwischen Gelegenheitsarbeiten und Einkommen aus Arbeitslosen- oder Sozialhilfe hin- und hergeschoben werden. Die Perspektive: eine Zweidrittel-, wenn nicht eine in viele kleine Gruppen aufgesplitterte, entsolidarisierte Gesellschaft.

Eine Studie des DGB sieht bis Mitte der 90er Jahre eine Dreiteilung der aktiven Bevölkerung voraus: 25 % Festangestellte mit gutem Einkommen, 25 % Saison- bzw. Gelegenheitsarbeiter, 50 % marginalisierte Arbeitslose oder Unterbeschäftigte. Auch wenn Österreich bis dahin sicher noch nicht EG-Mitglied sein kann, auch wenn das überraschend hohe Wirtschaftswachstum noch eine Weile anhalten sollte - die Tendenzen wachsender Sockelarbeitslosigkeit und zunehmender Armut bei Beschäftigten im Niedriglohnbereich sind offensichtlich. Dies könnte auch wirtschaftliche Folgen haben: wenn die Zahl der Einkommensbezieher zurückgeht, bedeutet dies auch einen Rückgang der Nachfrage nach einem weiter zunehmenden Angebot an Gütern und Leistungen.

3. Die Schaffung von Arbeitsplätzen im Bereich persönlicher Dienstleistungen stößt aus Gründen der Finanzierung und des gesellschaftlichen Widerstandes an Grenzen

Eine zumindest teilweise Alternative zu diesem Szenario wäre die weitere Kommerzialisierung aller Lebensbereiche, von der Freizeit über die (bisher noch im Privathaushalt geleistete) Pflege von Kindern, Kranken und Alten bis zur Haushaltsführung. Dies würde zusätzliche Arbeitsplätze schaffen - wenn auch voraussichtlich besonders flexible und schlecht bezahlte. (Eine andere Frage ist, ob dadurch auch die Lebensqualität erhöht würde.) Die mit der Flexibilität im Produktionsbereich und im hochqualifizierten Dienstleistungsbereich verbundene Produktivitätssteigerung ist ja für den Bereich der persönlichen Dienstleistungen kaum zu erwarten. Flexibilität wirkt sich in diesem

Bereich viel eher in unregelmäßiger oder kurzer Arbeitszeit und niedrigem Einkommen aus - wie es von so unterschiedlichen Ländern wie USA und Schweden vorexerziert wird.

Grundsätzlich gibt es drei Möglichkeiten, soziale Bedürfnisse im persönlichen Bereich zu befriedigen:

- über den Markt (Beispiel USA). Die dabei geschaffenen Arbeitsplätze sind im allgemeinen schlecht bezahlt, weil nur so die angebotenen Dienstleistungen in Anspruch genommen werden können. Anders ausgedrückt: Voraussetzung für die Marktlösung sind große Einkommensunterschiede.
- über den Staat (Beispiel Schweden). Auch über staatliches Angebot lassen sich soziale Bedürfnisse abdecken und dabei Arbeitsplätze schaffen. In diesem Fall müssen die öffentlich organisierten und bezahlten Dienstleistungen über Steuern finanziert werden; dies bedeutet eine hohe Steuerquote - eine Lösung, die derzeit nicht gerade im politischen Trend zu liegen scheint.
- über freiwillige private Dienstleistungen, indem z.B. die Pflege Alter und Kranker von den Familienangehörigen oder privaten caritativen Einrichtungen erwartet wird. Bei diesem "Modell" sind Familien und private Wohltätigkeit meist überfordert; wer keine Hilfe findet, bleibt auf der Strecke.

Diese "Falle" könnte überwunden werden durch eine Zusammenarbeit von zwei oder drei dieser Instanzen mit dem Ziel, freiwillige Hilfe - in und außerhalb der Familie - zu erleichtern oder erst zu ermöglichen. Damit käme ein neues Gesellschaftsmodell in den Blick. Voraussetzung dafür wäre Freiwilligkeit und materielle Absicherung.

4. Zumutbare und gesellschaftlich verträgliche Flexibilität hat eine erwerbsunabhängige Einkommenssicherung zur Voraussetzung

Verschärfend auf eine durch unfreiwillige und unabgesicherte Flexibilität entstehende Einkommensarmut wirkt unser erwerbsarbeitszentriertes System sozialer Sicherungen, das flexible, schlechtbezahlte, unregelmäßige Arbeit durch niedrige Arbeits-Ersatzeinkommen bei Arbeitslosigkeit, Invalidität und Alter sanktioniert. Eine Trennung zwischen materieller Existenzsicherung und Erwerbseinkommen ist nicht nur aus sozialen, sondern auch aus ökonomischen Gründen zu fordern.

Die Frage ist heute in den entwickelten Ländern kaum mehr ob, sondern eher in welcher Form eine Mindestsicherung gewährleistet werden sollte. "Sockelung der Standardrisken" innerhalb des bestehenden Sozialversicherungssystems, wie sie z.B. auch von Minister Geppert wieder in die Diskussion gebracht wurde, kann ein notwendiger Schritt sein - das Problem, daß dieses Netz immer mehr Personen durch die

Maschen fallen läßt, ist damit nicht zu lösen. Materielle Grundsicherung gegen die Risken eines "flexiblen" Arbeitsmarktes kann nicht erst wieder von diesem Arbeitsmarkt in Finanzierung und Leistung abhängig sein.

Bereits heute wird in mehreren europäischen Ländern (Holland, Schweiz) älteren Personen ein gesichertes Einkommen in Form einer Volkspension zugestanden, die nicht - wie in Österreich - an den Erwerb von Versicherungszeiten gebunden ist. In Frankreich wurde im Jahr 1989 ein Recht auf ein Mindesteinkommen eingeführt, darauf angelegt, den Ausgeschlossenen neue Chancen auf Arbeit und gesellschaftliche Integration zu eröffnen. In manchen europäischen Ländern wird Jugendlichen bis zu einem bestimmten Alter Einkommen und/oder Teilzeitarbeit garantiert. Solche Initiativen zeigen die Richtung, in der unser arbeitszentriertes Netz sozialer Sicherung ergänzt werden sollte, wobei die bereits heute aus dem allgemeinen Budget finanzierten Teile dieses Netzes in die erwerbsunabhängige Grundsicherung einfließen sollten.

Unter den Voraussetzungen des immer stärkeren Auseinanderklaffens von gesellschaftlich notwendiger Arbeit, Bezahlung und Produktion von Gütern und Leistungen muß wohl auf längere Sicht jedem Mitglied der Gesellschaft, unabhängig von Erwerbsarbeit, Alter oder sonstigen Voraussetzungen, eine Mindestsicherung garantiert sein. Um die Arbeit nicht künstlich zu verteuern, muß ein solches Grundeinkommen aus allgemeinen Steuermitteln finanziert werden, d.h. es sollten Wertschöpfung, Kapitaleinkommen, eventuell auch Ressourcenverbrauch für die Finanzierung herangezogen werden.

5. "Grundrecht auf Einkommen" ermöglicht selbstbestimmte Flexibilität und Solidarität als Voraussetzung für einen neuen gesellschaftlichen Konsens

Ob "Flexibilität" als Organisationsform der Wirtschaft zur gesellschaftlichen Desintegration (Splittergesellschaft) führt oder ob wir Wissens- und Produktivitätsfortschritte für neue Formen gesellschaftlicher Integration nützen, ist nicht Folge irgendwelcher höherer Sachzwänge, sondern Frage einer bewußten Politik.

Ein wesentliches Element solcher Politik wäre eine allen Bürgern als Grundrecht zustehende materielle Mindestsicherung - existenzsichernd, personenbezogen, leistungsfördernd - als Voraussetzung für selbstbestimmte, flexible Arbeits- und Lebensgestaltung.

Manfred Srb

SOZIALE MINDESTSTANDARDS JETZT! -

Die Diskussion über die Einführung sozialer Mindeststandards flackert zwar immer wieder auf, aber noch schneller verläuft sie wieder im Sand, nie ist sie von langer Dauer. Besteht an diesem Thema kein Interesse angesichts der Tatsache, daß in diesem Lande zwischen dreiviertel bis zu einer Million Menschen an oder sogar unter der Armutsgrenze leben - nein besser: dahinvegetieren müssen? Oder hat die Sozialschmarotzerdebatte der letzten Jahre den Befürwortern einer Grundsicherung den Mut genommen, die Diskussion deutlich und engagiert weiterzuführen? Ist es vielleicht gar nicht mehr "in", ist der sogenannte Zeitgeist etwa gegen eine Weiterführung der Debatte? Mag sein, daß in Zeiten eines boomenden, einen bestimmten Teil unserer Gesellschaft einseitig bevorzugenden Wirtschaftswachstums, ja sogar angesichts fallender Arbeitslosenraten die Gefahr wächst, das für die *ganze* Realität zu halten und dabei völlig zu übersehen, zu verdrängen, daß wir dennoch auf dem Weg in eine Zweidrittelgesellschaft sind. In einer unsolidarischen Gesellschaft, die Menschen, die von der Norm abweichen, ausgrenzt, sind wir ja schon lange.

Ist der Begriff "Solidarität" bereits zu einem Fremdwort für die meisten von uns geworden?

Nun, einige positive Ansätze hat es in der letzten Zeit aber dennoch gegeben, wenngleich sie auch sehr bald wieder im Keime erstickt wurden - vornehmlich von jenen, denen angeblich die Familie soviel bedeutet: So ging im vorletzten Jahr der verstorbene Sozialminister Alfred Dallinger - nicht zuletzt auch aufgrund der von den GRÜNEN immer wieder vehement vorgebrachten Forderungen - mit der Forderung nach Einführung einer Mindestsicherung in der Arbeitslosenversicherung in die sozialpartnerschaftlichen Verhandlungen. Und das ohnehin mit dem bescheidenen Betrag von nur 5.000 S, der meiner Ansicht nach um mindestens 2.000 S zu niedrig ist.

Denn es kann nicht nur um eine Mindestsicherung gehen - es muß sich um eine ausreichende Mindestsicherung handeln, eine, von der man auch wirklich leben kann. Nicht so wie bei den Beziehern einer Mindestpension, die dazu verurteilt sind, mit knapp über 5.100 S pro Monat über die Hürden zu kommen, ob sie wollen oder nicht. Und für die jetzt von der Großen Koalition, unter dem Druck der nahenden Wahlen und vor allem auch der ersten kräftigeren Regungen der Stahl-, ASVG- und sonstigen Pensionistengruppierungen bzw. -parteien beschlossenen 300 S Pensionserhöhung auch nicht das Kraut fett machen, sondern bestenfalls das ausgleichen, was ihnen von dieser und den vergangenen (Koalitions-) Regierungen in den vergangenen Jahren aus der Tasche gestohlen wurde, indem ihre Pensionen nie um das wahre Ausmaß der Inflationsraten erhöht wurden.

Während der Bundeskanzler die Unverschämtheit besitzt, mit sündteuren ganzseitigen Inseraten (mit welchen Geldern das wohl wieder finanziert worden ist?) den Eindruck zu erwecken versucht, daß er sich für die Pensionisten stark gemacht hat und sich zur Behauptung versteigt, daß die Solidarität mit den Pensionisten sowie mit allen sozial Schwachen für seine Partei Herzenssache ist, spricht die politische Wirklichkeit, sprechen die Taten oder auch die Unterlassungen seiner Partei eine andere Sprache: die neue Armut wird schamhaft verdrängt und totgeschwiegen, die SPÖ beugt sich schließlich dem Veto der Industriellenvereinigung und der Bundeswirtschaftskammer und läßt unter dem bereits neuen Sozialminister die Forderung nach Einführung eines Mindeststandards bei der Arbeitslosenversicherung wieder fallen. Noch unter Dallinger wird wieder - so wie in der Ersten Republik - die Aussteuerung für Notstandshilfebezieher eingeführt (übrigens hatte Dallinger 7 Monate vorher meine Frage nach der Einführung dieser zutiefst unsozialen Maßnahme im Budgetausschuß wütend zurückgewiesen). Die Zahl der Langzeitarbeitslosen steigt beängstigend an, die Männer verdienen immer noch beinahe um die Hälfte mehr als die Frauen (und dementsprechend setzt sich dieses Verhältnis auch in der Sozialversicherung fort). Die Zahl der Obdachlosen steigt und behinderte Menschen werden entweder in Heime abgeschoben oder sie müssen unter entwürdigenden Verhältnissen und unter permanenten Einschränkungen ihr Leben fristen, weil die größere der beiden Regierungsparteien bis jetzt nicht das leiseste Interesse gezeigt hat, die nötigen Mittel für die Finanzierung einer "persönlichen Assistenz" für Schwerbehinderte bereitzustellen. Diese Aufzählung erhebt natürlich keinen Anspruch auf Vollständigkeit. Und bei der ÖVP ist natürlich alles noch viel ärger, und über die größere der beiden Oppositionsparteien möchte ich überhaupt kein Wort verlieren.

Mindeststandards müssen also her. Mindestens 7.000 S im Rahmen der Arbeitslosenversicherung und der Pensionsversicherung. Und natürlich läßt sich das auch finanzieren und wer von den Eingeweihten das Gegenteil behauptet, der sagt nicht die Wahrheit. Und selbstverständlich muß darauf ein Rechtsanspruch bestehen, die Finanzierung muß auf Bundesebene erfolgen, die Leistungen müssen bundeseinheitlich sein, und in die bestehenden Leistungssysteme integriert werden. Weiters müssen diese Leistungen natürlich unabhängig von einem eventuellen eigenen Einkommen oder Besitz bzw. unabhängig vom Familieneinkommen erbracht werden.

Das wäre ein erster Schritt in die richtige Richtung - zur Reduzierung der Armut und der sozialen Ungerechtigkeit in diesem Lande. Klarerweise muß im Einklang mit diesen Maßnahmen auch ein ausreichendes Mindesteinkommen für alle Arbeitnehmer eingeführt werden.

AutorInnenverzeichnis

ALTHALER, Karl S.: Ökonom, dzt. Mitarbeiter des Beirats für gesellschafts-, wirtschafts- und umweltpolitische Alternativen.

BÄCKER, Gerhard: Arbeitet als wissenschaftlicher Referent im Wirtschafts- und Sozialwissenschaftlichen Institut des DGB (WSI). Fachgebiet: Sozialpolitik, Sozialstaat, Sozialversicherung.

BAUBÖCK, Rainer: Assistent am Institut für Höhere Studien, Abteilung Politikwissenschaft. Forschungs- und Interessensgebiete: Ausländer- und Migrationspolitik, Ethnizität und Nationalismus, Sozialpolitik, Hausarbeit und Lohnarbeit.

DIMMEL, Nikolaus: Univ.-Ass. am Institut für Rechtssoziologie der Universität Salzburg. Arbeitsgebiete: Sozialpolitik und Sozialrecht, Mobilisierung und Zugang zum Recht, allg. Rechtstheorie.

EDER, Manfred: Geschäftsführer des Instituts für Sozial- und Wirtschaftswissenschaft (ISW) der Kammer für Arbeiter und Angestellte für Oberösterreich.

FAKLER, Karl: Studium der Soziologie und Volkswirtschaft an der Universität Wien. Seit 1984 in der AMV tätig. Leiter der Abteilung für grunsätzliche und Sonderaufgaben der Arbeitsmarktpolitik des LAA NÖ.

GALL, Franz: Mitarbeiter des Referats für Betriebswirtschaft und Technologieberatung der Kammer für Arbeiter und Angestellte für Oberösterreich.

HELLMER, Silvia: Derzeit im Bundesministerium für Arbeit und Soziales mit Fragen zur internationalen Sozialpolitik beschäftigt. Publikationen zu den Themen Arbeitsmarktpolitik, Pensionsversicherung und Umwelt.

LOUDON, Susanne: Studium der Pädagogik und Soziologie. Wissenschaftliche Angestellte am Institut für Höhere Studien, Abteilung Soziologie. Arbeitsschwerpunkte: Frauenerwerbstätigkeit, Bildung.

MEGGENEDER, Oskar: Leiter des Referats Humanisierung, Technologie und Umwelt im Österreichischen Gewerkschaftsbund.

ORTHOFER-SAMHABER, Maria: Studium der Geschichte/Germanistik (Lehramt), Mitarbeiterin des Bundesministeriums für Umwelt, Jugend und Familie, derzeit in Karenz mit 2. Tochter.

ROWHANI, Inge: Juristin, arbeitet in einer staatlichen Stelle für Frauenförderung, Veröffentlichungen zu den Themen Frau und Strafvollzug, Sozialpolitik.

SCHWARZ, Bernhard: Jurist, seit 1989 Leiter des sozialpolitischen Bereichs in der AK Wien. Veröffentlichungen zu Fragen des Arbeits- und Sozialrechts v.a. in gewerkschaftlichen Publikationen.

SRB, Manfred: Sozialarbeiter und Grün-Alternativer Abgeordneter zum Nationalrat.

STADLER, Sabine: Sozialwissenschafterin, Veröffentlichungen zu den Themen Jugendkriminalität, Armut und Mitteleuropa.

WALLNER, Josef: Referent für Arbeitsmarktpolitik in der Kammer für Arbeiter und Angestellte Wien. Veröffentlichungen zu den Bereichen Arbeitsmarktpolitik, Arbeitslosenversicherung und Ausländerbeschäftigung.

WINTERSBERGER, Helmut: Stellvertretender Direktor des Europäischen Zentrums für Ausbildung und Forschung auf dem Gebiet der Sozialen Wohlfahrt. Veröffentlichungen in den bereichen Industrie- und Medizinsoziologie, Sozialpolitik u.a.

WOHLGENANNT, Lieselotte: Wissenschaftliche Mitarbeiterin in der Katholischen Sozialakademie Österreich. Publikationen u.a.: Grundeinkommen ohne Arbeit (gem. mit Herwig Büchele).

WÖRISTER, Karl: Soziologe, Mitarbeiter der Kammer für Arbeiter und Angestellte Wien. Publikationen auf den Gebieten Soziale Sicherheit und Friedensforschung.